MULHERES QUE CUIDAM

Organizadora: JULIANA NEGRI

MULHERES QUE CUIDAM

Uma proposta *pastoral-prática* para o cuidado integral da mulher em ministério

Copyright ©2023 por Juliana Negri
Todos os direitos reservados por Vida Melhor Editora LTDA.

As citações bíblicas são da *Nova Versão Internacional* (NVI), da Bíblia, Inc., a menos que seja especificada uma outra versão da Bíblia Sagrada.

Os pontos de vista desta obra são de responsabilidade de seus autores e colaboradores diretos, não refletindo necessariamente a posição da Thomas Nelson Brasil, da HarperCollins Christian Publishing ou de suas equipes editoriais.

Publisher	Samuel Coto
Coordenador editorial	André Lodos Tangerino
Editora	Brunna Prado
Produção editorial e edição	Gisele Romão da Cruz
Preparação	Emanuelle Malecka
Revisão	Nilda Nunes e Elaine Freddi
Diagramação	Patrícia Lino
Capa	Gabê Almeida

Dados Internacionais de Catalogação na Publicação (CIP)
(BENITEZ Catalogação Ass. Editorial, MS, Brasil)

M922 Mulheres que cuidam: uma proposta pastoral-prática para o
1. ed. cuidado integral da mulher em ministério /organizadora Juliana
   Negri. – 1. ed. – Rio de Janeiro: Thomas Nelson Brasil, 2023.

   368 p.; 13,5 × 20,8 cm.

   ISBN 978-65-5689-808-7

   1. Cristianismo. 2. Ministério cristão. 3. Ministério da igreja –
Cristianismo. 4. Mulheres no clero. 5. Mulheres no cristianismo.
6. Ordenação de mulheres. 7. Pastoras – Cristianismo. I. Negri, Juliana.

09-2023/152   CDD 262.14

Índice para catálogo sistemático:
1. Mulheres no cristianismo 262.14

Aline Graziele Benitez – Bibliotecária - CRB-1/3129

Thomas Nelson Brasil é uma marca licenciada à Vida Melhor Editora LTDA.
Todos os direitos reservados à Vida Melhor Editora LTDA.
Rua da Quitanda, 86, sala 218 — Centro
Rio de Janeiro — RJ — CEP 20091-005
Tel.: (21) 3175-1030
www.thomasnelson.com.br

Sumário

Prefácio 09

Introdução 11

PARTE I: A mulher em ministério 17

1   Igrejas e ministério 21

     1.1   Ofícios ministeriais 22

     1.2   Sacerdócio universal dos cristãos 27

     1.3   A mulher em ministério 28

2   Reflexões teológicas sobre o papel da mulher 31

3   Mulheres e seu impacto na história da Igreja 51

4   Mulheres e suas experiências ministeriais no nosso tempo 61

4.1	Capelania escolar	61
4.2	Capelania hospitalar	65
4.3	Missões transculturais	69
4.4	A mulher em liderança	73
4.5	Esposa de pastor	76
4.6	Ministério na rádio	79
4.7	Filha de pastores	83
4.8	Profissão e ministério	86

5 Recalculando a rota — **91**

5.1	Aposentadoria	91
5.2	Depressão	97
5.3	Divórcio	100
5.4	Luto	104

PARTE II: O cuidado da mulher em ministério — 109

1 A relação com Deus — **111**

1.1	Disciplinas espirituais	111
1.2	O conhecimento de Deus e da sua Palavra	119

2 A relação com o corpo — **133**

2.1	Saúde integral	133
2.2	Alimentação	143
2.3	Atividade física	155
2.4	Beleza	166

3 A relação com a alma — **173**

3.1	Renovando a mente	173
3.2	Emoções e pensamentos	181

3.3 Insatisfação feminina e contentamento 190

3.4 Intelecto 196

3.5 Lendo em comunidade: o "fenômeno" clube de leitura 209

4 A relação com o próximo **217**

4.1 Casamento 217

4.2 Puerpério e primeiros meses de maternidade 235

4.3 O cuidado dos filhos 243

4.4 Amizades 260

5 A relação com a igreja **273**

5.1 Igreja local 273

5.2 Ministério com mulheres 283

5.3 Família atípica 289

6 A relação com a sociedade **299**

6.1 Engajamento social 299

6.2 A relação com as redes sociais 304

6.3 Redes sociais como ferramenta missional 310

7 A relação com os recursos **315**

7.1 Finanças 315

7.2 Gestão do tempo 324

Palavra final **333**

Sobre as autoras **339**

Referências bibliográficas **357**

Prefácio

A LEITURA DESTE LIVRO EVOCOU EM MIM uma lembrança da infância. Em um aniversário eu ganhei um caleidoscópio. Eu tinha sete ou oito anos e me lembro muito bem de como fiquei encantado com as variações infinitas das suas imagens espelhadas.

A rica variedade de vivências compartilhadas aqui supera, em muito, a do meu caleidoscópio. Este livro reúne uma amostragem abundante e surpreendente de experiências de mulheres em ministério. O leitor se comove ao observar que a vocação divina não enquadra suas servas em moldes uniformes e pré-determinados, mas que o Senhor concede a cada uma delas a oportunidade de descobrir como servir a ele com os dons recebidos a partir de sua situação pessoal específica.

Assim, os testemunhos aqui reunidos descortinam a exuberante paisagem da multiforme graça de Deus e desafiam e encorajam leitoras e leitores a ousarem adentrar no ambiente libertador e gratificante do serviço no reino do Senhor.

Libertador, porque, nos testemunhos reunidos, as autoras compartilham sua humanidade. Isso também consola, pois concretiza que Deus não chama ninguém para fazer de conta que se trata de uma pessoa sem culpa, sem crises e sem problemas, um "herói da fé". Todas as servas e todos os servos do Senhor continuam sendo frágeis vasos de barro com cicatrizes do passado. Todos continuam totalmente dependentes da misericórdia e da graça divinas.

É gratificante, porque Deus usa justamente vasos de barro trincados para realizar a sua obra. E ao fazê-lo, ele demonstra que não se envergonha da nossa fragilidade. Pelo contrário, ele nos renova e sustenta no serviço a cada novo dia pelo seu Espírito. A gratidão por esse privilégio transpira no testemunho de cada autora.

Que o Senhor use este importante livro, os muitos recursos e os ricos testemunhos aqui presentes na sua vida.

MARTIN WEINGAERTNER

Teólogo e professor titular de Bíblia e Teologia Ministerial
na Faculdade de Teologia Evangélica, em Curitiba.

Introdução

>> Juliana Negri

Deus nos chamou para a África, em 2018. Então, meu marido, nossos dois filhos pequenos, um com três anos e um bebê de nove meses, e eu deixamos família, amigos, trabalho, estilo de vida e oito anos de ministério pastoral em Curitiba para trás. Estávamos cheios de sonhos e expectativas por finalmente viver o cumprimento de um chamado antigo.

Após três meses no novo continente, apesar da convicção de estarmos no lugar certo, eu experimentava uma mistura de sentimentos, era o fim da "lua de mel da adaptação cultural".[1] Nem sempre conseguia acompanhar meu marido nas atividades ministeriais do novo

---

[1] Segundo James Herbert Kane, no livro *Life and Work on the Mission Field* [Vida e trabalho no campo missionário] (1992, p. 82), choque cultural é um fenômeno universal que ocorre cada vez que uma pessoa passa de uma cultura para outra. O autor afirma que a intensidade pode variar de pessoa para pessoa, mas costuma ser maior nas mulheres. Esse choque cultural costuma acontecer em estágios; o primeiro estágio é denominado "lua de mel".

campo e, na maior parte do tempo, ficava na casa que dividíamos com outros missionários, cuidando dos nossos meninos. Alguns dias eram cheios de esperança e expectativas, enquanto outros eram pesados e sufocantes. Foi em um desses dias difíceis que Deus me visitou de uma forma muito sensível e carinhosa. Nunca vou me esquecer!

Era fim de tarde em dezembro, o mês favorito aqui de casa, já que nele comemoramos o aniversário dos filhos e o meu, nosso aniversário de casamento e todas as celebrações de fim de ano. Seria a primeira vez que passaríamos essas datas longe dos nossos queridos. Eu estava amamentando o Pietro (esse detalhe é importante), enquanto o Lucca cochilava ao nosso lado. Lágrimas de saudades, dúvidas e solidão escorriam pelo meu rosto. Com o quarto escuro e ao som de uma canção de ninar, eu orei, derramando minhas preocupações aos pés do Senhor. Depois, continuei a leitura devocional que vinha fazendo naqueles dias, até que me deparei com palavras que pareciam ter sido originalmente escritas para mim:

> Como um pastor cuida do seu rebanho, assim o Senhor cuidará do seu povo; ele juntará os carneirinhos, e os carregará no colo, e guiará com carinho as ovelhas que estão amamentando (Isaías 40:11, NTLH).

Uma das maiores preocupações que o ministério transcultural despertava era com os meus filhos e tudo o que lhes seria privado. Eles foram os primeiros netos e sobrinhos de ambos os lados da família, com todos os mimos que essa posição traz. Como filhos de pastor, também estavam acostumados a receber atenção especial de amigos e membros da igreja. Construir uma nova rede de relacionamentos, em um novo idioma e cultura, poderia levar bastante tempo, além de que jamais substituiria o afeto e a proximidade da família.

Surgiram questionamentos em relação à educação, saúde, infância com amigos e às atividades na igreja do nosso jeitinho brasileiro que tive a oportunidade de viver e sonhava que meus filhos

Introdução

também pudessem vivenciar. Senti insegurança em relação ao sustento e a tantas outras coisas. Os questionamentos e a insegurança angustiavam meu coração. Contudo, essa palavra soprada por Deus trouxe-me coragem e força. Ele carregaria meus filhos no colo e cuidaria com carinho também de mim. Ele é o Bom Pastor, que se preocupa e sempre cuida de suas ovelhas.

Você já reparou em quantas vezes Deus escolhe figuras de cuidado para representar a si mesmo na Bíblia? Não há dúvidas de que essa seja uma expressão do seu ser que ele deseja nos revelar e ensinar, para que o imitemos.

Recordo também de outra tarde, esta mais recente, enquanto ouvia a pregação de um pastor que enfaticamente repetia o que Jesus falou ao apóstolo Pedro: "Você me ama? Pastoreie as minhas ovelhas" (cf. João 21:16), e fui lembrada da vocação que também recebi para o cuidado de pessoas. Vocação que me acompanhará em qualquer lugar e momento da vida. No entanto, ainda que o motivo de nossa mudança para a África fosse ministerial, pela primeira vez, eu não estava totalmente engajada na liderança da igreja, e isso também me levou a uma espécie de crise de identidade.

Ansiosa para "exercer meu chamado" no novo contexto e transbordar esse cuidado para os habitantes locais — o que poucos missionários sabem, mas pode demorar para de fato acontecer —, passei a me interessar pela experiência de outras pessoas que vivenciaram situações parecidas. Precisava ouvir suas histórias para saber se meus conflitos eram comuns ou algo com o que deveria me preocupar. Estaria eu lutando contra Deus? Sendo egoísta? Tendo pouca fé? Teria confundido o chamado que, com convicção, cria ter recebido no início da adolescência? Teria esperado demais? Teria feito algo errado e estava desqualificada para a missão?

Ao ouvi-las, pude perceber que muitas experiências e sentimentos eram mais comuns do que eu imaginava, o que fez meu coração se acalmar e, ao mesmo tempo, ser cheio de compaixão por esse grupo de pessoas a quem até então eu nunca havia prestado muita atenção, mas do qual faço parte: comissionados ministerialmente, mais especificamente as *mulheres em ministério*. Aquelas que, seja por vocação pessoal, do esposo ou de ambos, experimentam as alegrias e dilemas que — como se diz — só quem passa consegue entender.

Expor minha vulnerabilidade abriu caminho para que elas fizessem o mesmo e para que amizades fossem construídas e fortalecidas. Algumas de nós decidimos caminhar juntas, e surgiu o Movimento Mulheres de Fé[2]. Essa proximidade também revelou a necessidade urgente de um livro como este, cujo conteúdo é raramente abordado, mas tem muito a contribuir não apenas para a mulher em ministério, como também para todos que a cercam.

Mulheres que cuidam é a segunda obra colaborativa que tenho o privilégio de organizar. Ela tem por propósito trazer luz a questões vividas por essas mulheres, assim como reflexões, ferramentas bíblicas e práticas para que a jornada ministerial seja mais leve e alegre. Uma mulher que entende o cuidado em suas diversas expressões se torna também mais capacitada a servir com alegria e perseverança. Este não é um livro de autoajuda, centrado apenas no seu bem-estar, mas na expansão do Reino, por intermédio do cuidado dos seus trabalhadores.

Em primeiro lugar, para que o conteúdo prático do livro seja mais bem compreendido, preocupamo-nos em trazer uma breve fundamentação teórica e definição de termos adotados neste livro, começando por *mulher em ministério* — não no ministério porque não se trata de um ministério específico. Em seguida, temos reflexões teológicas sobre textos bíblicos, para que haja clareza em relação às diferentes interpretações do papel da mulher segundo a Bíblia, sem mergulhar em oceanos obscuros ou abordar incisivamente um posicionamento que, como bem sabemos, pode ser evidente para uns

---

[2] O Mulheres de Fé é um movimento interdenominacional de unidade, cuidado e encorajamento para mulheres em ministério, com o objetivo de encorajar, conectar e promover cuidado mútuo por meio de grupos de intercessão, clube de leitura, *podcast*, produção de materiais etc. Visite o Instagram: @mulheres.defee.

Introdução

e inaceitável para outros, ainda que sejam igualmente dedicados ao estudo das Escrituras. Afinal, isto é teologia: uma reação humana à verdade divina revelada nas Escrituras, não a verdade em si. Portanto, está sujeita a interpretações diferentes que não colocam em xeque a autoridade e credibilidade da Palavra.

A primeira parte do livro continua com uma breve exposição sobre mulheres que serviram ministerialmente e tiveram grande impacto na história da igreja[3] e termina com relatos de mulheres do nosso tempo que compartilham partes de sua experiência ministerial. Escolhi acrescentar testemunhos por dois motivos: dar voz e encorajar. Ao compartilhar suas histórias com coragem e vulnerabilidade, sem medo de julgamentos, elas são como uma voz para tantas outras que não encontram espaço seguro para se expressar ou que sequer sabem como fazê-lo. Ao mesmo tempo, inspiram de forma encorajadora aquelas que buscam referência e identificação.

Na segunda parte desta obra, as autoras apresentam, sob perspectiva pessoal, dentro da sua área de conhecimento e atuação, reflexões, informações e ferramentas que auxiliem a mulher em ministério na caminhada em direção ao cuidado integral, considerando o ser humano como *biopsicossocial* e *espiritual*[4] inserido em um ambiente e possuidor de recursos. O formato é pastoral e prático, para que a leitora seja desafiada a ir além da conscientização e realmente possa fazer os ajustes de que precisa em diferentes áreas da vida.

A última parte é bastante prática e visa equipar a mulher para o cuidado. Ela começa pelo mais importante: *A relação com Deus*, da qual todo cuidado provém, seguida pela *relação com o corpo*, que, de

---

[3] Gosto da definição de Dreher: a história da igreja é a memória cristã que deve ser buscada porque "Deus entrou na história, atuou na história e está levando a história a um alvo". [Martin Norberto Dreher. *A Igreja no Império Romano*. 3 ed. (São Leopoldo: Editora Sinodal, 2001), p. 9.]

[4] Equipe editorial de Conceito.de. 19 de junho de 2019. *Conceito de biopsicossocial*. Disponível em: <https://conceito.de/biopsicossocial>. Acesso em: 18 jul. 2023.

forma prática, aborda aspectos da saúde integral da mulher, assim como da alimentação, atividade física e aparência.

A relação com alma abrange a mente e o coração, e as autoras discorrem sobre o cuidado das emoções e do intelecto, além de compartilhar experiências pessoais envolvendo esses aspectos. Depois, tratamos *da relação com o próximo,* que neste livro se refere aos relacionamentos mais próximos que a mulher em ministério costuma ter: cônjuge, filhos e amigos. Expandimos posteriormente para *a relação com a igreja,* focada em assuntos da igreja local e para *a relação com a sociedade,* em que abordamos aspectos do engajamento social e virtual. E, por último, *a relação com os recursos,* aqui apontados como tempo e finanças; o tópico também é abordado de forma esclarecedora e encorajadora.

Que esta leitura se torne um marco em sua vida, encorajando-a a desenvolver relações saudáveis em cada área aqui apresentada e a viver a vida plena em Cristo. Consequentemente, você servirá com mais alegria, para a expansão do Reino e a glória do Rei Jesus.

PARTE I

A mulher
em ministério

QUANDO UMA MULHER RECEBE A VOCAÇÃO MINISTERIAL, ela não faz ideia do que a espera. Quando a mulher se casa com um pastor, ou futuro pastor, prometendo ser sua ajudadora fiel, não imagina como isso funciona na prática. Quando a mulher que leva uma vida comum ouve do esposo que Deus o está chamando para ser ministro em tempo integral, não consegue dimensionar o quanto a rotina da família mudará. Ainda assim, cada uma que responde *sim* ao Senhor deseja ser como aquela que "Reveste-se de força e dignidade; sorri diante do futuro" (Provérbios 31:25). *Mulheres de fé* que escolhem confiar naquele que as chama e responder como Maria: "Sou serva do Senhor; que aconteça comigo conforme a tua palavra" (cf. Lucas 1:38). Da mesma forma que aconteceu com Maria, o sim é só o começo.

Com o passar dos anos, o romance do chamado dá lugar a uma montanha-russa de sentimentos que oscilam entre sonho e frustração, convicção e dúvida, aceitação e reprovação, acolhimento e solidão. Além disso, existem particularidades na vida da mulher em ministério do nosso tempo, por vezes negligenciadas ou omitidas por aquela que as vive; pouco percebidas e compreendidas por aquela que não conhece essa realidade. Como consequência, muitas estão confusas, solitárias, sobrecarregadas e exaustas, perguntando-se constantemente: "O que Deus realmente espera de mim?" É comum que deixem de se render aos cuidados do Bom Pastor e negligenciem o cuidado de si, dos que a amam e até dos recursos vindos do céu.

Tenho observado e dado valor ao esforço de estudiosos e lideranças eclesiásticas em defender um posicionamento bíblico do papel ministerial da mulher. Sem desmerecer essa missão, acredito que seja necessário também ir além da validação. A mulher capacitada e vocacionada por Deus para algum ministério eclesiástico tem uma realidade peculiar e precisa ser percebida como alguém que carece de cuidado e de encorajamento para um posicionamento em relação ao cuidado que também tem a responsabilidade de oferecer.

Tal cuidado deve ser integral, ou seja, abrange as diferentes relações da mulher: com *Deus, consigo*, com *outros*, com o *ambiente* onde está inserida e com os *recursos* que possui. Esse cuidado também precisa ser ativo, não reativo, ou seja, não apenas em resposta a um problema já existente e contínuo, como também para promover saúde e bem-estar coletivos e permanentes.

Entretanto, para que o conteúdo abordado neste livro seja mais efetivo, é necessário antes compreender quem são as *mulheres em ministério*. Seriam elas apenas as pastoras ordenadas? Estariam nesse grupo as esposas dos pastores e líderes? As missionárias e ministras consagradas pela igreja local para serviço em tempo integral? Seriam todas as mulheres que cuidam do lar, já que, como se diz, "família é o primeiro ministério"? Seria o serviço na igreja e na família da mesma natureza? Seriam todas as mulheres cristãs, pois, conforme pregou Spurgeon em um sermão: "Todo cristão é um missionário ou um impostor"?

Igrejas e ministério

>> Juliana Negri

Abraham Kuyper, em seu sermão "Arraigada e Alicerçada: a Igreja como Organismo e Instituição", com base em Efésios 3:17, apresenta duas dimensões igualmente reais da igreja de Cristo. "Arraigada faz referência à vida orgânica que cresce e se desenvolve de forma naturalmente de acordo com a invisível providência de Deus. Mas alicerçada é uma metáfora 'tirada não da natureza, mas do trabalho das mãos humanas [...]'."[1]

Dessa forma, a igreja precisa ser entendida e gerenciada como um *organismo*, que é o conjunto de todos aqueles que

---

[1] Thiago Machado Silva. *Organismo e Instituição: Um breve ensaio sobre as implicações missionais da eclesiologia de Abraham Kuyper* (Campinas: Revista Teológica, 2018), v. 71.1, 117-136, p. 5.

foram alcançados e redimidos pela graça de Deus desde o início da humanidade; mas também como *organização*, uma instituição humana que segue estruturas que fazem sentido para a população, o ambiente e o período histórico em que está inserida. A igreja revela o ministério divino e humano convergindo a fim de cumprir os propósitos de Deus e de glorificá-lo.

Referente à atuação humana, nenhum dom, ministério ou forma de servir a Deus e aos outros é menos importante. Há funções diferentes que devem ser realizadas pelo *poder* divino (dom) e *à maneira* do Criador (Palavra).

> Há diferentes tipos de dons, mas o Espírito é o mesmo. Há diferentes tipos de ministérios, mas o Senhor é o mesmo. Há diferentes formas de atuação, mas é o mesmo Deus quem efetua tudo em todos. A cada um, porém, é dada a manifestação do Espírito, visando ao bem comum (1Coríntios 12:4-7).

Ofícios ministeriais

Muitas pessoas se perguntam: "Será que fui chamada para o ministério?" Todavia, a palavra *ministério* tem diversos significados. Considerando apenas a realidade brasileira, já se percebe como diferentes igrejas, lideranças religiosas, autores e cristãos em geral a compreendem. Faça você mesma o teste, pergunte a alguns irmãos na fé o que esse termo significa, quem são as pessoas chamadas para o ministério. Se conhecer pessoas de outras denominações, repita a pergunta e, depois, compare as respostas. Algumas possíveis, seriam: alguém chamado para o pastoreio; um celibatário; todo cristão; a mulher dona de casa que cuida da família; a líder de mulheres e de outros setores da igreja etc.

Acredito que haja dois motivos principais para essa confusão. O primeiro é que o termo *ministério* foi, por muito tempo, associado exclusivamente ao ministério pastoral, porém nos últimos anos tem sido consideravelmente expandido, abrangendo muitas atividades eclesiásticas ou paraeclesiásticas. Outro motivo para a confusão em relação à palavra é que ela também não aparece na Bíblia. Não se assuste, mas é verdade.

Os termos que lhe deram origem são *diakonia*,[2] que sugere a ideia de alguém que trabalha para o bem de uma comunidade, e *liturgia*,[3] que enfatiza o desejo voluntário ao fazê-lo, mas ambas significam simplesmente: servir. Essas palavras não têm em sua origem nenhuma conotação religiosa ou de posição de importância[4], o único ministério considerado superior nas Escrituras é o do próprio Cristo. É ele quem deve ser evidenciado no exercício de qualquer ministério na terra. "Agora, porém, o *ministério* que Jesus recebeu é superior ao deles, assim como também a aliança da qual ele é mediador é superior à antiga, sendo baseada em promessas superiores" (Hebreus 8:6).

Compreender a superioridade e suficiência da obra de Cristo é essencial e traz implicações práticas para a igreja. Meyer explica que: "O sacerdócio do Senhor é imutável e indissolúvel. [...] Cada sacerdote da linhagem de Arão tinha de passar seu cargo a outro; mas o sacerdócio do Senhor nunca será transmitido a ninguém."[5] O ministério sacerdotal do Antigo Testamento foi completo e encerrado em Cristo, por isso, o termo ou a função sacerdotal não aparece nenhuma vez entre as funções vitais da igreja no Novo Testamento.

Ainda que não haja relação de superioridade, ao analisar as referências ao serviço cristão nas Escrituras, vemos que a algumas funções ministeriais eram atribuídas maior responsabilidade e autoridade. Algumas pessoas recebiam (e ainda hoje recebem) do Espírito

---

2   STRONG em Bible Hub. Disponível em: <https://biblehub.com/greek/1248.htm>. Acesso em: 7 jul. 2022.

3   STRONG em Bible Hub. Disponível em: <https://biblehub.com/greek/3011.htm>. Acesso em: 7 jul. 2022.

4   Martin Volkmann. *Teologia practica en el contexto de America Latina* (São Leopoldo: Editora Sinodal, 2011), p. 94. (tradução da autora)

5   Frederick Brotherton Meyer. *Comentário Bíblico F. B. Meyer Antigo e Novo Testamentos* (Belo Horizonte: Editora Betânia, 2002), p. 286.

Santo uma vocação interna para o ofício sagrado e do Espírito também deviam buscar as qualificações éticas e morais para o desempenho da obra, que deveria ser reconhecida e confirmada pela igreja.

> Os apóstolos foram chamados, de fato, imediatamente por Cristo para o trabalho de fundar a igreja; mas assim que uma comunidade de crentes surgiu, a congregação também tomou parte ativa em todos os assuntos religiosos. As pessoas assim designadas interna e externamente pela voz de Cristo e sua igreja foram solenemente separadas e introduzidas em suas funções ministeriais pelo ato simbólico da ordenação; isto é, pela oração e pela imposição das mãos dos apóstolos ou seus representantes, conferindo ou confirmando com autoridade e selando os dons espirituais apropriados.[6]

Os primeiros líderes da Igreja foram os apóstolos (doze discípulos, inclusive Matias, que substituiu Judas), que representavam as doze tribos de Israel, e depois Paulo, o apóstolo aos gentios. Estudiosos concordam que os apóstolos seriam as testemunhas oculares de Cristo na terra e eram responsáveis por transmitir a sã doutrina para os primeiros fiéis. Estes, por sua vez, receberam a comissão de testemunhar e compartilhar a salvação e a doutrina pelo mundo. Jesus instituiu dois ritos sagrados: batismo e ceia, os quais devem ser observados até o fim dos tempos. Contudo, não foi estabelecida uma doutrina minuciosa para o ministério, o que permitiu sabiamente que os detalhes fossem moldados de acordo com a necessidade de cada nova igreja, que replicaria o modelo de Jerusalém.

Conforme crescia o número de cristãos, os apóstolos deixaram de conseguir desempenhar toda as funções religiosas (ensinar, evangelizar, conduzir cultos, atender aos necessitados, disciplinar etc.). Novos ofícios surgiam enquanto eles passaram a se dedicar à

---

6   Philip Schaff. *History Of The Christian Church (The Complete Eight Volumes in One)*, Versão Kindle, p. 364. (tradução da autora)

supervisão geral e à expansão do Evangelho. Inicialmente, os cultos eram inspirados nos ofícios da sinagoga, cuja liderança era exclusivamente masculina e composta pela tribo de Levi (sumo sacerdotes, sacerdotes e levitas[7]), que cuidava dos serviços no Templo e intermediava entre Deus e o povo com as ofertas e os sacrifícios.

Na Antiga Aliança, havia profetas, os mensageiros diretos de Deus chamados quando os sacerdotes falhavam. Havia também anciãos ou presbíteros, reunidos em conselhos, responsáveis pela administração e supervisão da comunidade à qual pertenciam.[8] Já na Nova Aliança, o serviço sacerdotal é exclusivo de Cristo, embora outros dois grupos tenham tido continuidade (um mais institucional e um mais espontâneo). Os profetas da Nova Aliança seriam os que, por escolha divina e iluminados pelo Espírito Santo, trariam a mensagem que Deus deseja compartilhar com seu povo.

Com o decorrer dos anos, o número de apóstolos diminuía e a igreja era estabelecida. As funções ministeriais passaram a assumir contornos mais definidos ao final do século I. A liderança da igreja local se configurou em pastores bispos, presbíteros e diáconos. Os termos "pastores", "bispos" e "presbíteros" são complementares e apontam para uma liderança pluralizada da igreja[9]; já "diáconos" denota os responsáveis pelo cuidado dos necessitados. Em relação à terminologia, "pastor' estaria associado à função de ensino da Palavra e ao cuidado do rebanho de Cristo (Atos 20.28); "bispo" teria ênfase na autoridade e liderança (1Timóteo 3.1 e Hebreus 13.17); "presbíteros" seria o grupo de líderes sábios e confiáveis que formariam um conselho com autoridade para dirigir a comunidade, conforme o modelo judaico

---

[7]   J. M. Cordeiro. A hermenêutica da continuidade do ministério ordenado. Roma: Didaskalia, 2010, p. 59-76. Disponível em: Acesso em 8 jul. 2023.

[8]   M. Volkmann. In: Harpprech-Zwetsch. Teologia practica en el contexto de America Latina. São Leopoldo: Sinodal, 2011, 97 p. (tradução da autora)

[9]   Luiz Sayão. Revista Cristianismo Hoje, ed. 40, Abril/Maio de 2014, p. 32-34. Disponível em: <https://colunas.gospelmais.com.br/resolvido-nem-pastores-e-nem-pastoras_9520.html>. Acesso em: 15 jul. 2022.

de anciãos. Como as cartas pastorais mencionam "bispo" no singular, leva a crer que ele seria o presbítero que preside o conselho.

De acordo com Fenning[10], os pais da igreja registraram que, nos primeiros cerca de trezentos anos da Igreja, não havia uma figura central ou estrutura de autoridade. Ela foi naturalmente se formando conforme o ensino da sã doutrina, os sacramentos, a condução das atividades religiosas e disciplinas, bem como o cuidado da comunidade passaram a ser a responsabilidade dos ministros ordenados. Com o passar dos anos, a expansão e as necessidades particulares das igrejas, outros ministérios surgiram: "No século III, a partir dos dados da Traditio Apostolica (cerca de 215), sobressai a seguinte estrutura ministerial: bispos, presbíteros, diáconos, confessores, viúvas, leitores, virgens, subdiáconos, e aqueles que têm o dom das curas."[11]

Com esses ministérios, surgiram também ideias culminantes na base da doutrina da igreja católica, que acrescenta a fé na igreja — representada pelo clero — e nos sacramentos como uma condição para a salvação.[12] Segundo José Cordeiro[13], o nome *clero* deriva do grego *klh/roō*, que significa sorte, e foi escolhido desde a tradição apostólica para a ordenação de pessoas escolhidas à sorte para um ofício na igreja (cf. Atos 1:26). O termo é atribuído a todos os que desempenham um ministério ordenado.

Quando o cristianismo se tornou uma religião tolerada e reconhecida (325 d.C.), o sacerdócio do clero, sucessão apostólica dos bispos, aos quais os presbíteros e diáconos estão hierarquicamente subordinados, o bispo regional governante e a supremacia do bispo romano sobre todos os outros bispos já estava estabelecida.[14]

O sacramento da ordem (ordenação) eleva-os ao *status* clerical, separados dos leigos, que seriam os demais cristãos. Dessa forma, as

---

[10] Don Fanning. Missions History of the Early Church. *History of Global Missions*, 2 ed. 2009, p. 25. Disponível em: <https://digitalcommons.liberty.edu/cgm_hist/2>. (tradução da autora)

[11] José Manuel Cordeiro. A hermenêutica da continuidade do Ministério ordenado Roma.

[12] Don Fanning. Missions History of the Early Church.

[13] José Manuel Cordeiro. A hermenêutica da continuidade do Ministério ordenado Roma.

[14] Don Fanning. Missions History of the Early Church.

pessoas que recebiam qualquer outra vocação — que entendo como um forte desejo, junto da habilidade (ainda que precise e possa ser aperfeiçoada) de desenvolver determinada atividade —, como artesãos, comerciantes, agricultores e todos os demais, dependiam de tais "sacerdotes" para a salvação. Então, a vocação espiritual-religiosa passou a ser considerada como superior a qualquer outra e muito apreciada.

Sacerdócio universal dos cristãos

Ao compreender a salvação pela graça mediante a fé em Cristo, sem a necessidade de intermediação do clero, Lutero recupera o conceito de *sacerdócio universal dos cristãos*, com base em 1Pedro 2:9: "Vocês, porém, são geração eleita, sacerdócio real, nação santa, povo exclusivo de Deus, para anunciar as grandezas daquele que os chamou das trevas para a sua maravilhosa luz." Sobre isso, Schaff discorre:

> É notável que (o apóstolo) Pedro, em particular, apresente a ideia do *sacerdócio* como o destino de *todos* e aplique o termo *clerus* não à ordem ministerial distinta dos leigos, mas à *comunidade*; considerando assim cada congregação cristã como uma tribo espiritual de Levi, um povo peculiar, santo para o Senhor.[15]

O reformador defendeu não haver base bíblica para qualquer classe privilegiada na igreja, nem mesmo dos líderes espirituais. Lutero afirmou que todo cristão verdadeiro poderia fazer aquilo que o sacerdote do Antigo Testamento fazia: chegar-se diretamente a Deus, interceder por outras pessoas, aconselhar, confortar, encorajar seus irmãos, oferecer louvores e pregar a Palavra. Lutero não visava propor o fim do trabalho ministerial ordenado, mas reconheceu que tal vocação e as demais são igualmente importantes e nobres aos olhos de Deus. O sacerdócio universal dos cristãos remete à Grande Comissão dada a todo discípulo (homem e mulher) de Cristo, que inclui: ir, pregar o evangelho, batizar e

---

[15] Philip Schaff. *History Of The Christian Church (The Complete Eight Volumes in One)*. (tradução e grifo da autora)

ensinar a obedecer aos mandamentos de Jesus, de modo a proporcionar o crescimento da igreja enquanto *organismo* (v. Mateus 28).

Segundo Keller,[16] enquanto o ministério ordenado é focado na *igreja*, o ministério leigo é para o *mundo*. Ou seja, o ministério *leigo* pode ser desenvolvido por qualquer discípulo de Cristo na sua esfera de influência: família, vizinhança, trabalho, assim como na comunidade de fé à qual pertence. Já o ministério *ordenado* teria por prioridade o ministério da Palavra e dos sacramentos, visando equipar cada leigo para que se torne um discípulo-ministro maduro espiritualmente e com práticas coerentes à fé que professa. Em outras palavras, essas pessoas têm por vocação, missão de vida, o cuidado e a edificação dos membros da igreja enquanto organização.

Em sua proposta de igreja missional, ele defende que a igreja de Cristo, desde o princípio, cumpre sua missão quando não se isola em uma bolha, mas conversa com a cultura. Não visa apenas trazer pessoas para o templo, mas levar Jesus aonde elas estão por meio de trabalho, família, vizinhança e demais redes de relacionamentos.

Keller também pontua que ministério leigo é diferente de liderança leiga. Ministros leigos são pessoas que vivem a fé com intencionalidade nos ambientes em que estão. Eles se envolvem com outras pessoas, para que estas possam vir a Cristo ou crescer na fé, contribuindo para o crescimento da Igreja enquanto *organismo*, o que não elimina a necessidade de uma liderança responsável pelo bom desenvolvimento dessas pessoas na igreja enquanto *organização*.

A mulher em ministério

Após essa breve explanação sobre o significado e as diferentes expressões do ministério, compreendemos que qualquer mulher que seja discípula de Cristo e o sirva em sua rede de influência é, em

---

[16] Timothy Keller. *Center church: Doing balanced gospel-centered ministry in your city.* Grand Rapids, Zodervan, 2012, p. 294. (tradução da autora)

certa instância, uma ministra. A dona de casa que serve a sua família e os outros, assim como ao Senhor, é ministra. A pesquisadora que realiza seu trabalho com ética e responsabilidade é ministra. A jovem mãe que estuda, trabalha e testemunha sua fé em palavras e atitudes nos ambientes que frequenta é ministra. A voluntária que acrescenta às demandas particulares o discipulado, a liderança de um pequeno grupo ou qualquer outra atividade na igreja local é ministra. A profissional que é excelente e se destaca, mas cuja vida aponta para Cristo, é ministra. A pequena empreendedora que é ética, não colocando o lucro acima do seu testemunho, é ministra. Essas mulheres, entretanto, exercem o *ministério leigo*, e seu ofício não está vinculado ao ministério.

Existe, porém, um grupo de mulheres que têm por *ofício* o serviço ministerial na igreja local, em organizações cristãs ou paraeclesiásticas. Sejam elas pastoras que lideram áreas ou, em alguns casos, a igreja, sejam ministras de mulheres, crianças ou idosos, sejam missionárias em projetos locais ou em campos distantes, sejam capelãs em escolas, hospitais, presídios, sejam elas evangelistas, pregadoras itinerantes, diaconisas, conselheiras, teólogas e professoras de Bíblia, e tantas outras.

Incluo também aquelas que são casadas com ministros ordenados que por vezes abriram mão de planos pessoais para auxiliar o esposo comissionado em tempo integral, ou acrescentando ao seu trabalho profissional atividades ministeriais que talvez não escolheriam se não fosse pela necessidade do marido, ou ainda as que têm sua atuação independente do esposo, mas que precisam adequar a agenda (final de semana é dia de trabalho para a maioria dos ministros), as finanças ou o estilo de vida de forma coerente ao chamado do marido.

Essas mulheres normalmente têm um vínculo formal com a igreja ou instituição em que servem, seja por ordenação (na maioria das vezes com unção e imposição de mãos), por vínculo empregatício, ou ambos. Elas podem ser voluntárias ou ainda parcial ou integralmente remuneradas. São mulheres preciosas, que precisam estar enraizadas e edificadas em Cristo, exercendo e recebendo cuidado em suas relações para que não sejam engolidas pelo nosso tempo, mas que alegremente desempenham o chamado que receberam do nosso Cristo e Rei, são essas mulheres que neste livro denominamos: *mulheres em ministério*.

Reflexões teológicas sobre o papel da mulher

>> Clarice Ebert

A mulher, assim como o homem, foi criada a partir de um plano divino para a humanidade, com os atributos da emoção e da razão, com capacidade para sentir, se sensibilizar, pensar e raciocinar. O Criador agradou-se em criar, após Adão, Eva, que encheu o Soberano de plena satisfação.

Para afirmar a criação da mulher como parte do plano divino para a humanidade, é necessário desconstruir a ideia de que a mulher é um ser do mal, como proposto ao longo de muitas gerações por alguns teóricos. Essa visão sobre a mulher foi arquitetada pelo filósofo e matemático Pitágoras,[1] que acreditava que ela era um ser originado nas trevas. Por essa visão, adotou-se, de forma naturalizada, ao longo das evoluções sociais e culturais, a ideia de que a mulher seria um ser do mal, de tentações, desvios, quedas e descaminhos do homem. Por essa ótica, fortaleceu-se o entendimento de que ela deveria ser segregada, controlada e contida, pois dar-lhe um lugar inclusivo poderia ser perigoso para a manutenção da sensatez e da ordem divina nos contextos sociais, familiares e eclesiásticos. Assim, a mulher foi vista como inimiga, mesmo em meios ligados a culturas religiosas cristãs. Manter a mulher sob controle seria domar o inimigo. Essa percepção se propagou cultural e religiosamente nas eras posteriores à do teórico, de 500 a.C.

Segundo o dr. J. Lee Grady, no século II, havia um pai da igreja muito respeitado que se tornou um grande influenciador dos seguidores do cristianismo, Tertuliano. Ele culpava as mulheres pelos problemas do mundo, dizendo:

> Vocês (mulheres) são o portão do diabo; vocês são as violadoras da árvore (proibida), são os primeiros desertores da lei divina; são as que atormentaram aquele com respeito ao qual o diabo não estava vigilante o bastante para atacar. Vocês destruíram tão facilmente a imagem de Deus, o homem. Por causa do seu deserto (punição), isto é, morte — até mesmo o Filho de Deus teve de morrer.[2]

Essa forma de entender a mulher foi solidificada, normatizada e naturalizada ao longo do tempo, como se fosse a norma divina sobre a mulher. A ideia de que a mulher seria um ser do mal ganhou força,

---

[1] Miriam Ilza Santana. *A história da mulher na filosofia*. Disponível em: https://www.infoescola.com/sociedade/a-historia-da-mulher-na-filosofia/. Acesso em: 31 out 2021.

[2] Lee J. Grady. *As 10 mentiras que as igrejas contam às mulheres* (São Paulo: Abba Press, 2010), p. 44.

especialmente porque os respeitosos líderes eclesiásticos adotaram fundamentações interpretativas que satisfaziam tanto a cultura secular como a religiosa. No entanto, no texto bíblico sobre a criação da mulher, em Gênesis 1:26-27, encontramos uma outra visão:

> Então disse Deus: "Façamos o homem à nossa imagem, conforme a nossa semelhança. Domine ele sobre os peixes do mar, sobre as aves do céu, sobre os animais grandes de toda a terra e sobre todos os pequenos animais que se movem rente ao chão". Criou Deus o homem à sua imagem, à imagem de Deus o criou; homem e mulher os criou.

Antes da criação do homem e da mulher, parece ter havido uma reunião celestial na qual foi arquitetado um planejamento da criação do ser humano, na versão masculina e feminina. Assim, ao contrário da teoria que atribui a origem da mulher às trevas, ela foi planejada e criada por Deus em sua luz, da mesma forma que o homem. Isso inclui a grandiosidade de serem, ambos, criados à imagem e semelhança do Criador, idênticos em essência. Ferreira e Myatt descrevem que "Deus fez a mulher de Adão, para que ela tivesse a mesma natureza e compartilhasse a mesma imagem de Deus. Em nada a mulher é inferior ao homem. Ela foi feita para ser ajudadora, uma palavra usada para descrever até como Deus ajuda o homem."[3]

Aqui se faz necessário ajustar a compreensão sobre o termo ajudadora, ou auxiliadora, dependendo da linguagem bíblica. Muitas compreensões equivocadas se ancoram em entendimentos de que a mulher, ao ser criada para ser auxiliadora, recebera a missão de suprir o homem, o que incluiria servi-lo sexualmente, nos serviços domésticos e necessidades em geral, como um tipo de empregada, lavadeira e cozinheira; na melhor das hipóteses, como uma secretária competente. Conforme esse entendimento, na maioria do tempo,

---

[3] Franklin Ferreira; Alan Myatt. *Teologia Sistemática: uma análise histórica, bíblica e apologética para o contexto atual* (São Paulo: Vida Nova, 2007), p. 402.

ela deveria se apresentar em suas tarefas de auxílio apenas em pautas nas quais seria convidada ou admitida, sem real autonomia para executar até mesmo a tarefa de subserviência. Essa ótica equivocada se dá especialmente por causa de uma leitura do termo "auxiliadora" ou "ajudante idônea" por lentes ajustadas em pressupostos culturais seculares, sem amparo bíblico.

A expressão original para designar quem seria a mulher na Bíblia é *Ezer Kenegdo,* cujo significado é soberano em relação ao termo auxiliadora e carrega um sentido que vai muito além de mera coadjuvante do homem em tarefas auxiliares, pois coloca a mulher também como protagonista em uma relação de igualdade com o homem, em parceria no cuidado do mundo e de tudo o que nele há. Para Robert Alter, o termo *Ezer Kenegdo* traz a conotação de sustentação "ao lado de", ou seja, um auxílio substancialmente indispensável sem o qual não seria possível viver.[4] O termo *Kenegdo* significaria "ao lado dele, em frente a ele, ou ainda, uma contraparte para ele."

O autor explica que a conotação de ajuda encontrada na maioria das traduções bíblicas é muito fraca, porque sugere uma função meramente auxiliar.[5] Por esse ângulo, compreendemos que a criação da mulher a coloca, em relação com o homem, em um significado muito mais profundo do que a fraca compreensão secular da palavra "ajudadora". O que favorece a interpretação, parcialmente, é o termo "idônea", vinculado ao termo "ajudadora", pois sinaliza que não se trata de qualquer ajuda, mas de uma ajuda especializada. Mesmo assim, não pode ser vista como qualificada meramente para suprir e servir o homem no atendimento às suas necessidades, mas para ocupar um lugar de igualdade, de modo a sanar a solidão existencial do homem.

De tudo que Deus criara, em cada item da criação, terminava o dia vendo que tudo era bom. Entretanto, ao ver o homem sozinho, constatou que não seria bom que permanecesse dessa forma.

---

[4] Robert Alter. *Genesis: translation and commentary* (Nova York: Norton & Company, 2007).

[5] Robert Alter. *Genesis: translation and commentary.*

Foi então que ele decidiu criar *Ezer Kenegdo* e, depois de criá-la, viu que era, não apenas bom, mas muito bom: "E Deus viu tudo o que havia feito, e tudo havia ficado muito bom [...]" (Gênesis 1:31).

A criação da mulher foi um ato de sabedoria e de amor de Deus ao promover um socorro relacional para que o homem não sucumbisse em isolamento existencial. Engana-se quem pensa que o homem somente precisaria de uma ajudante para serviços gerais, de uma ajudante competente para cumprir a sua missão no mundo, de uma ajudante para suprir suas necessidades, ou de uma companhia para o aquecer nos dias frios e difíceis. Nem mesmo para ser uma companheira a mulher seria necessária, pois, se a necessidade fosse apenas de companhia, qualquer um dos animais poderia ocupar esse lugar. Segundo John e Stasi Eldrege, um cachorro pode ser um bom companheiro.[6] Contudo, Adão precisava de alguém com outros atributos. Adão somente poderia viver plenamente a sua humanidade ao lado de um ser que lhe correspondesse nela, tanto na expressão de sua imagem e semelhança de Deus, como na multiplicação de sua espécie.

A expressão *Ezer Kenegdo* carrega o significado de ajudadora, sim, mas somente pode ser atrelado em comparação à ajuda divina, jamais como mera servidora. Esse aspecto é visível pelo fato de o termo composto *Ezer Kenegdo* ser um dos atributos do próprio Deus como ajudador.

> O termo *Ezer* é usado somente em outras vinte passagens em todo o Antigo Testamento. E em todos os exemplos, a pessoa que está sendo descrita é o próprio Deus, quando você precisa que ele faça algo por você desesperadamente. [...] Portanto, uma melhor tradução de Ezer seria 'salva-vidas'. *Kenegdo* significa 'ao lado de', ou 'oposto a', um parceiro.[7]

---

[6] John e Stasi Eldredge. *Em busca da alma feminina: Resgatando a essência e o encanto de ser mulher* (Rio de Janeiro: Thomas Nelson, 2007).

[7] John e Stasi Eldredge. *Em busca da alma feminina: Resgatando a essência e o encanto de ser mulher*, p. 48.

Pela via desse entendimento, é possível compreender melhor a exclamação de Adão ao visualizar a mulher que Deus acabara de criar. Podemos imaginar que ele ficou estupefato ao dizer: "Esta, sim, é osso dos meus ossos e carne da minha carne!" (cf. Gênesis 2:23). Como se, em sua frustração, por não ter encontrado alguém que lhe correspondesse em humanidade entre os animais, exclamasse: "Enfim, aqui está alguém igual a mim." Assim, Adão encontrou na mulher criada pelo Senhor outro ser humano como ele para partilhar a existência na terra. O reconhecimento dessa igualdade, ao vê-la, mostra que ele havia entendido a intenção divina ao criar a mulher. Ela não seria uma subalterna nem coadjuvante, mas uma parceira humana e protagonista ao lado dele no cuidado do mundo.

Segundo Ferreira e Myatt[8], o ser humano (homem e mulher) foi criado para ser representante de Deus, para reinar e estender o reino do Senhor na terra, o que concederia à humanidade a tarefa de refletir os aspectos do ser divino, o Rei-Criador, tais como qualidades éticas e atividades culturais que se refletiriam no cultivo da terra, no cuidado do meio ambiente e na multiplicação da espécie humana. Para os autores, além do cuidado do mundo, a imagem implica no desenvolvimento de uma cultura e em refletir as capacidades do Criador em termos de aprendizado, conhecimento, amor, produção, controle e interação.

Explicam ainda que a imagem de Deus no ser humano transcende as capacidades dos animais em geral, por exemplo, a capacidade de se relacionar com o Senhor e com os outros, o autoconhecimento e a autodeterminação, a autorreflexão e a autoconsciência, dentre outros atributos, tais como emoções e raciocínio. Todas essas capacidades são importantes aspectos da imagem de Deus. Outro significado importante que o termo "imagem" traz é o vínculo afetivo. Especialmente interessante é a abordagem dos autores em destacar

---

8   Franklin Ferreira; Alan Myatt. *Teologia Sistemática: uma análise histórica, bíblica e apologética para o contexto atual*, p. 402-404.

que a imagem divina é uma capacidade essencialmente relacional que apresenta uma tríplice relação:

> (1) relação com Deus, onde o Rei-Criador entra numa relação espiritual com suas criaturas, caracterizada por amor e afetividade; (2) relação com o próximo, onde os seres humanos, criados homem e mulher, são chamados para construir comunidades; (3) relação com a criação, onde o Rei-Criador estabelece os seres humanos como mordomos que cuidarão da criação.[9]

Para os autores, essa tríplice relação da capacidade essencialmente relacional com o Criador, com o próximo e com a criação inclui tudo o que o ser humano precisa para cumprir os mandatos criacionais de Deus. Tem-se, em primeiro lugar, o mandato cultural; a partir desse mandato, a política, o trabalho, a educação, as artes, o lazer, a tecnologia, a indústria e todas as outras áreas se desenvolveriam. Pelo mandato cultural, justifica-se o envolvimento do ser humano em todas as áreas e esferas da vida, com o propósito de refletir a imagem de Deus diante de toda a criação. O mandato social, por sua vez, refere-se ao relacionamento entre as pessoas, incluindo o casamento e a formação de famílias, além de incluir a obediência à vontade divina em todas as relações humanas. E, por fim, o mandato espiritual, que envolve a vida de devoção e comunhão que os seres humanos devem oferecer ao Criador e que se refletirá em uma existência vivida para a glória do Senhor.[10]

Os mandatos criacionais legitimam o uso dos dons e talentos intelectuais, criativos e espirituais contidos na natureza humana, necessários para que cada pessoa, independentemente de gênero, possa cumprir com o propósito para o qual foi criada. Desse modo,

---

[9] Franklin Ferreira; Alan Myatt. *Teologia Sistemática: uma análise histórica, bíblica e apologética para o contexto atual*, p. 404.

[10] Franklin Ferreira; Alan Myatt. *Teologia Sistemática: uma análise histórica, bíblica e apologética para o contexto atual*, p. 406.

os mandatos criacionais (culturais, sociais e espirituais) foram dados para o homem e também para a mulher. Portanto, a mulher não é apenas uma subalterna que serve de ajuda para que o homem cumpra com a sua missão de cuidar do mundo. Ela é igualmente protagonista com ele nessa missão que é tanto dela como dele.

Alguns pressupostos teológicos, ao adotarem determinadas óticas culturais que se estabeleceram ao longo do tempo, enfatizam que Deus conferiu os mandatos criacionais somente ao homem, sendo ele dotado pelo Senhor para essa tarefa pelos dons masculinos orientados para a liderança. A masculinidade bíblica, muitas vezes, é entendida como uma capacitação racional dada pelo Deus Criador ao ser homem, e a feminilidade bíblica, como uma condição emocional dada ao ser mulher. Como se os atributos da razão e da emoção fossem a diferença primordial entre homens e mulheres e definissem os papéis de cada um. Nessa perspectiva, é difícil conceber a ideia de que Deus teria dado também para a mulher, considerada um ser emocional, a mesma missão de administrar o mundo, em parceria com o homem. Dessa forma, apenas um ser racional teria capacidade de governar, liderar, administrar e organizar as demandas de cuidado do planeta. A mulher entraria como ajudante para acrescentar algum tempero emocional e relacional, e como apoio para a missão que é do homem, para que este pudesse estar mais tranquilo e apto para realizar a sua tarefa de administrar o planeta.

Segundo Stanley Grenz,[11] essa ideia é defendida pela perspectiva complementarista, que traz, em suas argumentações, a premissa de que essa seria a diferença principal entre homens e mulheres, que determinaria as responsabilidades de cada um na sociedade, família e igreja. Esse entendimento também definiria, de forma equivocada, a essência da masculinidade e da feminilidade bíblicas, que se traduz

---

[11] Stanley Grenz. *Mulheres na Igreja: teologia bíblica para mulheres no ministério* (São Paulo: Candeia, 1998), p. 170.

em papéis marcados para os relacionamentos humanos. O autor explica que, para os complementaristas:

> O homem deve liderar, a mulher deve apoiar; o homem deve tomar a iniciativa, a mulher deve possibilitar o desempenho dele; o homem deve assumir a responsabilidade pelo bem-estar da mulher, a mulher deve responsabilizar-se no sentido de ajudar o homem [...] Os homens devem guiar o povo de Deus, e as mulheres devem apoiar os líderes masculinos.[12]

O conceito de complementaridade, por essa perspectiva, estabelece uma polarização hierárquica para a relação do homem com a mulher, na qual ele está acima da mulher, e ela, sujeita a ele. O homem é o protagonista na missão dada por Deus, e ela, a coadjuvante em papéis secundários e que não exigem capacidade de liderança. Esse conceito polarizado se fortaleceu com um embasamento proveniente do mundo filosófico e científico na era do Iluminismo, em boa parte concomitante ao período da Reforma Protestante. Até mesmo os respeitáveis reformadores, como Martinho Lutero e João Calvino, entre outros, enxergavam as mulheres com desprezo. O dr. Lee J. Grady explica que esses reformadores

> Não só as consideravam inadequadas para o serviço espiritual, como também as viam como destinadas apenas a papéis domésticos na vida secular. A teologia que eles conceberam dizia que as mulheres foram colocadas na terra simplesmente para servir o lar, manter relações sexuais com seus maridos, e ter filhos.[13]

A partir da Reforma, as óticas teológicas avançaram por novas defesas das interpretações bíblicas sobre o mundo, a relação com o divino e o relacionamento entre as pessoas. Nesse período, as ideias

---

[12] Stanley Grenz. *Mulheres na Igreja: teologia bíblica para mulheres no ministério*, p. 171.

[13] Lee J. Grady. *As 10 mentiras que as igrejas contam às mulheres*, p. 44-45.

gregas que já existiam bem antes de Cristo ganharam força em relação à polarização entre homem-razão e mulher-emoção.

A razão foi considerada soberana em relação à emoção em boa parte da história humana. Os seres racionais eram considerados equilibrados e superiores aos seres emocionais. Diante desse entendimento, os homens passaram a assumir para si a razão e, para as mulheres, as emoções, como se a razão e a emoção, concomitantes aos órgãos genitais do homem e da mulher, determinassem a masculinidade e a feminilidade, bem como as capacidades para assumir responsabilidades e papéis específicos nos mais variados contextos sociais, inclusive na família e na igreja.

As mulheres, vistas como seres emocionais, eram consideradas impulsivas, imaturas e muitas vezes desequilibradas e histéricas. Por causa disso, eram consideradas inaptas a exercer papéis de governo e liderança. Por esse entendimento, por não terem reconhecida a sua capacidade racional para governar e administrar, precisariam sempre de um ser masculino capacitado com razão para lhes governar e cuidar, que fosse o pai, o marido, um irmão, um tio ou mesmo um líder na comunidade. Assim, como a razão foi conferida aos homens e a emoção às mulheres, ficou explicado e definido por que os homens eram talhados para as tarefas de governo, administração e liderança, enquanto as mulheres eram capacitadas para funções serviçais subalternas e periféricas.

Nisso estaria boa parte da explicação da complementaridade. O homem complementaria a mulher com sua capacidade racional, que seria um atributo masculino, e a mulher complementaria o homem com sua expressão emocional, que seria um atributo feminino. Então, de onde surgiu essa forma de compreender a missão do homem e da mulher? Tendo avançado nos estudos, podemos perceber que boa parte desse viés, mesmo que difundido como se fosse bíblico, não pode ser encontrado nas páginas da Bíblia. Aliás, nem mesmo se precisa da Bíblia para adotar essa ótica, pois é perpetuada nas mais variadas culturas seculares e religiosas, mesmo nas não cristãs.

Percebemos, portanto, que muito do que é divulgado como biblicamente fundamentado, na realidade, é teologização de pressupostos culturais seculares diversos.

Paul Tournier explica que a superioridade da razão, em detrimento da emoção, foi defendida por Descartes ao relacionar o terreno da razão com o bom senso e a objetividade: "Foi, portanto, com Descartes que a filosofia proclamou a primazia do pensamento racional e científico sobre a sensibilidade e o coração."[14] Segundo o autor, Descartes pretendia que todos os homens compartilhassem desse posicionamento. A condição racional daria ao homem a capacidade de observar, e tudo o que pode ser observado torna-se um objeto, uma coisa, inclusive o outro. Pela supremacia da razão, o sentido de pessoa e dos relacionamentos seria secundário. A mulher, considerada um ser emocional intelectualmente inapto, por ser limitada em sua capacidade racional, passaria também a ser vista como objeto. Para o autor, as polarizações entre homem-razão e mulher-emoção contribuíram para a coisificação da mulher, como se fosse um enfeite, uma decoração, um instrumento de charme e prestígio. Importantes seriam a beleza e o silêncio.[15]

Ainda de acordo com Tournier, os desvios que conduzem à polarização entre razão e emoção possivelmente foram adotados por causa de algo que tenha ficado esquecido pelo caminho. Ele lembra que o masculino e o feminino não estão em um ou outro, mas em todo ser humano, seja homem ou mulher. O autor afirma que a complementaridade é especialmente um processo interior, "[...] entre as duas tendências que se defrontam dentro de nós mesmos."[16] Essa explanação nos conduz a uma sintonia do que foi exposto anteriormente, de que ambos carregam em si a imagem e semelhança de Deus. A razão e a emoção, bem como a capacidade de transcender

---

[14] Paul Tournier. *A missão da mulher* (Viçosa: Ultimato, 2005), p. 21.

[15] Paul Tournier. *A missão da mulher*, p. 28.

[16] Paul Tournier. *A missão da mulher*, p. 29.

em fé, são elementos relacionados à imagem e semelhança divinos, encontrados tanto em homens como em mulheres.

O conceito de complementaridade também é um dos pressupostos da teoria familiar sistêmica. No entanto, carrega uma percepção diferente da complementaridade polarizada entre homem-razão e mulher-emoção. O conceito sistêmico de complementaridade postula que, nas relações humanas, há uma interação que evidencia a dinâmica relacional, que pode se mostrar funcional ou disfuncional. Para Salvador Minuchin, pesquisador sobre as relações conjugais e familiares:

> Cada indivíduo pertence a diferentes subsistemas, nos quais tem diferentes níveis de poder e onde aprende habilidades diferenciadas. [...] Em diferentes subsistemas, ele ingressa em diferentes relações complementares. As pessoas se acomodam caleidoscopicamente, para atingir a mutualidade, que torna possível a relação humana.[17]

Numa dinâmica conjugal, por exemplo, a forma como um cônjuge se comporta ou se comunica influencia o outro cônjuge em sua resposta. A resposta deste, por sua vez, influencia o cônjuge também. Assim, temos duas pessoas agindo de forma retroalimentativa, em que ambos se comunicam circularmente, evidenciando a complementaridade na manutenção de sua dinâmica relacional. Por essa perspectiva, é possível notar os mais variados formatos de dinâmicas relacionais conjugais. Por exemplo, pode-se perceber se um casal tem uma dinâmica parceira ou hierárquica, se harmonizada nas diferenças ou abusiva na imposição de uma das partes.

Portanto, as perspectivas das teologias complementaristas e da teoria sistêmica são muito diferentes. Pelas propostas das teologias complementaristas se postula que o homem tem uma missão e a mulher foi

---

[17] Salvador Mnuchin. *Famílias: funcionamento e tratamento* (Porto Alegre: Artes Médicas, 1982).

criada para que o ajudasse a cumprir sua missão. Desse modo, ela não é vista como protagonista na missão, ao lado dele, mas como subalterna na missão que é dele. Essa ideia de complementaridade fortalece as polarizações homem-razão e mulher-emoção. Já na perspectiva teórica sistêmica, a ideia de complementaridade está atrelada às dinâmicas relacionais singulares. Desse modo, as pessoas envolvidas constroem uma dinâmica relacional única a partir de seus comportamentos e comunicações. Portanto, acolher a ideia de complementaridade sistêmica não é o mesmo que acolher a complementaridade teológica para explicar as relações entre homens e mulheres, e vice-versa.

A designação hebraica da expressão *Ezer Kenegdo* desmistifica a noção de que a mulher foi criada para ser subordinada ao homem, pois afirma que ela teria o potencial de ajuda e auxílio para resgatar o homem da solidão. Dessa forma, homem e mulher foram criados para caminharem juntos em parceria. Segundo a jornalista Marília de Camargo César, que pesquisou sobre a violência doméstica em lares cristãos, uma leitura das Escrituras que enfatiza a subjugação da mulher ao homem pode legitimar muitas posturas abusivas e de violência por parte de homens contra as mulheres, mesmo sem perceber.[18]

A subjugação da mulher tem a ver com o pós-Queda, não com a ideia original de Deus para o lugar da mulher. Infelizmente, a imagem do Criador no ser humano sofreu uma alteração após o evento da Queda, que deformou, de forma substancial, essa essência divina no homem e na mulher e afetou também a sua parceria na missão dada pelo Senhor para eles. No entanto, para Ferreira e Myatt[19], apesar de boa parte dos aspectos da imagem de Deus terem sido perdidos ou feridos, felizmente foram restaurados por meio da redenção em Cristo (cf. Efésios 4:22-24; Colossenses 3:10). Em Cristo, surgiu a

---

[18] Marília de Camargo César. *O grito de Eva: a violência doméstica em lares cristãos* (Rio de Janeiro: Thomas Nelson, 2021).

[19] Franklin Ferreira; Alan Myatt. *Teologia Sistemática: uma análise histórica, bíblica e apologética para o contexto atual*, p. 402-4.

igualdade em uma nova posição soteriológica para a humanidade,[20] o que tornou possível restaurar as conexões perdidas; homens e mulheres passaram a ser considerados iguais e coerdeiros da graça divina, conforme está escrito em Gálatas 3:26-29:

> Todos vocês são filhos de Deus mediante a fé em Cristo Jesus, pois os que em Cristo foram batizados, de Cristo se revestiram. Não há judeu nem grego, escravo nem livre, homem nem mulher; pois todos são um em Cristo Jesus. E, se vocês são de Cristo, são descendência de Abraão e herdeiros segundo a promessa.

Mesmo com esse entendimento, ainda há outros textos que muitas vezes são colocados em xeque, na tentativa de manter o viés hierárquico para a relação entre homem e mulher em sua missão na terra. Como exemplo, temos o texto de Efésios 5:22, que trata da submissão da mulher. Em primeiro lugar, é preciso perceber que a lista de submissões inicia-se no versículo anterior, o 21. Diz o texto: "Sujeitem-se uns aos outros, por temor a Cristo." Assim, a orientação é de que todos devem se posicionar em sujeição uns aos outros, o que inclui homens e mulheres.

A palavra "sujeitem-se", nesse texto, traz uma abençoada perspectiva da mutualidade no respeito de uns para com os outros. Na sequência, o texto segue demonstrando como deveria ser essa submissão mútua na vida familiar. Para a relação conjugal, Efésios 5 apresenta uma analogia da relação de Cristo com a igreja.

Entretanto, é um engano entender esse texto como se todos os atributos de Jesus fossem também os atributos do homem em relação à mulher. Se fosse de tal forma, possivelmente escorregaríamos por um caminho herético, em uma afirmação de que o marido deveria ser o Cristo da mulher, seu senhor, curador, cuidador, guia e salvador. Por esse caminho, facilmente diríamos que, assim como Jesus é superior à igreja,

---

[20] Stanley Grenz. *Mulheres na Igreja: teologia bíblica para mulheres no ministério*, p. 110.

o marido é superior à mulher; e, assim como o Salvador manda na igreja, o homem também deve mandar na mulher. Também entenderíamos equivocadamente que, como a igreja obedece e segue a Cristo, a mulher deveria seguir e obedecer cegamente ao marido. Contudo, o texto não diz que todos os atributos de Jesus são os atributos do marido em relação à sua mulher. Nem mesmo diz que a mulher deve seguir e obedecer ao marido como a igreja o faz em relação ao Salvador.

O texto de Efésios 5, no tocante à relação conjugal, traz uma ênfase na exaltação ao amor para a vida a dois. Homens devem amar suas mulheres e as mulheres devem se submeter a esse amor. Mesmo assim, não é qualquer tipo de amor, mas um que se assemelha ao de Cristo, capaz de se entregar à morte por amor à sua estimada igreja. Não é um amor obsessivo, que confina a mulher para si em mandos e desmandos narcísicos. É, na verdade, um amor de entrega, que busca fazer o bem, facilitar a felicidade na experiência de aceitação, liberdade e intimidade com a mulher. A submissão aqui está correlacionada a essa perspectiva de amor, não a uma exigência de subjugação, imposição à obediência e negação de suas necessidades como pessoa. A submissão descrita está atrelada à ideia de aceitação e respeito à existência de um amor de entrega e de respeito também. Sem um amor assim, não existe um relacionamento para se submeter, assim como não existiria igreja sem o amor de Cristo em sua entrega por ela. Portanto, o texto de Efésios não pode estar dissociado do texto de Gênesis, ou seja, da ideia original de Deus para a parceria entre homem e mulher. Se, no princípio, Deus os criou para serem parceiros, então não poderia haver contradição em outros textos bíblicos.

No Novo Testamento, a missão do homem e da mulher continua a mesma intencionada na Criação e se estabelece pelos dons e talentos de cada um, e pela capacitação do Espírito Santo, independentemente de gênero. Em nenhum texto bíblico se pode afirmar, nem em termos nem em conceitos, que há alguns dons exclusivos para homens e outros exclusivos para mulheres. Muitas vezes, o texto de 1Coríntios é afirmado como uma restrição para a ordenação e o ensino por mulheres na igreja.

> Pois Deus não é Deus de desordem, mas de paz. Como em todas as congregações dos santos, permaneçam as mulheres em silêncio nas igrejas, pois não lhes é permitido falar; antes permaneçam em submissão, como diz a Lei. Se quiserem aprender alguma coisa, que perguntem a seus maridos em casa; pois é vergonhoso uma mulher falar na igreja (14:33-35).

Muitas vezes se compreende esse texto sob uma perspectiva determinista de que as mulheres deveriam permanecer caladas, ou em silêncio, na reunião da igreja. No entanto, precisamos observar o contexto em que essa orientação foi proposta. O professor dr. Antônio Renato Gusso explica que, para se fazer uma boa interpretação bíblica, um ponto fundamental é a observação do contexto, a observação da unidade completa onde está localizado determinado texto. Para isso, deve-se também descobrir qual é o pano de fundo da passagem a ser interpretada, pois, conforme afirma o autor: "Não é possível captar todo o significado das palavras, se não soubermos ao menos um pouco a respeito das condições nas quais foram proferidas."[21]

Portanto, para não haver uma compreensão distorcida é necessário compreender o contexto no qual o apóstolo Paulo orienta que as mulheres devem ficar em silêncio na igreja e aprender em casa com seus maridos. Segundo Grady, devemos lembrar que

> [...] na cultura grega e no Oriente Médio, durante o primeiro século, as mulheres não tinham oportunidades educacionais e, de fato, era vergonhoso para elas aprenderem. Os filósofos gregos, inclusive Aristóteles, pensavam que as

---

[21] Antonio Renato Gusso. *Como entender a Bíblia: orientações práticas para a interpretação correta das Escrituras Sagradas* (Curitiba: A. D. Santos, 1998), p. 37.

Reflexões teológicas sobre o papel da mulher

mulheres eram ignorantes, incapazes de aprender, e distraídas, por causa de sua sexualidade.[22]

Mesmo assim, apesar de a cultura da época considerar que as mulheres eram incapazes intelectualmente, a mensagem cristã explodiu na Grécia, e, por causa do evangelho, as mulheres foram também alcançadas e libertas da maldição do jugo em que viviam como resultado da Queda, relatada em Gênesis. O pesquisador explica que as mulheres, a partir da nova ótica da redenção crística, não mais seriam vistas como objetos sexuais, como ignorantes inferiores, ou como propriedade de seu pai, marido ou outros homens da família ou clã. O autor enfatiza que elas "foram chamadas a serem discípulas de Cristo, juntamente com os homens. Foram também chamadas a aprender aos pés de Jesus."[23]

Antes, as mulheres eram reféns de uma cultura que as proibia de serem ensinadas, mas, agora, como discípulas, foram chamadas a aprender as Escrituras. Para o autor, pelo que sabemos da mensagem de toda a Bíblia, certamente a ordenança de que as mulheres permaneçam em silêncio na igreja não tinha a pretensão de ser um mandamento universal para mantê-las de boca fechada para sempre. Grady escreve que, em sua opinião, em vez de Paulo estar instruindo as mulheres para se calarem e se esconderem nos fundos da igreja, ele as estava desafiando a ouvir e aprender.

Assim, o evangelho inicia uma nova condição para a mulher, pois, agora, ela pode se conectar com Deus, com as outras pessoas (inclusive com o homem) e consigo mesma. Pode reencontrar a sua verdadeira identidade de *Ezer Kenegdo*, como parceira do homem em refletir a imagem divina na missão de cuidar do mundo. Essa perspectiva revela o lugar da mulher pela ótica das Escrituras. Assim como o lugar de qualquer pessoa, independentemente de gênero, o lugar da mulher pela ótica bíblica é onde ela pode ser inteira na manifestação de sua identidade, interligada com seus dons e talentos.

---

[22] Lee J. Grady. *As 10 mentiras que as igrejas contam às mulheres*, p. 89.

[23] Lee J. Grady. *As 10 mentiras que as igrejas contam às mulheres*, p. 90.

Por um longo período, após o evento da Queda, o lugar da mulher foi o campo, o poço ou a cozinha, conforme Grady.[24] Contudo, essa perspectiva contradiz o lugar da mulher na Bíblia, pois a essência que a mulher carrega em si abrange qualquer contexto e lugar. Jesus nos ensina isso claramente. Na cultura em que as mulheres não eram consideradas dignas de serem ensinadas e não ficavam sentadas em recintos com os homens, Cristo elogiou Maria por ter escolhido a melhor parte ao estar sentada junto a ele, ouvindo seus ensinamentos atentamente (cf. Lucas 10:38-42). A postura de Jesus comunica que ele veio para chamar também as mulheres para serem suas discípulas, não somente os homens.

Outro exemplo de Jesus na missão de remarcar o lugar da mulher foi o episódio da pecadora que ungiu os pés do Mestre (cf. Lucas 7:36-50). Segundo o pesquisador é preciso lembrar que "os homens judeus no tempo de Jesus consideravam todas as mulheres impuras e pecadoras, apenas por serem filhas de Eva. Eles culpavam todas as mulheres pelo pecado do mundo."[25] O ato de Jesus em aceitar que aquela mulher entrasse no recinto reservado apenas aos homens, que escarneciam dela, e derramasse o bálsamo perfumado em seus pés, enxugando-os em seguida com seus cabelos, foi uma expressão clara de que ele viera para remover o estigma de culpa e vergonha, oferecendo-lhe perdão publicamente.

Jesus também mostrou o lugar da mulher ao falar com a samaritana junto ao poço de Jacó (cf. João 4:1-26). Essa mulher, depois do encontro com o Mestre, tornou-se uma evangelista. O fato evidencia que o Senhor veio também para enviar mulheres na missão de propagar as boas-novas. Além disso, ele permitiu que muitas mulheres o acompanhassem em suas peregrinações, inclusive, algumas delas participavam com apoio financeiro (cf. Lucas 8:1-3).

Em outra situação, o Filho se mostrou defensor da mulher ao enfrentar os acusadores da mulher que cometeu adultério (cf. João 8:1-11). A cena mostra o ódio por parte de homens que se

---

[24] Lee J. Grady. *As 10 mentiras que as igrejas contam às mulheres*, p. 23.

[25] Lee J. Grady. *As 10 mentiras que as igrejas contam às mulheres*, p. 25.

Reflexões teológicas sobre o papel da mulher

consideravam virtuosos e estavam prestes a apedrejá-la. Jesus reorganizou aquele cenário no qual qualquer depoimento de uma mulher seria desprezível e concedeu a ela um lugar para ser ouvida em meio às acusações. Como advogado qualificado, o Senhor silenciou os acusadores hipócritas, justificou a mulher pecadora e a orientou a um novo estilo de vida.

Além de ressignificar o lugar das mulheres de forma que as considerou dignas para ensinar, discipular, enviar, ouvir e justificar, Jesus também lhes mostrou profunda compaixão. Esse ato está descrito em Marcos 5, quando uma mulher que estava doente havia doze anos tocou nele em busca de aceitação e cura. Uma mulher doente, rejeitada por todos, pois era considerada impura. Entretanto, com o Senhor foi diferente. Cheio de compaixão, curou-a instantaneamente, tanto física como emocionalmente.

A missão de Cristo se estende para muito além das ações relatadas. O maior de todos os atos foi a sua entrega na cruz. Ele morreu e ressuscitou por toda a humanidade. Com esse ato de amor, liberou o acesso de todas as pessoas ao Pai, conforme diz o texto bíblico: "Depois de ter bradado novamente em alta voz, Jesus entregou o espírito. Naquele momento, o véu do santuário rasgou-se em duas partes, de alto a baixo [...]" (Mateus 27:50-51).

Antes desse evento, no Antigo Testamento, o sacerdócio era exclusivamente masculino e tinha a função de mediar a relação humana com Deus, por meio de rituais e ofertas sistematicamente ordenadas por leis instituídas para o povo. Segundo Grenz, o Novo Testamento, por sua vez, revela um novo sacerdócio, no qual Jesus Cristo passou a ser o Grande Sumo Sacerdote (cf. 1Timóteo 2:5-6) e todos os cristãos se tornaram, a partir de então, uma comunidade de sacerdotes (cf. 1Pedro 2:9) sem determinação de gênero.[26]

O papel específico de mediar a relação entre Deus e os homens passa a ser unicamente de Jesus, e todo o povo assume o papel sacerdotal

---

[26] Stanley Grenz. *Mulheres na Igreja: teologia bíblica para mulheres no ministério*, p. 199.

de anunciar as grandezas daquele que o chamou das trevas para a sua maravilhosa luz. Assim, a missão sacerdotal passa a ser de todo o povo de Deus, e, como não há mais distinção em Cristo (cf. Gálatas 3:28), essa missão sacerdotal inclui homens e mulheres. Não cabe a ninguém tentar "costurar o véu" e reinventar os papéis sacerdotais do Antigo Testamento com a intenção de aplicá-los após a redenção em Cristo, seja na igreja, seja na família.

Portanto, o lugar da mulher pela perspectiva das Escrituras é na missão de cuidar do mundo e na propagação do reino de Deus, onde ela estiver e com o dom que nela se manifestar, tanto no lar como no mercado de trabalho, seja na política ou no ministério cristão. Esteja ela exercendo a maternidade, a administração do lar, um trabalho secular, uma ação social ou uma presidência; esteja em um ministério de liderança, de oração, de pregação, de ensino, de adoração ou de evangelização, qualquer lugar é lugar da mulher. A tarefa, segundo a Bíblia, não é definida por gênero, mas pelos dons e talentos interligados com a identidade de cada pessoa e pela capacitação do Espírito Santo. Esses devem ser percebidos e garimpados individualmente, para que cada uma possa se identificar com o verdadeiro propósito de sua existência.

Que homens e mulheres possam abraçar a perspectiva de que Deus criou a todos como parceiros para sanar a solidão existencial e para realizar, de mãos dadas, a missão de cuidar do mundo, de refletir a imagem divina e de anunciar as grandezas daquele que os chamou das trevas para a sua maravilhosa luz. Por essa perspectiva, é reconhecida pela Bíblia que a criação da mulher foi um plano divino e que a missão de cuidar do mundo em seus mandatos criacionais foi intenção do Criador para a mulher também, não apenas para o homem. Da mesma forma, é reconhecido pela ótica das Escrituras que o lugar da mulher é de discípula amada, cuidada, ensinada, capacitada e enviada para realizar a missão da expansão do reino de Deus na terra, com os dons e talentos recebidos do Senhor, não para se orgulhar ou se sobrepor, mas para cumprir humildemente o propósito para o qual foi criada.

Mulheres e seu impacto na história da Igreja

>> Rute Salviano Almeida

Eu asseguro que em qualquer lugar do mundo inteiro onde este evangelho for anunciado, também o que ela fez será contado, em sua memória (Mateus 26:13).

É GRANDE O IMPACTO DAS MULHERES NO CRISTIANISMO. Seus feitos de entrega, dedicação e serviço ao Mestre Jesus Cristo devem ser conhecidos para servirem de motivação e inspiração aos cristãos.

Para o historiador Alderi de Souza Matos, da Igreja Presbiteriana no Brasil, "uma das maneiras de valorizarmos as mulheres e defendermos a sua dignidade é tirá-las do anonimato, do esquecimento".[1]

A vida de cada cristão faz parte da história da igreja, como declarou o historiador luterano Martin N. Dreher: "Estudar a história da Igreja é comemorar, é buscar a memória cristã de cada um. Por quê? Porque Deus entrou na história, atuou na história e está levando a história a um alvo."[2] Quando não escrevemos sobre as mulheres, não sentimos o impacto delas e deixamos de lado os feitos de mais da metade dos cristãos. Temos, portanto, uma história incompleta.

Constata-se que, factualmente, as mulheres têm constituído a maior parte dos cristãos, tanto no passado como no presente. Todavia, quando são consultados os livros da igreja, tem-se a impressão de que elas foram e são quase inexistentes nas fileiras cristãs, visto que as personagens retratadas são, em sua imensa maioria, do sexo masculino. Ao apresentar as vozes femininas, demonstramos o interesse genuíno das mulheres em divulgar a mensagem cristã. Aquelas que serviram a Jesus com seus bens e estiveram aos pés da cruz, testemunhando sua morte e ressurreição, não cruzaram seus braços.

Na igreja primitiva, encontra-se Perpétua, uma recém-mãe, da nobreza de Cartago, na África. Na cruel perseguição do imperador Sétimo Severo, que reinou de 193 a 211 d.C., foi proibida a conversão ao cristianismo, e Perpétua foi presa por ser catecúmena com mais cinco companheiros cristãos. Além do belo testemunho de martírio, foi Perpétua quem escreveu um dos poucos textos femininos da época: um diário de seu tempo na prisão, contando suas visões.

Raras são as vozes das mulheres, além de Perpétua, uma carta de Paula e Eustóquia, para pressionar Marcela a se juntar a

---

[1] Aderi Souza de Souza. *A participação da mulher nos primórdios do presbiterianismo no Brasil* (São Paulo: Centro Presbiteriano de Pós-Graduação Andrew Jumper), Fides Reformata, Vol. III, n. 2, jul-dez 1998, p. 95.

[2] Martin N. Dreher. *A Igreja no Império Romano*. 4. ed. (São Leopoldo: Sinodal, 2002), p. 9.

elas na Terra Santa; Egéria, citando suas andanças e devoções; algumas sentenças da Madres do Deserto [...] A visão que nos é acessível, idealizada e normativa, é a de clérigos e de monges. [...] Mas quantas figuras na sombra, pouco ou nada nomeadas. [...] Maioria anônima de mulheres comuns, livres ou escravas, das quais tão pouco nos é dito![3]

Ecoa até hoje a linda frase de defesa pronunciada por Perpétua em resposta ao seu pai, que insistia para que negasse sua fé. Ela lhe respondeu que cada coisa tinha seu nome e função, e ela não podia ser nada diferente do que realmente era: uma cristã.

Na cruel época da perseguição do Império Romano, as mulheres fizeram a diferença, aceitando o evangelho, pregando-o aos parentes e amigos e dando sua vida por amor a Cristo. O cristianismo, que era visto pelos judeus como uma seita iniciada por Jesus de Nazaré, chegou até mesmo a ser chamado pelos críticos dos cristãos como uma igreja de "mulherzinhas" e crianças. Contudo, passada a perseguição, o cristianismo cresceu e se tornou a religião oficial do Império em 380 d.C., conforme decreto do imperador Teodósio I.

No início da Idade Média, tudo mudou, agora eram os pagãos os perseguidos e seus lugares de culto transformados para adoração cristã. Então, o singelo cristianismo transformou-se da humildade, mansidão e fidelidade a um só Deus e um só mediador em uma religião de poder do líder e desigualdade entre os fiéis. Suas práticas de penitências, peregrinações e sacramentos os fizeram crer na salvação por obras, e caracterizaram seus mártires como os antigos deuses romanos, atribuindo-lhes poder, venerando suas relíquias e seu local de sepultamento.

A igreja de luxo, poder e extrema autoridade do sacerdote buscou a herança judaica de discriminação às mulheres, como também a nulidade delas no culto pagão romano. Contudo, no cristianismo

---

[3] Monique Alexandre. *Do anúncio do reino à Igreja*: papéis, ministérios, poderes femininos. In: Pauline Schmidt Pantel (dir.). A Antiguidade: história das mulheres. v.1, p. 514.

primitivo, elas, que desfrutavam de um breve período de quase igualdade, servindo como diaconisas, opinando sobre teologia e refutando as heresias, agora adquiriram um rosto feio do pecado: a face de Eva, a tentadora.

Tertuliano de Cartago, em *O adorno das mulheres*, declarou:

> Tu dás à luz na dor e na angústia, mulher; sofres a atração do teu marido e ele é teu senhor. E ignoras que Eva és tu? Está viva ainda, neste mundo, a sentença de Deus contra o teu sexo. Vive, como se impõe, como acusada. És tu a porta do diabo. Foste tu que quebraste o selo da Árvore; foste a primeira a desertar da lei divina, foste tu que iludiste aquele que o diabo não poder atacar; foste tu que tão facilmente venceste o homem, imagem de Deus. Foi a tua paga a morte, que causa a morte do próprio filho de Deus.

Essa opinião foi comum em todo o medievo, a mulher era considerada fraca fisicamente, incapaz intelectualmente e totalmente inapta para os assuntos espirituais.

No entanto, foi na Idade Média que as mulheres cristãs tiveram comunhão profunda com Deus, falaram com autoridade sobre ele, exortaram bispos e papas, foram excelentes na ação social, como o grupo das beguinas — mulheres que, sem sair do mundo, sem clausura, sem pertencer a qualquer ordem eclesiástica, ensinavam e cuidavam dos necessitados. Consideradas pré-reformadoras, elas foram mães das línguas europeias e, em extremo ato de rebeldia, falaram e escreveram na língua do povo, para que entendessem, não em latim, a língua sacra.

Uma delas, a beguina itinerante Marguerite Porete, foi queimada pela Inquisição. Seu livro: *O espelho das almas simples* foi queimado e proibido de ser divulgado. Ela cria que essas almas simples e aniquiladas deveriam ter Cristo como modelo daquele que se anulou para que a vontade de Deus fosse realizada nele. O filho de Deus Pai é nosso espelho, pois Deus, o Pai, nos deu seu Filho para que fôssemos salvos.

Ele não tinha nenhuma outra intenção ao nos dar esse dom a não ser a nossa redenção. E o Filho nos redimiu ao morrer, prestando obediência ao Pai. Por continuar divulgando seus ensinos, foi presa e queimada pela Inquisição em 31 de maio de 1310, em Paris.

Com o século XVI, chegaram o Renascimento, o descobrimento de novas terras e a Reforma, que impactaram o cenário europeu. Invenções como a imprensa ajudaram a reprodução e divulgação dos escritos sacros, especialmente a Bíblia Sagrada. De um período de supremacia romana, com grande interesse financeiro e militar, surgiu indignação e a necessidade de conhecer e compreender a Palavra de Deus, no entendimento de que o espiritual era mais necessário do que o material.

As primeiras mulheres a abraçarem as doutrinas reformadoras foram nobres eruditas que conheciam as línguas clássicas e liam a Bíblia e os escritos de Lutero e Calvino; as esposas e os familiares de reformadores; intelectuais que influenciavam toda sua parentela ao estudo; e mulheres do povo, principalmente nos movimentos da Reforma Radical, que desfrutavam de maior liberdade no exercício de seus dons espirituais. O sacerdócio universal de todos os cristãos, a salvação somente pela fé, Cristo como único mediador e intercessor e a Bíblia como palavra única para a fé cristã transformaram pensamentos e impactaram vidas.

As mulheres, mais uma vez, estavam atuantes. Nobres como Margarida de Navarra, princesa da França, irmã do rei Francisco I, a quem Calvino dedicou suas Institutas; sua prima Renata de Ferrara, que se tornou nora de Lucrécia Bórgia, filha do papa Alexandre VI, mas que saiu daquele lugar e tornou Montargis, na França, em um redil de abrigo aos reformadores perseguidos; e Joana, a filha de Margarida, que foi à guerra e conseguiu proclamar Navarra um reino protestante. Dignas e fiéis mulheres, ao lado de seus esposos reformadores, administravam seus lares e tinham interesse pelo conhecimento bíblico. Elas foram escritoras, apologetas, princesas, rainhas, esposas de reformadores, como Idelete de Bure, esposa de Calvino, tímida e reservada, mas com fé inabalável em Cristo.

Catarina Zell, esposa do pastor protestante Mateus Zell, foi também debatedora e pregadora. Ela era uma conciliadora que, se vivesse hoje, nos mostraria como combater os fanáticos religiosos e fazer prevalecer o ensino cristão de pacifismo e amor.

Argula von Grumbach, entristecida com o tratamento injusto dado pela Universidade de Ingolstald (Alemanha) a um professor que ensinou as doutrinas de Lutero, esperou algum homem se manifestar. Como nenhum o fez, ocupou a brecha sozinha e, em 20 de setembro de 1523, escreveu uma carta para a universidade, convidando os principais líderes e teólogos para um debate. Seu profundo conhecimento da Palavra de Deus, a ponto de ser conhecida como "Bíblia ambulante da Alemanha", permitiu-lhe colocar oitenta citações bíblicas em sua carta. Ela chegou a declarar que, ainda que Lutero revogasse tudo o que dissera, ela jamais faria isso, pois sua opinião estava alicerçada na verdadeira Rocha: Jesus Cristo.

O século XVIII foi metade enlouquecido, enfermo, imoral e frio espiritualmente — com igrejas vazias, sermões filosóficos e não bíblicos. A outra metade foi avivada, com Deus levantando seus homens e mulheres para pregar a sã doutrina. O avivamento chegou, muitos se converteram: imorais, bêbados inveterados e jogadores compulsivos tornaram-se discípulos de Cristo: "Então veio um grande avivamento! O movimento mais maravilhoso na história do século XVIII, cujo maior benefício [...] está no renascimento de sua religião!"[4]

Convém destacar o primeiro agrupamento de mulheres da História a favor da sociedade, a União das Mulheres Cristãs pela Temperança (WCTU). Iniciado nesse período, até os dias atuais continua ativo na luta no mundo todo contra as dependências, as substâncias ilícitas, defendendo adolescentes e mulheres em situações de risco. Frances Willard, a primeira líder dessa organização norte-americana,

---

[4] W. H. Fitchett. *Wesley e seu século: um estudo de forças espirituais.* Porto Alegre: Tipografia de Carlos Echenique, 1916, vol. 1, p. 6. Disponível em: www.metodistavilaisabel.org.br. Acesso em: 5 jun. 2013.

defendeu o direito das mulheres ao voto para que se pronunciassem contra o comércio de bebidas alcoólicas que destruía a sociedade.

Oradora talentosa, demonstrava sua mais requintada aptidão, sabia como poucos pregadores sentir a vibração de sua audiência e atingir a brisa da emoção. Conduzia a multidão como queria e a despertava para o mais alto grau de entusiasmo. Frances dedicou sua vida para melhorar as condições das mulheres que sofriam com esposos dependentes do álcool e abusadores físicos. Era época da Revolução Industrial e, além de trabalharem para o sustento do lar, sofriam maus-tratos.

A pregadora levava as mulheres a saírem de casa e da igreja para se reunir em frente aos bares para orar, cantar e pregar o evangelho. Elas oravam ajoelhadas nas calçadas e, quando algum comerciante se arrependia e derramava a bebida na sarjeta, agradeciam, emocionadas, a Deus. Percorreram o país em uma linda cruzada evangelística e elaboraram uma petição ao congresso com milhares de assinaturas para que fosse proibido o comércio de bebidas. Sobre isso, Frances declarou:

> Se fosse para o meu próprio bem, eu não teria coragem, mas eu tenho por causa de ti querida terra natal, porque a tua necessidade é bem maior que a minha e a tua esperança transcendente é bem maior que o interesse pessoal de teus humildes filhos. Por amor de vós mulheres de corações partidos, cujos lábios trêmulos me abençoaram, por amor de vós, mães doces, que, à sombra dos berços, ajoelharam-se esta noite ao lado se seus bebês, e de vocês, pequenas crianças aflitas, que escutam nesta hora, com faces estranhamente velhas [...] por amor a vocês tenho falado assim.[5]

Frances morreu sem contemplar a vitória de sua causa. Foi somente em 1920 que entrou em vigor a Lei Seca, com o objetivo

---

[5]   Anna Gordon. *The beautiful life of Frances Willard*. Chicago: The Woman's Temperance Publishing Association, 1898, p. 125. Disponível em: https://ww.questia.com. Acesso em: 5 mar. 2015.

de salvar o país dos problemas relacionados à dependência do álcool. Quanto ao voto feminino, foi também concedido em 1920. A emenda sobre o sufrágio feminino foi redigida exatamente igual ao projeto de emenda de 1878, feito 41 anos antes, por Frances Willard e suas companheiras, demonstrando que a luta das mulheres havia sido longa.

Interessante é destacar e diferenciar este foco das mulheres cristãs: não para seu próprio bem, não pelo seu direito individual, não porque elas são proprietárias de algo, senhoras de seu próprio nariz; mas pelo bem da sociedade, da coletividade, do próximo. Como isso soa distinto da luta por direitos particulares e egoístas. As cristãs lutam por melhorias sociais, pelos direitos dos outros, pela paz, alegria e fé que acompanham a conversão a Cristo, o autor da Salvação, que impacta o local de atuação e no qual fazem a diferença. Que assim também o façamos, entendendo que "[...] aquele que começou a boa obra em vocês, vai completá-la até o dia de Cristo Jesus" (Filipenses 1:6).

Essas foram admiráveis mulheres, e são tantas outras nas sombras, ocultas, invisíveis, trabalhando nos bastidores. Ainda hoje continuam entre nós e causam impacto na história cristã. Elas servem a Deus na comunidade de fé, no lar, no ambiente de trabalho e onde estiverem. Entendem, como Perpétua, a primeira mulher enfocada, que o importante é ser cristã, independentemente de ser solteira, casada, mãe, funcionária, empresária, professora, escritora. A mulher cristã, em primeiro lugar, tem sua identidade firmada como discípula de Cristo, filha do Deus vivo, do qual é mensageira aqui no breve período de vida terrena.

Assim como o exemplo das mulheres do passado, como as cidadãs do céu da igreja primitiva, também creiamos que temos um tesouro maior que este mundo inteiro. Por ele lutamos, educamos nossos filhos, evangelizamos os que estão ao nosso redor, impactamos com vida simples, mas temente a Deus, a quem nos dedicamos com fidelidade. Como afirmou o apóstolo Paulo,

> Mas não pregamos a nós mesmos, mas a Jesus Cristo, o Senhor, e a nós como escravos de vocês, por causa de Jesus. Pois Deus, que disse: "Das trevas resplandeça a luz", ele mesmo brilhou em nossos corações, para iluminação do conhecimento da glória de Deus na face de Cristo. Mas temos esse tesouro em vasos de barro, para mostrar que o poder que a tudo excede provém de Deus, e não de nós (2Coríntios 4:5-7).

Mulheres e suas experiências ministeriais no nosso tempo

Capelania escolar
>> Karine Enns

Se alguém perguntasse qual atributo de Deus lhe causa mais admiração, o que você responderia? Ele ser majestoso, poderoso, misericordioso, compassivo, amoroso? São várias as características que podemos usar na adoração. Dentre todas, uma me surpreende, inspira e leva a adorá-lo novamente: Deus é criativo! Ele é o Senhor do universo. Coloriu, deu forma, sabor, textura a toda criação; portanto, ninguém é mais criativo para escrever a história distinta, singular e personalizada para cada um de seus filhos e filhas. Compartilho com você a forma como Deus agiu criativamente também em minha vida!

Como filha de missionários, vi muitas pessoas serem transformadas pelo agir de Deus. A conversão genuína realmente muda histórias, possibilita recomeços, move pessoas a novas direções e escolhas. Posso afirmar que a experiência de haver convivido em diferentes contextos sociais e culturais, devido às mudanças que vivenciamos em família, levaram-me a desenvolver um olhar especial por pessoas e por aquilo que Deus pode fazer nelas quando alcançadas por seu amor.

Juntando o interesse por pessoas e o amor que tinha por música, optei por iniciar minha vida profissional com a graduação em musicoterapia. Lecionei piano e musicalização infantil por mais de vinte anos. Nos encontros com cada aluno, eu percebia que havia ali oportunidades para além do ensino da música. Sabia do poder de influência de um professor na vida das pessoas que passam por ele. Um docente pode encorajar, ativar as potencialidades, mas também pode desestimular, provocar inseguranças, e assim por diante. Na área musical, isso é algo bem fácil de observar.

Depois das duas décadas nas quais atuei nessa área e no serviço à igreja local por meio do ministério de louvor, algo começou a mudar em mim. Hoje entendo que Deus iniciava um processo de inquietação e despertamento do desejo para servi-lo integralmente. Como seria possível? Eu tinha família, emprego estável; uma mudança de carreira ou talvez de cidade não dependiam apenas de mim.

Escrevi, então, em meu caderno devocional, o que estava em meu coração. Realmente escrevi de forma sincera, talvez até utópica, o que sonhava. Desejava servir a Deus a nível mais organizacional, capacitando e mobilizando pessoas a servi-lo. Como é comum em nossa vida, Deus ouve cada oração que fazemos e as guarda até o momento oportuno para nos responder.

Passaram-se três anos, quando, em um momento inesperado, e isso também é comum na ação criativa de Deus, fui convidada a atuar na capelania de uma escola confessional. Eram apenas duas horas semanais e oportunidades sem fim. Hoje posso ver o que uma semente tão pequena é capaz de produzir. Olhando em retrospectiva para oito anos atrás, eu jamais pensaria que o Senhor me daria a graça de mobilizar tantas pessoas, juntar propósitos, organizar, planejar e executar vários projetos simultâneos e ver a transformação de vidas por meio da capelania escolar.

Hoje atuamos com uma equipe de capelania e mais inúmeros voluntários de igrejas parceiras dispostos a contribuir nos diferentes projetos e programas de capelania escolar. Inovamos também quando entendemos que a capelania escolar poderia avançar para além de seus próprios muros e alcançar outras escolas, o que denominamos de Capelania Comunitária. Portanto, além da capelania escolar, desenvolvemos o programa Herança & Presença da Fundação Educacional Menonita, que pretende ser relevante e ir aonde Deus nos quiser levar.

Por intermédio das ações promovidas pela capelania escolar — grupos de estudos bíblicos, retiros, devocionais, cursos para pais, grupos de apoio, aulas de ensino bíblico, entre outros —, ela pode chegar aonde a igreja por vezes não teria acesso. As oportunidades de sentar-nos com alunos e alunas, professores e professoras, de dar assistência emocional e espiritual a pais e mães, além de conviver com tantas outras pessoas no ambiente educacional, fazem da capelania escolar um recurso missionário, uma forma de realizar missões urbanas de maneira muito singular.

Pela experiência até o momento, entendo que o chamado para a capelania escolar é mais bem exercido por pessoas já inseridas em algum contexto pedagógico. É importante que os capelães dialoguem bem com todos os setores do ambiente escolar (coordenação, orientação, setor administrativo, direção), para poderem encontrar nesses setores o apoio para a realização das propostas. Também é verdade que a prática da capelania escolar é potencializada quando o capelão compreende sua função de mobilizador. Ele une pessoas, estratégias e propósitos.

O ato de abraçar um adolescente em crise de ansiedade, testemunhar um desabafo movido pela confiança sobre uma experiência de abuso, estimular a fé de quem está à procura de respostas e orar com alguém enlutado são gestos muito expressivos do amor de Deus pelas pessoas. Portanto, se você está inserida em um ambiente escolar e percebe que poderia abençoar a vida de pessoas nesse âmbito, comece orando ao Senhor para que ele abra as portas e, quando elas estiverem abertas, entre. Entre com respeito, calma, ouvindo, dialogando, interessando-se por aquele contexto, para, depois, começar a propor ações.

A espera foi parte significativa no meu processo de entender o propósito de Deus em cada fase da vida. O tempo de amadurecimento é tão precioso quanto o de execução. É na espera que somos ministrados, onde o Senhor pode corrigir e purificar as intenções do coração, amadurecer relacionamentos e nos capacitar para aquilo que ele projetou para cada uma de nós em nossa singularidade.

Compartilho o mesmo sentimento descrito por Davi em Salmos 131:1-3, no qual ele afirmou não viver à procura de coisas grandiosas e maravilhosas demais para si. Não precisamos buscar o que é grande em termos ministeriais, mas sim o que está preparado por Deus para cada uma de nós. Sejam grandes ou pequenas ações, teremos grande satisfação em realizá-las quando estiverem alinhadas com nossos dons, talentos e com a direção dada por Deus. De forma criativa, ele coloca em nós o querer e, depois, nos ajuda a realizar.

É buscando priorizar o reino de Deus em nossa vida que todas as fases e vivências podem resultar em bons frutos. As oportunidades se constroem passo a passo, dia a dia, momento a momento. Que Deus nos ajude a estar atentas às oportunidades, sensíveis à sua direção e obedientes a seu chamado.

Capelania hospitalar

>> ÉRIKA CHECAN

O sofrimento humano só é intolerável quando ninguém cuida (Cicely Saunders).

Já aconteceu com você? O som do chuveiro ligado e as gotas sobre o seu rosto se misturando ao seu choro e lágrimas. E, ali, no boxe do banheiro, você começa, então, a sentir a presença de Deus se manifestar com graça.

O protocolo de cuidados estava claro. Antes de entrar em casa, deveríamos deixar calçados, roupas, tomar banho... Nas primeiras semanas, o pânico era geral. Após o banho, estaríamos juntos ao redor da mesa mais uma vez, o Jacob, a Silvia, o Davi e eu.

Ecoava em meu coração a memória infantil inspirada no texto de Isaías 6:8: "Eis-me aqui. Envia-me!" Foi assim que orei mais uma vez, diante da minha percepção de que o Hospital do Rocio, em Campo Largo, região metropolitana de Curitiba, seria uma instituição de referência durante a covid-19. Eu gostaria de participar daquela experiência. Mas como poderia? Naquele momento, meu esposo estava no grupo de risco, imunodeprimido em tratamento oncológico. Claro que ele e a nossa família eram minha prioridade. Mas, e agora?

Conheci a Deus como Pai no relacionamento com os meus pais, Agnaldo e Olinda. Em nosso "lar doce lar", aprendemos a viver a espiritualidade cristã ao amar a Deus acima de todas as coisas e ao próximo como a nós mesmos. Essa vivência se aprofundou ainda mais no ministério pastoral, quando meu pai assumiu o pastoreio da Igreja Batista da Pedreira, em Registro, no Vale do Ribeira.

Com cinco anos de idade, ainda em São Paulo, fiz a minha primeira profissão pública de fé. Aos oito anos, já em Registro, fui batizada pelo meu pai, que também era o pastor. Nessa época, comecei a discernir uma vocação ministerial que foi sendo fortalecida como membro das Mensageiras do Rei, organização missionária do programa eclesiástico de formação cristã. Ao mesmo tempo, frequentava a escola bíblica, e fazia parte da União de treinamento e do Ministério de música.

Após preparação para o envio ao seminário, no início dos anos 90, já aluna do curso de música sacra da Faculdade Teológica Batista de São Paulo, um cartaz no mural de avisos, sobre capelania hospitalar, despertou a minha atenção. Inscrevi-me no curso intensivo, cuja proposta era para dois fins de semana. Esses dois fins de semana marcaram profundamente a minha vida. Na ocasião, eu não poderia dar prosseguimento à proposta da Capelania Evangélica, pois trabalhava durante o horário comercial no Colégio Batista Brasileiro, e estudava no período noturno. Aos finais de semana, servia no ministério de música. Mas, desde aquela época, quando estava com vinte anos, entendi que, em algum momento, seria capelã.

Já passei por algumas capelanias. Atuei em capelania escolar no período em que os nossos filhos estavam no ensino pré-escolar e fundamental. Capelania da pessoa idosa, que me levou a buscar um curso para receber credencial para fazer assistência religiosa em hospitais, e capelania da mulher, quando ministra de mulheres na Primeira Igreja Batista (PIB) em Curitiba. Esta foi reconhecida junto a órgãos do governo, pois atuamos na questão da violência contra a mulher.

Dessas capelanias surgiram o Movimento Mulheres que se importam (MMQSI)[1] e o DNA da Mulher Brasileira[2], atuantes até o momento. Em dezembro de 2014, recebi o convite do pastor Paschoal Piragine Jr., da PIB Curitiba, onde sirvo desde 2007, para implantar uma capelania no Hospital do Rocio,[3] na região metropolitana.

---

[1] Movimento Mulheres que se importam (@mmqsi_cwb), disponível em: https://www.movimentomulheresqueseimportam.org/. Acesso em: 25 jul. 2023.

[2] DNA da Mulher Brasileira (@dnadamulherbrasileira).

[3] ELO Capelania (@elocapelania), disponível em: https://elocapelania.org.br/. Acesso em: 25 jul. 2023.

Segundo ele, que fora meu professor coorientador na graduação em Musicoterapia quando pesquisei sobre experiências musicais como recurso terapêutico na clínica pastoral, a capelania estava no meu coração.

No entanto, as experiências em saúde relatadas acima foram somadas a outras experiências pessoais e familiares que vivenciei e observei em toda a minha vida, como, por exemplo: morte do meu avô materno enquanto a minha mãe estava grávida de mim; falecimento das minhas irmãs gêmeas recém-nascidas, no ano de 1976; assassinato de um tio em 1982; duas gestações de alto risco, com situações de pré-eclâmpsia, toxemia gravídica, diabetes gestacional em 1998 e 2021; em 1999, passei pelo luto devido à morte do meu pai, que tinha histórico de doença crônica desde 1973; óbito da minha cunhada, que lutou contra o câncer, em 2000; perda do sobrinho de cinco anos em 2005. Além disso, passei por um episódio de colite infecciosa grave com comprometimento pulmonar e septicemia, em 2008, situação em que estive internada na UTI. A minha irmã teve câncer de mama em 2015 e no cérebro em 2023. O meu marido teve câncer em 2018. No ano de 2020, tivemos ocorrências de covid na família: eu fui internada, o meu marido foi para a UTI, os filhos foram contaminados...

Além dessas experiências familiares, como não pontuar o luto da PIB Curitiba com a nossa amada Cleusa Piragine, acamada por tantos anos? O que falar das experiências de cuidado da saúde com as ovelhas e familiares do ministério com idosos, mulheres, gestantes, amigos e pacientes em geral? Hoje consagro cada acolhimento, cada leito e o relacionamento de cuidado com quem sofre, transformando em um altar no qual derramo minha adoração àquele que disse: "estive enfermo, e vocês cuidaram de mim" (cf. Mateus 25:36).

No início do texto, relatei sobre a experiência no chuveiro. Epifanias com Deus. Naquela experiência, "sugeri" ao Espírito Santo de Deus que visitasse o meu marido, dando a ele uma direção sobre minha presença ou não no hospital durante a pandemia. Em oração, pedi que ele visitasse o meu esposo com sonhos, como aconteceu com José, o pai de Jesus. Meu temor era colocar a nossa família em risco.

Deus é tão maravilhoso! Não deu tempo de o meu marido dormir, sonhar. Assim que nos reunimos, logo após o banho, Jacob me perguntou sobre o dia no hospital. Ao ouvir o meu relato apaixonado sobre os preparativos para receber os pacientes de covid, ele disse: "Você precisa estar lá. Você precisa cuidar espiritualmente dessas pessoas." Surpresa, eu perguntei, "Mas, e você? E a sua saúde?" Ele prontamente respondeu: "Se tiver que morrer de covid, morrerei. Hoje vamos cuidar das pessoas que Deus nos deu." Assim, a nossa família me abençoou mais uma vez como capelã.

Cuidar é um jeito de amar; é o jeito de Jesus, é o nosso jeito. Você já percebeu o quanto cuidar de pessoas enfermas e doentes é um destaque na agenda de Jesus, conforme os relatos nos Evangelhos? Se foi uma prioridade na biografia histórica de Jesus, merece nossa atenção.

A prática do cuidado intencional é uma experiência pessoal, mas não pode ser uma jornada solitária. O serviço de capelania precisa estar vinculado aos seus pares no cuidado. Em nosso caso, as igrejas e/ou ministérios parceiros são fundamentais para uma experiência saudável de capelania, como também as equipes de saúde da instituição em que o serviço será desenvolvido.

Durante a pandemia, fomos desafiados a ampliar o serviço para o modo remoto. Disponibilizamos um método de acolhimento espiritual para aqueles que desejarem se aprofundar nesta missão.[4]

> O Espírito do Soberano, o Senhor, está sobre mim, porque o Senhor ungiu-me para levar boas notícias aos pobres. Enviou-me para cuidar dos que estão com o coração quebrantado, anunciar liberdade aos cativos e libertação das trevas aos prisioneiros [...] para consolar todos os que andam tristes e

---

[4] A Jornada, disponível em: https://www.ajornada.com.br/jornada/farois/farol/eloducacao e https://pibcuritiba.org.br/elocapelania/. Acesso em: 25 jul. 2023.

dar a todos os que choram em Sião uma bela coroa em vez de cinzas, o óleo da alegria em vez de prato e um manto de louvor em vez de espírito deprimido [...] (Isaías 61:1-3).

Missões transculturais

>> GEISA BOMFIM OLIVEIRA

O coração de Deus queima por todos os povos, línguas e nações, e ele ama compartilhar o desejo de amar pessoas de contextos diferentes conosco. O ministério transcultural é, antes de tudo, entender que Deus ama a todas as nações e deseja que todos conheçam o Filho e Salvador, Jesus. Uma vez que ele compartilha esse coração conosco, é um privilégio segui-lo e fazer a sua vontade onde quer que ele nos chame. Por inúmeras razões, sinto-me afortunada e privilegiada por ter sido escolhida por Jesus para caminhar com ele entre as nações. Uma escolha dele e uma decisão minha de honrar tudo o que ele tem feito na minha vida ao servir as pessoas.

Minha primeira experiência transcultural foi na África do Sul, em 2014. Fui com uma equipe composta por mais seis pessoas para o prático da Escola de Treinamento e Discipulado (ETED), escola da Jovens Com Uma Missão (JOCUM). Foi uma experiência incrível, cheia da manifestação da graça e do poder de Deus. Visitamos e servimos vários projetos sociais nas comunidades e escolas de Worcester, cidade localizada no Cabo Ocidental, bem como em atividades ministeriais propostas pela liderança da base onde ficamos alojados. Essa experiência foi bem marcante para mim e tornou-se um dos fatores que me fez voltar ao país em 2018 e permanecer ali por quatro anos.

O fato de eu ser solteira e servir no ministério transcultural nunca me pareceu um empecilho; pelo contrário, sempre acreditei que é uma ótima fase para servir ao Senhor com todo empenho e dedicação. Há muitas portas abertas para os solteiros, principalmente pela flexibilidade e liberdade para ir e vir que essa fase da vida proporciona.

No mundo ocidental, a mulher solteira é muito mais respeitada e reconhecida do que no mundo oriental, o que inclui, obviamente, a maneira como a igreja local compreende o papel da mulher. No entanto, não é um fator determinante para seu fracasso ou sucesso ministerial. Tudo se resume a obedecer à direção dada pelo Senhor. Em muitas culturas, você será mais respeitada estando casada; em outras, tanto faz.

Quanto a aspectos culturais, tendo em vista as viagens e a vida fora do Brasil, lembro-me do quanto é desafiador viver em um contexto desconhecido com o qual você não se identifica de imediato. Uma das coisas que geralmente enfrento, de maneira mais fraca ou mais forte a depender do lugar, é o senso de *falta de proteção*. Dependendo do país, o fato de não ter uma figura masculina do lado fará que nos sintamos totalmente desprotegidas, humanamente falando, mas acredito não haver nada de que o Deus todo-poderoso não nos possa proteger ao cobrir-nos com sua mão.

Há culturas nas quais ser mulher e estrangeira é muito desafiador, ainda mais se for solteira, e, em alguns aspectos, amedrontador, como nos países árabes e na Índia, por exemplo. Recordo-me de uma experiência que tive na Índia em 2017, quando fui para uma viagem curta, de apenas três meses. Fomos em uma equipe de cinco pessoas, das quais duas eram homens. Quando estávamos todos juntos, éramos vistos de maneira diferente, tínhamos o respeito dos homens locais e éramos poupadas do olhar invasivo de outros homens. Quando estávamos somente em mulheres, era complicado caminhar e resolver coisas na rua, pois eles nos enganavam com preços exorbitantes de meios de transporte e direções geográficas errôneas, deixavam-nos em outro lugar e se recusavam a nos levar ao lugar para o qual queríamos ir caso não pagássemos um valor excedente. Em outros momentos, nos faziam propostas indevidas ou tentavam nos amedrontar. Vale considerar também que a atmosfera espiritual de medo e perseguição contribuía para o senso de insegurança.

Uma das coisas que toda missionária transcultural enfrenta é a *solidão*. Não me refiro ao sentimento enorme de vazio na alma, que é preenchido apenas por Deus, porque somente o Senhor pode preenchê-lo e o faz em qualquer lugar; trata-se da solidão como a necessidade de ter pessoas íntimas por perto e encontrar um lugar de pertencimento. Isso acontece porque, no ambiente transcultural, precisamos nos inserir em um contexto totalmente novo e desconhecido: língua diferente, cultura e cosmovisão diferentes; e obviamente estilos de adorar a Deus diferentes. O missionário busca encontrar-se ali e procura alguém com base comum para relacionamento e conexão mais profundos. Entretanto, tudo isso leva tempo e, dependendo do contexto, são necessários de dois a três anos para se sentir pertencente.

À primeira vista, para muitas, tudo são flores, empolgação e animação. Com o passar do tempo, porém, você se dá conta de que sua família e seus amigos íntimos não estão ali e começa a navegar no mar da solidão. É preciso aprender a lidar com situações como essa, porque, de uma maneira ou de outra, a solidão aparecerá. Por outro lado, Deus se move de maneira linda, dando-nos amigos de diferentes partes do mundo. Por isso, precisamos crer e descansar, pois o Pai guia, provê, protege, cuida e envia pessoas para estarem conosco, não apenas como equipe, mas também como família.

Sem sombra de dúvidas, a parte mais apaixonante e especial disso tudo é que você, vivendo no campo transcultural, aprende a desenvolver um relacionamento de profunda intimidade com Deus. Não que as demais missionárias não façam isso, mas acredito que o ambiente transcultural nos "força" a buscar a Deus de uma maneira mais intensa. Ele se torna, de fato, o seu tudo, seu melhor amigo, companheiro, protetor, Pai, provedor, porque é a identidade de filha que faz que você caminhe em confiança e segurança nele.

Tenho visto, ao longo dos anos, que existem muitas meninas solteiras que sonham e anseiam por ser missionárias. Outras tantas disseram sim para o chamado e se lançaram em obediência a Deus. Certamente há no coração de muitas delas a pergunta: "Por onde e como começar, Senhor?" Creio que toda jornada ministerial deve começar na igreja onde você congrega. Primeiro, como boa discípula de Cristo, em amor a Deus, estudo da Bíblia — a principal base de sustento durante a caminhada — e na busca do crescimento espiritual. Segundo, você deve amar as pessoas ao seu redor, servir na igreja, doar seu tempo, dedicar seus dons e talentos, honrar os líderes, apoiar a visão deles, cooperar com o que pode.

Essas foram algumas das coisas que fiz antes de ser enviada para outros lugares que foram essenciais para a lapidação do meu caráter e para desenvolver o amor pelo reino de Deus. Esse é o motivo de começar onde você está; pois é aí que o seu chamado começará a aflorar, uma vez que o chamado não é geográfico, mas é algo pessoal e intransferível, está dentro de você; ele se manifestará onde quer que você esteja. Outro aspecto é ter coragem para se mover para onde Deus direcionar. Toda mulher, de uma forma ou de outra, enfrenta o desafio enorme de romper o medo.

O ministério transcultural convida você a navegar pelas culturas de maneira eficiente. Isso significa que você terá de, antes de tudo, desenvolver um coração de aprendiz, estudar muito, conviver com o povo local, aprender a língua deles e descobrir a maneira pela qual eles se sentem amados. O que requer, por outro lado, um constante "morrer para si mesmo"; essa é uma tarefa diária. O desafio de não apenas experimentar, como também apreciar o novo, é um convite que baterá à porta todos os dias...

Na convivência diária em contextos tão diferentes, é interessante observar e entender o outro sem julgamento prévio estabelecido, compreendendo que as diferenças transculturais enaltecem a beleza do Criador. De fato, muitas coisas precisam ser redimidas, e esse é um dos nossos maiores focos, mas há também aspectos e valores que dispensam intervenção. Assim, antes de qualquer coisa, precisamos buscar o coração de Deus para aquele povo específico e para a geração (tempo) que ele está nos permitindo viver em determinado lugar.

Nesta caminhada, transitamos entre a mesa do rico e a mesa do pobre. O bom disso tudo é que em todos esses momentos eu vi a boa mão do Senhor. Vi o Senhor me ensinando a ser mais humilde, mais generosa — não importa a estação, você precisa estar disposta a semear —, a ser mais cuidadosa e diligente.

Por fim, aquilo que faz parte de todo o processo e que não é fácil de obter, mas que é muito prazeroso no final: o *aprendizado*. Deus está em cada detalhe da jornada que ele me chamou para caminhar e tem me dado oportunidades incríveis de aprender com ele, sobre ele, sobre mim mesma e sobre as culturas e os povos que ele tem me dado o privilégio de conhecer. Somado a isso tudo tem também o aprendizado cultural e linguístico, que é parte do requisito dos que querem dar frutos no campo transcultural. Esse é um tesouro de valor inestimável e que ficará com você para a eternidade e será usado pelo Senhor para abençoar outros também. Além dos testemunhos de milagres daquilo que Deus fez em você e nas pessoas, você também carrega uma bagagem enorme de aprendizado. Isso é privilégio, generosidade e favor de Deus.

A mulher em liderança

>> Carollina Breder

Aos dezesseis anos, em um momento de íntima oração ao Senhor, tive convicção de que ele me chamava para servir no ministério. Foi tão especial! Era como se eu pudesse tocar o Espírito Santo na sala da minha casa (v. João 14:16).

Depois dessa experiência, eu procurava a cada dia entender mais a vontade e o propósito de Deus para minha vida e buscar oportunidades para cumprir o que eu havia entendido ser minha tarefa na comunidade local: liderar e discipular. Ainda muito jovem, lembro-me de ter vontade de assumir posições de liderança na igreja. Aos dezessete, eu me tornei líder de adolescentes, pregava nos cultos, organizava retiros e discipulava algumas meninas da minha idade. Eu sabia estar no caminho certo, pois também era acompanhada e discipulada de perto. Que tempo proveitoso e recompensador, pois eu estava fazendo exatamente aquilo que Deus havia me chamado para fazer.

Formada na faculdade, aos 23 anos, saí do Rio de Janeiro, minha cidade natal, e fui para Belo Horizonte, a fim de cursar um seminário para jovens no CTMDT (Centro de Treinamento Ministerial Diante do Trono). Lá, pastores e professores a quem eu admirava também confirmaram meu chamado de liderança, assim como de pastoreio e aconselhamento. Durante esse período, liderei por dezoito meses um projeto de capelania prisional envolvendo cultos e trabalhos evangelísticos para homens e adolescentes de unidades prisionais. Depois de finalizar o curso, integrei a equipe de obreiros do seminário.

Os desafios do ministério

Depois de quatro anos de estudo e trabalho no CTMDT, eu me casei com o Yuri, que também estudava no mesmo seminário. Yuri e eu nos conhecemos em uma viagem missionária de curto prazo para Angola em janeiro de 2009. Apaixonamo-nos alguns meses depois e começamos a namorar em 2010. Nosso casamento aconteceu no dia 25 de fevereiro de 2012.

Logo após nos casarmos, Yuri e eu começamos uma nova história em Campo Grande, no Mato Grosso do Sul. Novamente, assumi uma função de liderança na igreja local: líder do ministério de louvor, adoração e artes da igreja. Trabalhei com aconselhamento e reestruturação; liderei cerca de 150 pessoas. Foi minha fase ministerial mais desafiadora. A função exigia muito de mim e, apesar dos desafios, pude desempenhar aquele papel de forma excelente e bíblica.

Apesar de muitas conquistas, algo me surpreendeu negativamente. Mesmo com toda dedicação e proximidade com meus liderados, eu notava resistência de algumas pessoas. Sem entender exatamente o acontecido, certo dia, ouvi de outro líder, experiente e familiarizado com a cultura da igreja, que provavelmente a resistência de alguns irmãos (homens) era pelo simples fato de eu ser mulher. Na visão dele, se a liderança fosse masculina, com certeza, eles se sentiriam assistidos e confiantes. Tristeza e confusão tomaram conta do meu coração; afinal, não somente a comunidade reconhecia meu chamado e minhas habilidades, como também os pastores me apoiavam.

Mesmo liderando desde a adolescência, eu nunca havia passado por aquilo; ouvia histórias de preconceitos sofridos por mulheres, mas era muito distante de minha realidade. A partir daquele momento, no entanto, essa se tornou minha história também. Perguntavam para mim se era possível alguém resistir a uma liderança somente por ela ser realizada por uma mulher. Fui tomada por indignação, e perguntas insistentes me perseguiam: "Como posso provar o que está acontecendo? Devo ir até esses irmãos e confrontá-los?" Procurando acalmar meu coração, em oração, entendi que deveria continuar meu trabalho, posicionada como Jesus: com humildade, mansidão (cf. Mateus 11:29), além de permanecer firme na posição em que Deus havia me colocado. Desistir não era uma opção.

Seis anos depois de estar à frente do ministério, engravidei da minha segunda filha, Ana. Nós já tínhamos uma menina, a Clara, que nessa ocasião tinha três anos. Durante a gestação da Clara (setembro de 2015 a junho de 2016), trabalhei muito no ministério, entendendo ser a vontade de Deus para aquela estação da minha vida, mesmo com tantos desafios. Com a gestação da Ana (2019), percebi que a estação havia mudado e o Senhor queria me levar a viver um tempo diferente.

Entendi que esse tempo demandaria de mim maior dedicação à rotina familiar; por isso, passei o bastão da liderança ministerial e comecei a atuar somente no ensino, como professora na Escola do Discípulo, onde tenho tido a oportunidade de estudar ainda mais sobre liderança feminina e aprender muito neste tempo.

A resistência masculina à liderança feminina na igreja dificilmente se revelará com transparência, ou seja, é uma realidade estrutural velada e difícil de identificar e comprovar. Assim, é fundamental falar sobre o tema nas igrejas e nos grupos de mulheres, para entendermos nossa função, nosso valor, nossa capacidade e nosso chamado de forma bíblica. Confesso que, até hoje, muitas perguntas estão no ar e se alinham a depoimentos de pessoas relevantes na liderança de minha igreja, os quais sustentam o argumento da cultura machista que se utiliza do texto bíblico para defender seus equívocos.

Recentemente, meu marido e diretor da Escola do Discípulo relatou em uma carta a amigos a visão dele sobre mulheres em ministério:

> Sou um grande defensor da participação feminina no ministério. Entendo, no entanto, que quem concede dons às esposas de pastores é Deus, não os seus maridos. Em outras palavras, nem todas as mulheres ou esposas de pastor demonstrarão as mesmas habilidades ministeriais que seu cônjuge. Há casos em que a esposa é mais participativa, lidera conforme suas competências, ensina, discipula etc. Há outros casos em que ela ocupa um lugar não menos importante, porém nos bastidores, dedicando-se à estabilidade familiar. Em ambos os casos, temos esposas cumprindo seus ministérios, mas é esperado do homem, como líder da família e da igreja, que desempenhe a liderança que lhe cabe. Portanto, pessoalmente, vejo a participação da mulher no ministério como excelente e extremamente necessária, uma vez que ela faz o que faz em obediência a seu Senhor.

Esposa de pastor

>> BRUNA POLETTO

Cresci em um lar cristão. Desde criança, sempre acompanhei meus pais na igreja. Testemunhei o serviço deles em muitas áreas, o que impactou profundamente minha formação e meus desejos em relação ao futuro quando o Senhor me chamou para ser filha.

O serviço ministerial sempre alegrou meu coração; mesmo criança, eu servia e, assim, me desenvolvi.

Aos dezessete anos, conheci meu futuro esposo, que havia recebido um chamado pastoral. Eu estava terminando o ensino médio e tinha de decidir por uma profissão. Lembro-me bem desse período. Vivi um pequeno conflito por não saber direito qual faculdade cursar e por estar namorando um pastor em formação. Diante disso, em meu coração, eu sentia que deveria ter um chamado ministerial também, pois Deus havia direcionado e confirmado meu relacionamento.

Comecei a orar, mas o meu coração ainda não estava em paz em relação ao curso para o qual prestara vestibular e passara. Certo domingo, com o coração angustiado, antes de ir para a igreja, entrei em meu quarto, ajoelhei-me e clamei por uma direção muito clara. Naquele culto de 8 de março de 2008, o Senhor me respondeu com muita clareza, do início ao fim do culto; disse claramente que me queria servindo-lhe integralmente na obra. Depois disso, conversei com meus pais, meu pastor, meu namorado na época e iniciei o curso de teologia.

Aproximadamente três anos depois, nós nos casamos, e o Senhor nos enviou para uma pequena cidade no interior de Santa Catarina para pastorear uma congregação na qual servimos até hoje e já está emancipada há algum tempo. Quando assumimos o trabalho, encontramos um grupo de pessoas machucadas que careciam de condução. Nós costumamos brincar, dizendo que o trabalho que assumimos era muito farto: "*fartava* gente", "*fartava* recursos"; um pouco de descontração é essencial nessas horas! Com toda a limitação encontrada, inclusive a nossa, um jovem casal tendo a primeira experiência de trabalho congregacional, o Senhor nos abençoou, conduziu e tem nos conduzido até hoje.

Atualmente, meu marido continua sendo o pastor presidente da igreja. Sirvo ministerialmente também, porém concentrada nos meus papéis de esposa e mãe. Deus abençoou o trabalho por aqui, e hoje temos um aspirante ao ministério pastoral concluindo o curso de teologia e mais um vocacionado em preparação. Contudo, nem sempre foi assim. Quando assumimos o trabalho, precisávamos conciliar muitas tarefas, para não dizer que era quase tudo. Foi cansativo. Não havia dias de folga, férias não podiam ser planejadas. Eu precisei colocar todos os meus dons e talentos em prática de uma vez: tocava e cantava no louvor, limpava, ministrava estudos, fazia visitas e realizava muitas outras tarefas.

Durante algum tempo, fiquei frustrada. O início do meu ministério foi desafiador demais. Eu era recém-casada, havia mudado de cidade e, durante algum tempo, briguei com o Senhor por essas questões. Ele, sempre paciente e amoroso, me conduzia, ensinava e lapidava. Sempre amei servir ao Senhor no que fosse preciso. Comecei meu ministério ao lado de meu esposo, muito feliz pelos desafios que enfrentaria, mas, depois de algum tempo, permiti que algumas questões tomassem lugar maior do que deveriam. Foi quando surgiram algumas crises; a maior delas enfrentei quando me tornei mãe.

Além de servir ministerialmente, eu me preocupava com todas as atividades na igreja, tinha uma criança para cuidar, amar e ensinar. Tive dificuldades para conciliar o ministério com a maternidade. Aos poucos, o Senhor me mostrou ser necessário prestar atenção à fase em que eu estava. Ser mãe de uma criança pequena exigiria de mim atenção especial; afinal, eu precisava conduzir minha filha nos caminhos do Senhor, mas queria continuar servindo no mesmo ritmo.

Eu estava em luta interior, pois comecei a me sentir *apenas mãe* e percebi meu ativismo. Gostava de servir, mas não percebi a proporção do propósito do serviço ao Senhor. Lutei contra o sentimento de vítima, contra a injustiça, a inveja, o ciúme e a ingratidão. Sou grata ao Senhor por ter me permitido viver essa e outras lutas, pois percebi o quanto meu coração precisava conhecer profundamente Aquele que havia me chamado. A crise me ajudou a entender e a atentar à fase que estava vivendo. Aprendi quão difícil é encerrar e iniciar ciclos. Meu maior aprendizado é lembrar-me de manter os olhos fixos no Senhor, porque, quando perco o foco, saio dos trilhos e, por consequência, servir ministerialmente e administrar os desafios familiares fica muito mais difícil.

Como esposa de pastor com chamado ministerial, eu gostaria de lhe dizer, querida leitora, que servir ao Senhor é um verdadeiro presente, uma alegria que me enche o coração. Os desafios enfrentados fazem parte do propósito do Senhor para continuarmos a ser sal e luz, para não perdermos o foco e mantermos o olhar naquele que nos chamou.

Ministério na rádio

>> Mirtes Mansur

Fui convidada para participar de uma entrevista em um programa de rádio feito por um grupo de mulheres de diversas denominações. O tema era a experiência de viver em um estado diferente daquele em que nasci, acompanhando o marido, e as dificuldades de manter o ministério em outra realidade, com tantas mudanças, inclusive culturais.

Ao final da entrevista, que teve bastante audiência, fui convidada no ar para fazer parte da equipe. Fiquei à vontade nos microfones da rádio, não me intimidei, gostei da experiência. Mesmo assim, pedi um tempo para orar e buscar de Deus a resposta. Orei com as mulheres do meu grupo familiar durante um mês; ao mesmo tempo, ouvia aquele programa para me sentir segura e ter convicção de que o evangelho estava sendo proclamado com seriedade, assim como de que eu era capaz de fazer como elas.

Ao aceitar o convite, entrei na escala semanal para dividir o tempo com outra mulher. Eu precisava elaborar um pequeno devocional, comentar e, depois, orar. Parecia bem simples, e eu já estava acostumada a preparar reflexões, pois ministrava nos grupos familiares e quando convidada para falar em outras igrejas.

Meses depois, por motivos particulares, aquele grupo maior se desfez e ficamos apenas em quatro. O programa precisou ser reformulado, e saí do papel de coadjuvante para ficar à frente do novo projeto. Por ser um ministério fora da igreja, achei conveniente criar um estatuto com objetivos e regras muito claras que deveriam ser obedecidas. A principal delas era ter a bênção e autorização escrita do marido e do pastor a quem cada mulher estava sujeita. Criamos uma empresa para facilitar o contrato com a emissora que até então era feito de maneira informal.

Os anos seguintes foram de consolidação do ministério, que cresceu e se expandiu. Passamos a fazer duas revistas anuais com tiragem de cinco mil exemplares e distribuição gratuita. Por meio da rádio, promovíamos eventos evangelísticos e divulgávamos as atividades das nossas igrejas.

Nosso programa sempre foi semanal e ao vivo. Cada mulher precisava ter disponibilidade daquele horário e ter preparado a pauta para sua participação. Fazer programas de rádio sempre teve custo financeiro alto e tínhamos de buscar patrocínios. A princípio, quando o horário era menor, os maridos colaboravam. Depois, com o programa de uma hora de duração, foi preciso buscar mantenedores comprometidos; sempre procuramos segmentos envolvidos com o evangelho.

Alguns anos depois, quando a audiência mostrava nossa liderança, fomos convidadas pela direção da rádio a fazer parte da programação da própria emissora, não mais como programa independente. Não precisaríamos mais investir dinheiro. Foi uma experiência boa que durou alguns anos até a emissora fazer reformulações de horários e objetivos. Sentimos ser o momento de mudar de emissora, e esse discernimento foi um divisor de águas.

Fomos para outra emissora, na qual estamos atualmente. Fiquei responsável por estruturar um novo formato e apresentar sozinha o programa três dias da semana, além de flexibilizar os outros dois em função de patrocínio. Fizemos uma parceria com uma comunidade terapêutica conceituada dirigida por uma das mulheres da equipe; ela e o marido investiram no programa. A programação ganhou mais qualidade ao oferecer, uma vez por semana, informações sobre drogadição, recuperação e trabalho com famílias de dependentes químicos. A qualidade do programa também chamou a atenção de outro empresário interessado em divulgar os programas veiculados na emissora em um *podcast*.

A igreja local sempre é beneficiada, e normalmente o engajamento aparece. A partir da proposta da rádio, foi criado um encontro semanal de mulheres com o mesmo nome e objetivo daqueles apresentados na emissora. Algum tempo mais tarde, surgiu um convite para apresentar um programa de televisão no mesmo molde na emissora mantida pela igreja local.

As experiências com o programa de rádio foram muitas e surpreendentes além de nossas expectativas. Uma igreja nasceu: três mulheres que moravam na zona rural e tinham dificuldade para frequentar uma igreja fizeram do horário do programa de rádio um ponto de encontro para ouvir a programação juntas e fazer um devocional. O grupo cresceu e buscou o pastor mais próximo, que designou um líder para fazer daquele lugar uma congregação. Um ano depois, fomos convidadas para celebrar um ano do funcionamento e do estabelecimento como igreja local.

Duas situações similares também impactaram nossa equipe. Duas famílias que viviam um tempo de luto pediram uma visita para oração e consolo. Na primeira, nós fomos com toda a equipe e fomos surpreendidas com uma recepção. Haviam convidado os vizinhos e tivemos ali não um culto fúnebre, mas momentos de adoração, louvor e alegria.

Na outra, era véspera de Natal quando uma mulher ligou aos prantos para a rádio pedindo para falar com uma de nós. O marido falecera em acidente doméstico dias antes; ela estava desesperada, com dois filhos pequenos, e queria nossa presença. Fomos apenas em duas e levamos nossas filhas para atender os filhos dela; entregamos-lhe uma cesta de alimentos e alguns presentes. A família não precisava de ajuda material, mas do abraço de mulheres que entravam na sua casa todos os dias com palavras de esperança, ânimo e consolo. Havíamos nos tornado amigas, embora não nos conhecêssemos. Aquela tarde tornou nosso Natal mais gratificante.

Ao refletir sobre a trajetória da rádio ao longo de mais de vinte anos com programação independente, uma grande dificuldade talvez seja encontrar mantenedores comprometidos com o Reino. Qualquer empresa com pesquisa de audiência favorável não hesita em investir em um bom programa, mas nem todas são convenientes. Sempre rejeitamos patrocínios sem valores cristãos e também tomamos muito cuidado para não comprometer a qualidade da programação. É importante ter criatividade para não fazer mais do mesmo, assim como buscar fugir de modismos e estar aberta para novas ideias sem abandonar os objetivos.

Ao começar a exercer esse ministério, mesmo com facilidade e dons, todas procuraram fazer cursos referentes à área da comunicação e frequentar seminários de aperfeiçoamento. Quase todos os desafios foram superados. Não muito diferente de outros ministérios, este também precisa ser sustentado pela oração, que fará diferença. Não deixe de lado a cobertura espiritual da sua liderança e tenha encontros intencionais de oração para buscar a direção de Deus, pois ele sempre está no controle de tudo.

Certa manhã, enquanto eu me arrumava para ir ao programa, a televisão começou a noticiar o ataque terrorista às torres gêmeas nos Estados Unidos. Naquele dia, minha pauta estava preparada há mais de uma semana. Orei sobre o que acabara de ouvir e, ao abrir o microfone, o Espírito Santo me trouxe à memória que tudo o que pode ser abalado será. Foi assim que comecei o programa; pauta colocada de lado e obediência à direção do Espírito, porque dele, por ele e para ele são todas as coisas.

Filha de pastores

>> ROSANE DE SOUZA

Quando nasci, em 1973, meu pai era um jovem pastor, tradutor e intérprete, que trabalhava com grandes evangelistas mundiais. Mas nossos recursos eram extremamente limitados; minha mãe conta que precisou passar a gravidez toda na cama, longe da família. Morávamos no Rio de Janeiro, e, enquanto meu pai viajava o mundo, ela passou a gravidez sozinha e acamada para eu nascer. (Hoje entendemos que nosso primeiro ministério é família, mas naquela época não tínhamos esse ensino.)

Na época do meu nascimento, meus pais tinham passado por uma grande decepção ministerial e não tinham casa. Assim, eu morava por quinze dias na casa de cada avô. Nessa época já havíamos regressado para o Sul. Eu não tinha roupas quentes para vestir no inverno frio do Rio Grande Sul. Nós não tínhamos casa, ou melhor, não tínhamos praticamente nada.

Deus moveu um irmão, a quem carinhosamente chamo até hoje de avô, que deu uma casa para meus pais morarem, me deu roupas e bonecas (jamais esquecerei da minha boneca loira e grande chamada "Beijoca" e do meu poncho laranja).

A minha infância passou de maneira tranquila, embora espiritualmente eu tenha sido muito atacada, pois tinha muitos sonhos e pesadelos. Vivíamos com nossa casa cheia de segunda a segunda, muitos grupos, casais, jovens, moças, rapazes. Custei muito para aceitar o excesso de louças que tínhamos de lavar após a saída dos irmãos e o fato de o meu lindo quarto rosa estar sempre disponível para algum irmão de passagem.

Aprendi com meu pai a transitar em todos meios cristãos: pentecostais, batistas, episcopais, luteranos. Eu também ia com ele a lugares pobres e a festas de pessoas ricas com a mesma naturalidade. Nunca fizemos acepção de pessoas. Muitos dos grandes músicos e pastores conhecidos hoje na mídia passaram pela nossa casa, contudo, sempre fui vista apenas como "a filha do pastor Fulano de tal", o que marcou minha adolescência. Na verdade, além de filha, sou também sobrinha e neta de pastores! Por muito tempo fui a menina sem nome.

Em determinado momento, meu pai permitiu que eu congregasse em duas igrejas, na que ele pastoreava e em uma outra igreja, com a qual me identificava mais naquele momento de busca por identidade. Lá, eu não seria a filha do pastor, cobrada acima de todos. Logo, Deus começou a me usar naquele lugar, mas ainda sequer passava pela minha cabeça a ideia de ministério e de continuar um legado.

Meu pai se tornou conhecido em todo Brasil (naquela época, diferentemente dos dias de hoje, ser respeitado e conhecido não significativa ter mesa farta e grandes riquezas). Ele viajava muito, e lembro-me sempre da minha mãe sozinha, muitas vezes levando meu irmão e a mim de ônibus para a escola, pois ela não dirigia. Passamos por grandes desafios como família, especialmente com enfermidades, muitas vezes sem suporte e ajuda, e, por isso, sempre me senti muito sozinha.

Já no que diz respeito ao ministério pastoral, à parte abençoada, digamos assim, em uma época em que viajar de avião era para ricos, recebi do meu pai as culturas do mundo inteiro. Lembro-me de que ele precisava viajar com o dinheiro contado, comprava roupas e brinquedos usados, mas, quando no Brasil não tínhamos nem internet, eu tinha coisas excepcionais para qualquer jovem.

O meu pai sempre foi um homem à frente de seu tempo, e isso nos proporcionou alegrias e tristezas como família. Nem sempre nós filhos entendemos as agruras ministeriais de nossos pais; muitos filhos de pastores acabam se desviando dos caminhos do Senhor e nunca mais voltam, porque se escandalizam. Frustrados, são cobrados como pessoas fora da média, porém, são apenas crianças, adolescentes, jovens que nasceram em um lar diferente de todos os outros, é claro.

Eu tinha muita vergonha de dizer que meu pai era pastor; alguns chegavam a perguntar: "Mas seu pai só trabalha no domingo?"

Cedo você entende que é uma pessoa normal nascida em um ambiente excepcional, fora do padrão.

Ser filha de um pastor conhecido me fez fugir do legado e do ministério e até da igreja que eu achava não ser para mim. Aos vinte anos, casei-me com o seguinte pensamento: agora poderei ser quem eu realmente sou. Com o passar do tempo, tornei-me uma empresária bem-sucedida. Embora tenha me casado com um jovem que não queria Deus, ele o encontrou na igreja. Foi um longo caminho, sempre ouvindo esta frase: "Você é a filha do pastor."

Aprendi que os pastores, missionários e líderes devem entender que seus filhos não podem mais nem menos, eles devem ser como todos. Eles têm um legado? Eles serão pastores, missionários, evangelistas? Sim, muitos têm um chamado, e o Inimigo fará de tudo para afastá-los do propósito de Deus, mas como seria bom se os líderes entendessem que nem todo filho de pastor seguirá o legado de seus pais.

Hoje vejo meus filhos com o desejo de seguir o mesmo caminho do respeitado avô e entendo que, por mais difícil que tenha sido, quando Deus estabelece um propósito, ele não muda. Fico feliz por isso. Tenho uma filha no caminho do pastorado luterano e um filho que quer ser missionário.

Um dia desses, uma pessoa chegou para meu pai, ela não o conhecia, e disse: "Mande um grande abraço para a pastora Rosane." Naquele dia comecei a rir e entendi que estava no caminho certo. Enfim, entendi que ser a filha de pastor me trouxe grandes feridas, mas grandes alegrias. E, quando Deus tem um chamado, você pode dar muitas voltas na vida, no entanto, a hora de cumpri-lo chegará.

Entendo hoje, como filha, neta e sobrinha de pastores, e hoje também pastora, que este ensino deveria ser dado na preparação para o ministério. Temos de nos dedicar a entender como deve ser o tempo com a família, as férias, como nos doar e qual a parte de nossa vida eclesiástica ocupada por nossos filhos, para que não sejamos desaprovados como a casa de Eli:

Portanto, o Senhor, o Deus de Israel, declara: "Prometi à sua família e à linhagem de seu pai que ministrariam diante de mim para sempre". Mas agora o Senhor declara: "Longe de mim tal coisa! Honrarei aqueles que me honram, mas aqueles que me desprezam serão tratados com desprezo. É chegada a hora em que eliminarei a sua força e a força da família de seu pai, e não haverá mais nenhum idoso na sua família, e você verá aflição na minha habitação. Embora Israel prospere, na sua família ninguém alcançará idade avançada" (1Samuel 2:30-32).

Por mais clichê que seja, a frase é verdadeira: Sua família é seu primeiro ministério.

Profissão e ministério

>> JÉSSICA SABADINE

Em meio a um mundo em que tudo é polêmico, em que há inúmeras "certezas", tantas vezes até infundadas, tantos padrões predefinidos nas mais variadas formas de entender a vida, onde eu me encaixo e o que Deus espera de mim? Será que existe uma única forma correta para que eu seja usada por ele para levar o seu amor?

Eu sempre fui uma mulher engajada, cheia de energia, firme, focada e que gosta de realizar. Mas houve um tempo em minha vida em que o meu sucesso profissional era a minha prioridade e as demais coisas eu acomodava como conseguia. As pessoas que me conheciam me chamavam de *workaholic*. Sim! Eu era uma delas; era viciada em trabalhar! E, acredite, eu não estava em paz com isso.

E, então, após onze anos de casamento, sem muito tempo (e coragem) para planejar uma gravidez, o Senhor nos presenteou com ela. Tivemos uma gravidez abençoada e tranquila, como costumo dizer: uma doce e linda espera. Quando meu amado filho nasceu, vivi a licença-maternidade de forma muito tranquila e prazerosa, mas, ao fim dela, tudo foi subitamente transformado em um grande conflito interno. Parecia que nada estava no lugar, e eu não conseguia sequer encontrar a mim mesma.

Não conseguia reconhecer em mim a profissional dedicada que sempre fui (ainda que continuasse me esforçando muito para isso), não conseguia dar a atenção devida ao meu lar, marido e filho na intensidade que eu entendia ser necessária, não sabia mais quem eu era, o que Deus estava pensando a meu respeito e especialmente qual era o chamado e propósito que ele havia reservado especialmente para minha vida.

Como esposa de pastor, muitas vezes existe uma expectativa de que a mulher, especialmente quando se torna mãe, deve se dedicar aos cuidados da casa e do ministério em tempo integral. Deveria eu me encaixar nessa expectativa? Envolta em um emaranhado de emoções, busquei a Deus! Nele, eu entendi que, para mim, aquele momento era de pausa (e como sou grata por ter isso como uma opção, o que nem sempre é possível).

Parar, segundo o nosso dicionário, é: "interromper ou cessar o movimento ou a ação; imobilizar-se; deter-se; deixar de funcionar; chegar ao fim; acabar; não ter seguimento."[5] Que palavra pesada, em especial para alguém com tanta energia, focada sempre em "avançar". A determinação dada por Deus era o antônimo disso, simples e clara: Pare! Com muito medo do inesperado, mas em completa paz com o que ouvi do Senhor, eu obedeci. Parei.

Por quase um ano, eu fiquei em casa, dedicada a cuidar do meu marido, do meu filho, do meu lar, de mim e a entender o que Deus tinha reservado para a minha vida. Foi um tempo precioso em que, em um relacionamento profundo com o Senhor e na busca da sua vontade, fui ministrada e pude entender a minha importância para o Reino, o meu chamado, o que o Senhor espera de mim, as minhas limitações, mas também as minhas características criadas pelo próprio Deus com um propósito: servi-lo.

---

[5] Disponível em: https://www.infopedia.pt/dicionarios/lingua-portuguesa/parar. Acesso em: 10 jul. 2022.

Um texto muito conhecido, eu diria um "clássico" da Bíblia, é o de Provérbios 31 que trata sobre a mulher virtuosa. E, por mais que eu sempre evitasse meditar nessa passagem para não me sentir diminuída, Deus usou justamente esse texto para ministrar sobre uma característica a que, até então, eu não havia dado a devida atenção, ela era *trabalhadora*:

> "Cuida dos negócios de sua casa e não dá lugar à preguiça" (v. 27).

> "Escolhe a lã e o linho e com prazer trabalha com as mãos. Como os navios mercantes, ela traz de longe as suas provisões. Antes de clarear o dia ela se levanta, prepara comida para todos os de sua casa e dá tarefas às suas servas" (v. 13-15).

> "Administra bem o seu comércio lucrativo, e a sua lâmpada fica acesa durante a noite" (v. 18).

Essa mulher rompe os limites de cuidar apenas de sua casa. Ela trabalha fora, é empresária, negociante e faz viagens, não em detrimento de seu relacionamento com seu marido, com os seus filhos, com Deus, nem com a sua casa, mas sem que isso comprometa os seus relacionamentos familiares e a manutenção de seu lar. E isso fica claro quando o texto nos revela que ela é uma mulher elogiada (v. 28). A Bíblia não nos diz que ela é elogiada em seu ambiente profissional, não é elogiada por qualquer pessoa, mas sim pelos seus filhos, seu marido e por Deus! Que especial!

Isso deixa evidente que todas as suas relações, e eu diria que são as principais, estão em perfeita ordem. Essa mulher tem um relacionamento correto com seu marido, com seus filhos, com ela mesma, com o próximo, com a sua casa, com os seus negócios e com Deus. Ela é generosa com aquilo que ganha, abençoa outras pessoas, não apenas sua própria casa. Sim! Ela é uma joia rara!

Naquele momento em que Deus falou comigo por meio desse texto, entendi que o nosso Deus é criativo e nos fez com características particulares, personalidades diferentes; pensamos, agimos e reagimos de formas diferentes. O texto de 1Coríntios 12:12-31 nos mostra que existem vários membros no corpo, cada um com seu lugar, sua função e seu valor. Deus nos fez de formas diferentes, mas igualmente importantes e assim podemos cumprir o chamado: "Vão pelo mundo todo e preguem o evangelho a todas as pessoas" (cf. Marcos 16:15).

Algumas de nós estarão dedicadas aos cuidados do lar, outras à igreja, outras a diferentes tribos, países, culturas e outras à carreira. A questão é que todos esses lugares são campos missionários e todas as pessoas precisam ouvir e conhecer Jesus. Mas como ouvirão e conhecerão se não houver quem fale desse amor? Então, a pergunta é simples: Para qual campo missionário Deus está me chamando neste momento?

Atualmente sou gestora de um grupo grande e tenho tido a oportunidade de imprimir os valores do Reino nesta equipe. Na contramão do que costumamos encontrar atualmente no mercado de trabalho, tento sempre enfatizar a importância da família como prioridade, o cuidado com a nossa saúde mental e física e tento também demonstrar na prática os princípios bíblicos.

Em vez de seguir padrões e expectativas, precisamos estar atentas para onde quer que Deus tenha nos chamado para estar. Em casa, no serviço ministerial ou no mercado de trabalho, a nossa relação com Deus, o marido e os filhos tem de ser sempre priorizada, do contrário, tudo perde o propósito. Tudo precisa estar em ordem para que cumpramos o nosso chamado. Não podemos ganhar o mundo e perder a nossa família.

Que Deus nos ajude a compreender nosso chamado, manter nossos relacionamentos na mais perfeita ordem e a não nos desvirtuar do caminho que ele preparou para cada uma de nós.

Recalculando a rota

Aposentadoria
>> Íria Seifert Braun

Tenho comigo uma pergunta que não quer calar: A mulher em ministério se aposenta?

Para dar-lhe uma resposta adequada, precisamos analisar algumas crenças errôneas que têm sido espalhadas ao longo dos anos e que, de alguma forma, continuam minando a vida dos obreiros cristãos ainda hoje. Certamente, em algum momento, você já as ouviu, até mesmo vindas dos púlpitos: "Para o obreiro cristão, não existe aposentadoria"; "Enquanto eu viver, vou trabalhar"; "Aposentadoria, só no céu" etc. Conteúdos similares também são ditos em relação às férias para os obreiros cristãos.

Outra crença errônea é a compreensão da própria palavra *aposentadoria*; para a maioria das pessoas, aposentadoria é igual a parar de trabalhar. Na prática, porém, é apenas o afastamento de um trabalhador do serviço ativo, após completar os anos estipulados em lei para o exercício de uma atividade. Dessa forma, aposentadoria é quando começamos a desfrutar do esforço investido no decorrer dos anos para dedicar-nos livremente a fazer quase tudo o que não foi possível até então, como viagens, estar com os netos, dedicar-nos a algum *hobby*, ao trabalho social etc.

Durante os mais de vinte anos na organização missionária por meio da qual servimos no Equador, encontramos muitas pessoas que, depois de se aposentarem de seus trabalhos chamados seculares, decidiram passar um ou dois anos no campo missionário. Que bênção foi contar com a experiência profissional dessas pessoas! Como não aprender com os que já trilharam nosso caminho? Depois de aposentados, quando já não precisamos bater ponto na empresa, podemos, sim, ser extremamente úteis, especialmente para os mais jovens, que estão ainda no início da jornada.

Conhecemos muitos casos de missionários que decidiram permanecer no campo mesmo após a idade da aposentadoria. Em nosso caso pessoal, como casal, já estamos aposentados pelo Estado, porém seguimos ativos como missionários, fazendo o que amamos; meu esposo na produção de programas de rádio online e eu servindo pessoas no ministério de aconselhamento cristão. No entanto, já estamos visualizando o dia em que informaremos nossos mantenedores de que já não mais teremos de depender do envio de sustento financeiro e, assim, nós os deixaremos livres para adotar outros missionários.

O que acontece no âmbito emocional ao encarar o momento de aposentar? Essa é outra pergunta comum. Especialmente quando o tempo vem junto da síndrome do ninho vazio, quando os filhos já ocupam seu próprio espaço, formaram sua própria família e seu próprio ministério. Mesmo com a satisfação de ver os filhos encaminhados, poderá ser um tempo muito difícil e até traumático, no qual será necessário contar com a ajuda de conselheiros profissionais. Precisamos aprender a lidar com as emoções, especialmente quando bate a saudade e não sabemos o que fazer para aplacar a dor provocada por ela, principalmente na vida de missionários, muitas vezes separados dos seus queridos, não só por diferentes cidades ou países, mas até por continentes. É nesse momento que precisamos consultar aquele que nos chamou para uma tarefa específica e decidir quando é hora de mudança.

O dilema, especialmente na vida de missionários, é: como informar às igrejas e pessoas parceiras no sustento financeiro que chegou a hora de aposentar de fato? Para que não se torne uma tarefa muito difícil, é importante ter em mente, conversar e deixar claro que esse dia chegará, seja para a tristeza, seja para a alegria dos mantenedores. A verdade é que, durante o tempo de parceria, desenvolvemos um vínculo de amizade com igrejas e indivíduos e, quando esse vínculo se rompe, há um sentimento de perda por ambas as partes e faz-se necessário passar por uma espécie de processo de luto. Psicologicamente, em qualquer perda que sofremos na vida, precisamos passar por esse processo para manter nossa saúde emocional. Uma das coisas a fazer é reforçar para seus mantenedores que você não está abandonando a obra de Deus nem deixando de servi-lo, apenas liberando-os para um novo tempo!

Não podemos nos esquecer de que a preparação para a aposentadoria deve começar no início do ministério, tanto no âmbito emocional como no financeiro. Não podemos negligenciar a necessidade de planejar o presente bem como o futuro, sendo bons mordomos daquilo que Deus coloca em nossas mãos ao longo da nossa jornada ministerial.

Em minha experiência como esposa de pastor e missionária transcultural, tenho visto muitos casos, tanto de pastores como de missionários, que, depois de décadas de serviço abnegado, ao deixar a igreja ou o campo missionário, sem nenhum plano de saúde ou de aposentadoria, tiveram de ir morar com algum filho ou com amigos. Em outros casos, vi com tristeza as dificuldades enfrentadas por obreiros para adquirir alguma propriedade que lhes servisse de respaldo ao se aposentarem. No entanto, com salário baixo e dívidas pagas em longas prestações, precisaram sacrificar benefícios para a família, em alguns casos, ao custo da rebeldia dos próprios filhos. Alguns obreiros tratam de equilibrar-se entre o ministério e o chamado trabalho secular, para manter as contas em dia e as necessidades da família atendidas. Uma escolha um tanto perigosa, pois poderá levar ao esgotamento, sem contar os desajustes familiares que podem ocorrer nesses casos.

Lamentavelmente, pouquíssimas igrejas e/ou organizações missionárias têm mostrado verdadeira preocupação com seus obreiros em relação a planos de saúde e de aposentadoria. A maioria dá por encerrados seus compromissos assim que o obreiro chega ao momento da aposentadoria. Muitas igrejas e organizações missionárias não têm a preocupação de pagar o fundo de garantia e previdência social, deixando o obreiro totalmente desamparado ao se aposentar.

Lembro do triste testemunho de um pastor que havia deixado seu país de origem levando consigo apenas duas malas e que estava retornando depois de quase quarenta anos de serviço abnegado em um campo muito difícil, praticamente com a mesma bagagem. Para sua frustração, descobriram que a agência missionária que os havia enviado não tinha como recebê-los. Foi necessário que a família montasse uma força-tarefa para receber esses heróis e, assim, fazer que os anos restantes pudessem ser vividos de forma digna.

Na sua primeira carta a Timóteo, o apóstolo Paulo dá orientações a respeito do tratamento às pessoas da igreja, inclusive os obreiros, como objeto de honra: "Os presbíteros que lideram bem a igreja são dignos de dupla honra" (1Timóteo 5:17a) e "o trabalhador merece o seu salário" (1Timóteo 5:18b). É lamentável quando a igreja ignora essas orientações. A aposentadoria do obreiro cristão não deveria ser um tempo de preocupação, mas de satisfação para aquele que dedicou seus melhores anos na seara do Mestre.

Como obreiros, cabe também a nós a responsabilidade de planejar bem para a idade da aposentadoria, que poderá ser, de fato, o tempo da melhor idade, com liberdade de ir e vir, fazer o que realmente apreciamos. Não há por que parar, sentar-se na varanda e olhar para o horizonte, esperando a morte chegar, pois, no momento que perdemos a razão de viver, adoecemos e morremos. Certamente você já deve ter ouvido: "Quem não vive para servir não serve para viver." Parece uma expressão forte e discriminatória, porém é muito verdadeira.

Para as mulheres que estão iniciando ou terminando sua carreira ministerial, quero deixar aqui uma palavra de encorajamento, com a seguinte alegoria, que chamarei "Estações da vida".

O momento de iniciar um ministério muitas vezes significa "deixar"! Deixar a igreja, os parentes, a estabilidade financeira e, no caso de missionários transculturais, deixar o próprio país. É a primavera. Tempo de adaptação ao novo; tempo de semeadura e de grandes expectativas. Para alguns, especialmente os que amam mudanças, é um tempo relativamente fácil; enquanto, para outros, menos aventureiros, pode ser um tempo muito doloroso e sofrido, mas passará.

Depois vem o verão. O trabalho, muitas vezes árduo, com grandes lutas e vitórias. Tempo de produzir e talvez ver frutos. Nem sempre será o semeador quem colherá os frutos; outros, depois de nós, se beneficiarão dos frutos do nosso trabalho. Durante todos estes anos, perdi as contas de quantas árvores plantei, mas não aproveitei sua sombra, quantos jardins formei e, antes que viessem as flores, Deus já nos havia designado para novas tarefas em outros lugares.

Logo vem o outono. Tempo de parar e refletir sobre as tarefas realizadas. Alegrar-se com a nova estação, observar a mudança das cores e, ao ver as folhas caindo, saber que é um tempo de preparação para o inverno da vida. É o momento propício para planejar e preparar-se, de fato, para a última etapa.

O inverno. Particularmente gosto do inverno; talvez no Brasil nem tanto, mas fora dele, sim. Temos tido a oportunidade de passar alguns invernos nos Estados Unidos e pelo menos um na África do Sul. Não há nada que se possa comparar com uma sala acolhedora, sentar-se ali diante de uma lareira acesa, em boa companhia, tomar uma xícara de café ou chá quentinho enquanto a neve cai lá fora, deixando tudo branquinho, com ar de pureza absoluta e, completando o ambiente, uma bela melodia de louvor e adoração ao Deus criador. Com um quadro assim, nosso espírito é transportado a outra esfera, cheia da presença do Senhor. Momentos assim se tornam inesquecíveis e fazem nossos dias ficarem mais leves.

Há muitas coisas ainda a serem conquistadas e muita coisa boa para desfrutar no inverno da vida. É preciso, no entanto, saber reconhecer a chegada de cada estação, tirando dela o máximo proveito, fazendo o que nos dá prazer e o que agrada ao Senhor.

Por algum tempo, acompanhei um grupo na leitura de livros inspirativos que edificam nossa alma. Um dos últimos foi *A vida é dura, mas Deus é fiel,* da autora Sheila Walsh.[1] Confesso que, de todos os livros que tenho lido nos últimos tempos, esse foi um dos melhores, e eu não poderia deixar de compartilhar um pensamento dessa autora: "Os sofrimentos nos fazem olhar longa e intensamente para a face de Deus, para ver se ele ainda é um Deus que nos ama; enquanto contemplamos, e até questionamos, Deus nos mostra um novo nível de amor e nos dá uma nova paixão para servi-lo."

Que Deus a abençoe em cada estação da vida. Quando o inverno chegar, que o Espírito Santo aqueça o seu coração a cada dia e que você possa levar a vida leve que o Senhor quer lhe dar neste tempo.

Nunca me esquecerei das palavras de um missionário que serviu por muitos anos nas Filipinas; na ocasião, já com seus quase cem anos, quando questionado sobre como se sentia na sua idade, a resposta foi: "Estou muito bem, porém, o melhor ainda está por vir."

---

[1] Schella Walsh. *A vida é dura, mas Deus é fiel* (Rio de Janeiro: Thomas Nelson, versão Kindle).

Depressão

>> SAMANTA

Sou Samanta, casada com Saulo há catorze anos, temos quatro filhos (agora mais um a caminho) e moramos na Flórida, nos Estados Unidos. Os nossos filhos, Benjamin, de onze anos, e Amy, de nove anos de idade, nasceram no Brasil. Quando nos mudamos para cá, em 2015, tivemos mais dois filhos, Ruby, de sei anos, e Judah, que está com quase cinco.

Eu me converti aos doze anos e, aos quinze, me batizei. Desde o dia do meu batismo, meu coração começou a queimar pelo Senhor em um desejo enorme de fazer a vontade dele; independentemente de onde eu fosse, eu sabia que deveria anunciar as boas-novas. Lembro-me de receber orações dos irmãos sempre declarando que Deus me levaria às nações para pregar o evangelho. Então, aos dezesseis, escrevi uma cartinha típica de adolescentes para o Pai descrevendo meu esposo. A primeira característica que eu pedia é que ele fosse totalmente devoto ao Senhor, amasse as nações e amasse pregar a Palavra.

Com quase dezoito anos, eu o conheci em um acampamento da minha igreja, no interior de São Paulo, para o qual ele foi convidado para ministrar. Então, começamos a nos relacionar a distância, o que durou três anos e meio. Nesse período, alinhamos nosso chamado, nossos sonhos, nosso desejo de ter uma família grande e de ir para as nações.

Quando nos casamos, cuidávamos de uma rede de jovens, éramos líderes de 300 jovens da nossa igreja, e a vontade de responder ao chamado de vir para os Estados Unidos aumentava a cada dia. Além de termos uma escola de inglês e amarmos aprender idiomas, o desejo de nos envolver com culturas nos movia e ainda nos move. Estudei ciências sociais e, como um dos pilares do curso é a antropologia, a cultura de outros povos sempre chamou muito minha atenção. Os nossos filhos brasileiros têm nomes que se podem pronunciar tanto no Brasil quanto em nações de língua inglesa. Tudo pensado para o dia de deixar nosso amado país.

O nosso pastor na época nos aconselhou que, se quiséssemos ser enviados para os Estados Unidos, primeiro deveríamos ter a experiência de plantar uma igreja por perto. Então, servi com meu esposo na plantação de uma igreja em São Bernardo do Campo. Ele pastoreando, e eu auxiliando no cuidado com as crianças e também com discipulado de mulheres. As portas se abriram para nós nos Estados Unidos e decidimos nos mudar no começo de 2015, com dois filhos e um coração alegre por finalmente nos encaixar no nosso chamado como missionários e plantadores de igreja.

Como o desejo era de conhecimento de todos os amigos, irmãos e familiares, não sofremos com a despedida. O choro rapidamente perdeu lugar para a empolgação e para as expectativas enormes em relação ao novo tempo que estava por vir. No entanto, nos primeiros meses no país, os perrengues e as dificuldades financeiras começaram a nos preocupar. Não nos sentimos acolhidos pelos irmãos que nos esperavam aqui; a nossa expectativa foi frustrada a cada dia. Fomos para um estado em que a concentração de brasileiros é absurda.

Na cidade de Newark, em Nova Jersey, praticamente não se fala inglês. A população basicamente é de portugueses e brasileiros. Viemos para plantar uma igreja brasileira, mas com projeto de posteriormente realizar os cultos em inglês e, assim, atrair os americanos. Como toda expectativa pode ser frustrada, começamos a nos sentir fora do propósito para o qual viemos, distantes de todos os irmãos que poderiam nos acolher emocional e espiritualmente. Além de toda burocracia e alto custo para manter o visto legal de toda nossa família; a cada dois anos era um sufoco. Todas essas barreiras foram nos desanimando, nos adoecendo. Eu me via sozinha e era aconselhada a não abrir minhas dificuldades para as pessoas que caminhavam conosco, pois qualquer sinal de fraqueza poderia desanimar a fé das pessoas. O que hoje vejo como uma mentira perigosa.

A saudade da família, a falta de perspectiva de voltar para o Brasil e visitar nossos entes amados também debilitaram nossas emoções. Eu vi meu esposo, que sempre foi alegre, cantarolante e cheio de fé, fraquejando. Ver a alegria sumir do semblante dele me dilacerou, mas segui firme para dar todo o suporte emocional de que ele precisava na época.

Ao deixar a igreja em Newark e nos mudar para a Flórida, um peso enorme saiu dos ombros do meu marido. Ele voltou a sorrir, a ser aquele homem cheio de piadas que eu conheci. Somente então, eu me permiti ver como estava por dentro e desabei. O amor que eu tinha pelas pessoas esfriou, fiquei apática em relação à igreja. Não queria mais estar com pessoas. Não sentia compaixão por mais ninguém. Os sintomas estavam lá e eu não os via. Em poucos meses, já não tinha mais ânimo para me levantar da cama. Levava meus filhos para a escola todos os dias atrasada. Os afazeres da casa, que antes eu fazia com tanta agilidade, agora eram um peso enorme. A energia tinha ido embora. Até mesmo para tomar banho, brincar com meus filhos, desfrutar do meu esposo, tudo perdeu o sentido. Não havia mais brilho nem canção. Minha vida se tornou cinza.

Chegou ao meu físico também. A comida ficava parada no meu estômago, sentia dores em lugares que não imaginava, o pior era o aperto físico que sentia no peito. Quando percebi que não conseguia mais cuidar da minha família, me desesperei e busquei ajuda profissional. Alguns poucos meses de terapia, e ela me deu o diagnóstico: depressão! Que palavra pesada para um cristão, eu pensava. Logo eu, uma esposa de pastor que já havia orado por tantas mulheres deprimidas. Foi um choque para mim, e um parto para aceitar o diagnóstico. Aceitar que sou frágil, que precisava de ajuda foi um golpe no meu ego.

Meu esposo foi fundamental para o processo de cura. Ele era ora muito paciente, ora não dava conta de tanta melancolia. Meu melhor amigo foi o Espírito Santo. Precisei abrir mão do meu próprio preconceito, da minha crença de que tudo seria resolvido com oração e jejum, de que psicólogos, psiquiatras, neurologistas, todos esses profissionais eram apenas para aqueles desesperados que não conheciam um Salvador.

Ao me abrir com os irmãos da igreja local, alguns me acolheram, mas a maioria não compreendia, assim como eu também não, como uma mulher de Deus passa por isso. Uma doença física seria mais aceitável, mas uma doença psicossomática, não. Ao digitar tudo isso, as lágrimas escorrem, mas é um choro de liberdade e gratidão, pois as lições mais importantes foram aprendidas nos dias mais pesados. Ouvi nitidamente do meu Senhor que eu não precisava fazer nada para ele, que a minha existência era suficiente para que ele se alegrasse em mim. Descobri que o salmista não errou quando disse que "Se eu subir aos céus, lá estás; se eu fizer a minha cama na sepultura […] mesmo ali a tua mão direita me guiará e me susterá" (Salmos 139:8,10).

Aprendi que o cristão, durante esse período de melancolia, pode se alegrar, ainda que nada o faça feliz. Ainda que a comida não tenha sabor, podemos nos alegrar, pois a alegria é um mandamento para nós, não é circunstancial.

Divórcio

>> Cristina Girardi

> Esqueçam o que se foi; não vivam no passado. Vejam, estou fazendo uma coisa nova! Ela já está surgindo! Vocês não a reconhecem? Até no deserto vou abrir um caminho e riachos no ermo (Isaías 43:18-19).

Eu estava assistindo a um episódio da minha série favorita, que contava como uma das personagens vivia e se sentia depois de ter voltado de uma guerra. Finalmente encontrei naquelas cenas algumas emoções e batalhas semelhantes às que aconteciam nos meus pensamentos e que muitas vezes não consegui expressar: me sentia mutilada emocionalmente, na "cadeira de rodas", inútil, esquecida e culpada por achar que voltei da batalha sem cumprir minha missão. Não conseguia aceitar ser parte das estatísticas que mostram quanto é alto o índice de missionários retornando do campo antes da hora.

Não foi desse jeito que sonhei. Não me preparei tanto, nem abri mão de tantas coisas, para isso. Não tinha isso em mente quando disse "Eis-me aqui, Senhor."

Aos quinze anos, fui chamada para o ministério missionário. Depois de retornar de um acampamento de adolescentes, ouvi claramente o Senhor me dizer que fui escolhida para falar sobre seu amor a várias nações. Participei de todos os cursos de evangelismo e missões que minha igreja oferecia e, com dezessete anos de idade, iniciei meus estudos teológicos. Trabalhei durante vinte anos na plantação de igrejas na minha cidade e no Oriente Médio. Visitei vários países em viagens missionárias e projetos de curto prazo. Muitas histórias lindas de discipulado, transformações de vidas e famílias, e tudo mais que envolve uma vida ministerial feliz e bem-sucedida.

Tive experiências incríveis e a oportunidade de ver o evangelho chegando como uma enchente avassaladora em campos desertos tão necessitados. Mas havia algo errado com meu casamento e eu não entendia o porquê. Apesar de nos relacionarmos bem no dia a dia, não havia intimidade. Percebi uma muralha se erguendo entre nós, e ele não demonstrava nenhum interesse em derrubá-la. Sentia-me sozinha e confusa.

Os últimos anos de casamento foram ainda mais desafiadores: enfrentei a tristeza de um aborto retido por vinte dias de um bebê de cinco meses. Logo em seguida, acompanhei e clamei pela vida do meu marido, que enfrentou dias horríveis por causa de um câncer agressivo e, ainda naqueles dias, enquanto acompanhava seu tratamento, sofri a decepção dilacerante de descobrir graves incoerências cometidas por ele. Foram anos de mentiras, engano, infidelidade comigo e com todos. Percebi que o divórcio seria inevitável quando ele preferiu não confessar os pecados e não demonstrou arrependimento ou desejo de restauração. Quando confrontado, ficou evidente que o seu maior desejo era recuperar a reputação e tantas outras coisas, menos o casamento, os amigos e o ministério. Todos ficaram muito tristes e perplexos; sentiram-se também enganados e traídos.

Era uma situação muito dolorosa, e pareceu que ninguém sabia exatamente o que e como fazer. Quando ele foi desligado de seu cargo e suas funções pastorais por causa de toda essa situação, automaticamente, apesar de termos o mesmo preparo teológico e exercermos as mesmas atividades, também fui desligada, afinal, eu era a "esposa do pastor".

Todos nós, meus líderes e eu, fomos pegos de surpresa e tivemos de lidar com uma novidade: a missionária divorciada. Perdi meu sustento, meu trabalho, minha casa, minha saúde emocional, minha esperança, minha direção e o senso de propósito. Eu achei que meu ministério havia terminado, que não me recuperaria depois de tantas perdas e decepções. Eu estava assustada, machucada, mutilada, exausta. No entanto, não queria desistir, porque conheço bem quem me chamou e confio nele. Aquele que me chamou é fiel e há de realizar o que prometeu (cf. 1Tessalonicenses 5:24). Então, a única opção que me restou foi descansar e recomeçar!

Recomeçar pode ser muito desafiador e intimidador, mas se permitirmos que Deus conduza a situação, esse novo momento no seu ministério pode ser, à semelhança dos anteriores, muito frutífero. A Palavra de Deus diz que "[...] todo aquele que dá fruto ele poda, para que dê mais fruto ainda" (João 15:2). Confessemos: parece que estamos sendo castigadas com sofrimento e dificuldades. Às vezes, pensamos que fizemos tudo errado. Mas na verdade fizemos o que era certo! Apesar das nossas limitações, imperfeições e pecados, demos frutos! E é por isso que o tempo da poda chega: *para que dê ainda mais fruto*! Agora, quem sabe, em um lugar diferente, com outras pessoas, com estratégias nunca antes usadas pelo Espírito Santo por meio de sua vida.

Uma amiga muito querida me disse: "Sempre achei você criativa, cheia de talentos, como uma caixa de lápis de cor. Mas sempre vi você usando as mesmas cores. Acho que agora ele quer que você use os outros lápis da caixa…" Concordei. São tantas as cores e as novas possibilidades. Era tempo de descansar um pouco e usufruir da bênção da presença de Deus e logo em seguida, depois da poda, deixar surgir os brotos de uma nova tarefa.

Descansada e tratada por Deus nas minhas emoções, pareceu propício iniciar um novo momento ministerial. As malas estavam prontas e atendi ao convite para um novo trabalho. Projeto aprovado pelas igrejas enviadora e anfitriã, documentos prontos, sustento, curso para aprendizado de uma nova língua... Recebi uma ligação daqueles que me convidaram dizendo que precisaríamos esperar. A pandemia atrapalhou os planos. Sentei-me sobre minha mala e chorei. Se aquela não era então a porta para o meu recomeço, então eu não tinha ideia de que porta seria.

Naqueles dias reencontrei inesperadamente um amigo de adolescência que estava vivendo algo muito parecido: traição, divórcio, desemprego, depressão. Enquanto tomávamos um café, ele me convidou: "E se começássemos a cozinhar juntos?" Ele, um experiente e talentoso *chef* de cozinha. Eu, modéstia à parte, uma ótima cozinheira e até autora de livros de receitas! Então, por que não? No auge da pandemia, trabalhamos incansavelmente para atender a tantos pedidos. Nossos clientes eram, na sua grande maioria, famílias em isolamento ou em luto. Foram inúmeras as vezes que, durante as entregas dos pedidos, paramos para orar e entregar palavras de conforto nos portões.

Em menos de um ano, saímos da cozinha de garagem para um pequeno bistrô, decorado com móveis restaurados e muitos objetos encontrados em lixeiras e depósitos de sucata, uma forma de nos lembrar todos os dias de onde o Senhor nos tirou. Em meio à correria e ao cansaço da rotina de uma cozinha profissional, testemunhamos sobre o que o Senhor Jesus tem feito em nossa vida aos nossos clientes e demonstramos que o Amor tem muito sabor. O *chef* de cozinha agora também é missionário, a missionária também se tornou uma *chef* de cozinha. Começamos a namorar e a sonhar novamente em ter uma família. Juntos, lideramos uma célula com alguns funcionários e clientes do nosso restaurante. O vale dos ossos secos voltou a ser um exército.

Obrigada, Senhor, por me deixar participar da tua história e obra em tantos lugares, de maneiras e em tempos diferentes. Estou pronta outra vez. Eis-me aqui.

Luto

>> Renate Kruklis

Quando olho para os anos que já passaram, acho interessante refletir sobre o que me levou a tomar certas decisões. Desde muito cedo, escolhi uma caminhada lado a lado com um Deus amigo e pessoal. Também me casei bastante jovem com o Reginaldo e acompanhei meu marido no seu chamado pastoral. Logo vieram os filhos e, por muitos anos, fui a companheira de um parceiro que amava novos começos e que via no ministério a oportunidade de abraçar o mundo a que tanto amava. Acho que é correto dizer que também fui me apaixonando por essa realidade transcultural; as nações, com suas particularidades e características únicas, tornaram-se um objeto de interesse e de profundo respeito para mim. Central a esse amor às nações, vejo os indivíduos; conhecê-los e aprender a amá-los gera em mim um senso de privilégio e gratidão!

O meu chamado pessoal foi lento, mas progressivo. Gostava muito de estudar e acabei envolvida em cursos como psicologia, história, teologia e capelania. Nem sempre consegui terminar o que começara, pois nossas mudanças eram frequentes. Contudo, se, por um lado, recomeçar não era sempre fácil, por outro, sempre havia muito a aprender. A vida e os anos também me deram uma compreensão melhor do que me fazia vibrar e me impulsionava a viver mais intencionalmente.

Nesse contexto, o meu chamado passou a tomar forma e as oportunidades confirmavam direções mais específicas. Portas se abriram, outras se fecharam. A solidificação de preferências no estudo e no serviço trouxeram uma nova clareza e comecei a entender que o cuidado ao próximo era central à minha vida. Eu me encanto com a pessoa, com a história e a forma de ela contar sua história; sinto-me honrada quando sou escolhida como ouvinte e participante da jornada de alguém. Vibro com as vitórias e choro com as dores. Ao longo do caminho, não paro de aprender, de me emocionar e de me surpreender, pois cada um carrega uma mala com milhares de lições vividas e aprendidas, prontas para serem compartilhadas.

O Reginaldo apostou em mim. Ele acreditou que eu poderia ensinar e pregar mesmo antes de eu ver essa possibilidade. Durante os anos no Brasil, desenvolvi o desejo de estar com os que sofriam; era muita gente machucada e solitária. Sempre que possível, eu oferecia minha presença que, com frequência, era aceita. Em outra etapa, já nos Estados Unidos, voltei à faculdade e me aprofundei nos estudos. Nesse período, nossos ministérios ficaram mais distintos: meu marido continuou viajando mundo afora como pastor e professor, e eu trabalhei em hospitais e em centros de cuidado ao doente terminal — tragédias, mortes e luto passaram a fazer parte do meu cotidiano.

Creio que, no geral, temos um impulso natural para a vida e para a sobrevivência. Queremos ser felizes, bem-sucedidos e estar entre pessoas que vivem significativamente. Essas influências nos ajudam a sonhar, planejar e buscar a felicidade pessoal. No entanto, quando minha vida passou a ser fortemente influenciada pelo sofrimento do outro, senti-me impulsionada a pausar, reconsiderar e olhar para a vida sob uma nova perspectiva. Por um lado, o sofrimento pode ser assustador; por outro, ele nos ensina a ver as cores em contraste com as sombras e as nuances em contraposição com o óbvio. O sofrimento muda o nosso conceito de tempo, importância e relevância. Não dá para ser o mesmo depois de termos vivenciado a dor, tanto a nossa como a do outro. Sem nada mais, tento olhar para a minha vida e para as pessoas com as quais me encontro na perspectiva de que Deus nos vê como intrinsicamente relevantes. Entendo que somos pessoas sedentas de carinho e que precisamos de paciência.

Também tenho a convicção de que dentro de mim reside a esperança no Deus Eterno; é como se ele constantemente cantasse um cântico belo e gentil para mim. Com ele, não me sinto abandonada e, apesar dos ventos e tempestades da vida, caminho na confiança de ter uma presença forte e segura que me dá ancoramento mesmo quando me sinto desorientada e sozinha.

Em dado momento, mudanças ministeriais levaram Reginaldo e eu a novas aventuras e nos impulsionaram a trabalhar novamente juntos. Por vários anos, viajamos mundo afora ensinando, pregando e nos deleitando com a beleza deste mundo colorido e multifacetado. A dor do outro permaneceu, mas esse também foi um tempo regado a risadas, celebrações e nascimentos; enfim, acompanhamos os ritmos e os impulsos da vida em diferentes comunidades, com suas idiossincrasias e particularidades. Foi nesse período mais leve e gostoso que tive de aceitar que a vida do meu marido aqui na terra estava aos poucos chegando ao seu final. Pouco a pouco, o homem vibrante e forte foi ficando fraco e fragilizado; foi um tempo de muitas lágrimas e muita oração. O sofrimento se tornou particular, a tristeza não era mais do outro, mas nossa. De mãos dadas, Reginaldo e eu nos abrimos ao luto e começamos a chorar, pois sabíamos que a despedida era eminente.

Posso dizer que nós dois expressamos nossa dor com largueza; ambos optamos pela transparência e, com sinceridade, pusemos para fora o que doía. Os dias foram distribuídos em passos lentos, por vezes fadigados. Entendemos que o tempo era curto e que cada momento valia. Tivemos os nossos momentos de briga com Deus, mas nos mantivemos abertos ao seu consolo e refrigério. Também permitimos que a nossa vulnerabilidade fosse exposta a amigos e irmãos; alguns deles carinhosamente caminharam conosco.

Quando finalmente a hora do adeus foi chegando, nossa fé nos segurou. Apesar da dor, permanecemos intencionais. Notei a clareza com a qual meu marido foi se despedindo de mim; recebi conselhos práticos sobre o que deveria fazer quando ficasse sozinha e fui encorajada a confiar em minhas habilidades, algumas delas ainda a serem desenvolvidas. Esse também foi um tempo de reafirmarmos o amor que tínhamos um pelo outro e ambos revisitamos nossa fé e nossa esperança na vida além da morte.

Reginaldo partiu calmamente. Nos momentos finais, podíamos ouvir a sua respiração laboriosa. Ao fundo, músicas de que ele gostava estavam tocando, mas, ao mesmo tempo, havia um silêncio calmo e sereno no ambiente; era solo santo! Lembro-me dos seus olhos se fecharem e de ele partir suavemente. No primeiro momento, achei que havia apenas cochilado, mas a sua saída, um testemunho do seu estilo de vida, foi decisiva. Presentes estávamos eu, minha filha, Deus e com certeza anjos ministradores.

Quando olho para trás, não sei como consegui lidar com o sofrimento intenso e prolongado, mas percebi que a cada dia Deus nos dava a porção necessária. Definitivamente não foi fácil e ainda estou aprendendo a viver sem Reginaldo, no entanto, os anos e a consolação de um luto bem-resolvido me trazem paz. O período que sucedeu a partida do meu marido me forçou a crescer em áreas que desconhecia, e ainda vivo esse processo. Entender limitações e potenciais por vezes tem sido um desafio, e me vejo aprendendo a celebrar mais as conquistas e a curtir o descanso. Entendo que simplicidade, coragem e hospitalidade são centrais na minha vida. Tenho um Deus paciente e com frequência me reabasteço na sua presença amorosa e gentil.

Ajuda saber que o luto foi bem vivido. Chorei tudo o que tinha para chorar, me permiti ser vulnerável. Tenho bons amigos e uma boa família que se posicionaram ao meu lado, ajudando durante e depois da partida do Reginaldo. Também carrego o eco das palavras de amor e encorajamento pronunciadas pelo meu marido no período de adeus. Aos poucos, o luto vai sendo substituído por memórias gentis e, dentro de mim, cresce uma esperança sólida e profunda que me assegura que o futuro está garantido. Não sei tudo o que serei ou o que terei, mas me vejo ficando mais tranquila. Não tenho controle sobre o tempo e consequentemente não preciso ter pressa!

Tenho na minha memória o final de uma conferência de pastores e esposas ocorrida muitos anos atrás. No último dia, um grupo de participantes resolveu visitar um cemitério onde nomes antigos e influentes haviam sido enterrados. Juntos, compartilhamos lembranças queridas desses que já se foram. No entanto, a visita já se prolongava e era hora de partir, pois as pressões da vida chamavam. Em um ato de despedida começamos a cantar um velho hino conhecido a todos. A letra, como tantos cânticos antigos, frisava que caminhamos guardados pelo poder e amor de Deus, e que seguimos os nossos diferentes percursos na esperança e alegria do reencontro.

Lembro-me da brisa suave ao nosso redor, dos perfumes gentis da natureza, dos zumbidos dos insetos, da beleza da melodia cantada por vozes afinadas, entre elas o tom baixo e bonito do Reginaldo. Quando as últimas notas ecoaram, fomos para os nossos respectivos carros. A vida chamava e não sabíamos quando nos veríamos novamente, mas havia esperança no cântico e no adeus.

— Um dia nos reencontraremos, Reginaldo, um dia eu chego aí também! Até lá, vou seguir os seus conselhos de uma vida bem vivida! Prossigo com esperança e até nos vermos novamente...

PARTE II

O cuidado
da mulher em ministério

A relação com Deus

Disciplinas espirituais
>> Luciana Angelis

> Quem o procura, o encontra, e, tendo-o encontrado, o louvará. Que eu te busque, Senhor, invocando-te; e que eu te invoque, crendo em ti: tu nos foste anunciado (Agostinho de Hipona).

Dos assuntos mencionados na Bíblia, sem dúvida, a devoção tem valor central na prática de fé protestante. Sendo a devoção uma resposta do cristão a Deus, esta deve ser alimentada por práticas espirituais que possibilitem um encontro com o transcendente, sem, porém, substituí-lo. Nenhuma prática (ou disciplina) espiritual pode ser um fim em si mesma, pois é instrumento para alcançar o fim. Segundo Richard Foster, autor que inspira esta reflexão, as disciplinas espirituais podem ser divididas em três grupos: interiores, exteriores e associadas.[1]

As práticas espirituais interiores referem-se às ações voltadas para a edificação da vida interior do cristão, do relacionamento humano com Deus, que cresce de dentro para fora: meditação, oração, jejum e estudo da Palavra de Deus. Por muito tempo, acreditou-se serem atitudes apenas dos heróis da fé, homens considerados espetaculares que fizeram coisas grandiosas para Deus. Nos círculos femininos, essa suposição ganhou espaço por muitos séculos, pela falta de referências femininas, uma vez que não havia registros e menções de mulheres transformadas e também transformadoras por meio da vida devocional na história da igreja, mas tem sido vencida por materiais de estudo teológico que ampliam o entendimento a esse respeito. Quanto maior a dedicação às práticas, maior a edificação espiritual disponível. O cristão que as exercita não se torna mais importante ou melhor que seu próximo, mas torna-se mais sensível às verdades divinas e mais atento à direção do Espírito Santo, torna-se um ser humano transformado, dia a dia, pela revelação concedida: "A vereda do justo é como a luz da alvorada, que brilha cada vez mais até a plena claridade do dia" (Provérbios 4:18).[2]

As práticas espirituais exteriores, por sua vez, têm foco no relacionamento do cristão com o mundo exterior: a simplicidade e a solitude. Em 2Coríntios 11:3, lemos: "O que receio, e quero evitar, é que assim como a serpente enganou Eva com astúcia, a mente de vocês seja corrompida e se desvie da sua sincera e pura devoção a Cristo."[3] A simplicidade, então, refere-se à atitude do coração que se sente completo em Deus e somente nele.

---

[1] Richard J. Foster. *Celebração da Disciplina: o caminho do crescimento espiritual* (São Paulo: Vida, 1983).

[2] *Bíblia de estudo palavra-chave hebraico e grego* (Rio de Janeiro: CPAD, 2011).

[3] *Bíblia de estudo palavra-chave hebraico e grego*.

A relação com Deus

Na cultura ocidental, vivemos dias em que há luta pelo domínio de nosso coração: orgulho, *status*, poder, fama, riqueza, sucesso. Quando essas coisas encontram morada em nós e se tornam fonte de alegria, é um indicativo de que fomos corrompidos pela serpente e perdemos a simplicidade existente em Cristo. A mensagem mais clara e mais simples do evangelho é: nosso coração somente pode ser verdadeiramente preenchido por Jesus.

Quanto à prática espiritual da solitude, remete à vida contemplativa, separada dos barulhos e ruídos que concorrem pela nossa atenção, que passa a ser dedicada às verdades do Senhor. Tanto a simplicidade quanto a solitude impactam nossa vida exterior e a forma como nos relacionamos com o mundo e com o próximo.

O último, mas não menos importante, grupo de disciplinas espirituais são as associadas: confissão, adoração, orientação e celebração. Elas passeiam e se movem no campo da edificação tanto interior como exterior do cristão e são muito importantes.

Apesar de todas elas serem de fácil entendimento, são difíceis de serem exercitadas ou adotadas para uma vida devocional ativa. Falsas crenças — como a de que, para ter uma vida devocional frutífera, deve-se investir longos períodos diários de oração ou meditação; ou ainda a falsa crença de que somente um estudo formal das Escrituras promoveria crescimento espiritual significativo — têm atrapalhado e impedido muitos cristãos de avançar na jornada de devoção.

O hábito do devocional diário geralmente permeia as quatro disciplinas interiores. Para orientar e auxiliar seu devocional diário, reflita sobre aspectos importantes de cada prática.

1. MEDITAÇÃO — sempre foi conhecida e praticada nos tempos bíblicos: "Isaque tinha voltado de Beer-Laar-Roi, pois habitava no Neguebe. Certa tarde, saiu ao campo para meditar [...]" (Gênesis 24:62-63); "no meu leito, quando de ti me recordo, e em ti medito, durante a vigília da noite" (Salmos 63:6, ARA).[4]

---

[4] *Bíblia de estudo palavra-chave hebraico e grego.*

Nos tempos bíblicos, o hábito de meditar era intencional e contemplativo. Pensar, refletir e até mesmo questionar eram práticas comuns: se creio, também penso. Por isso, a meditação era uma atitude ativa, não passiva. Envolvia o aprofundamento em Deus, por meio de pensamentos e impressões do coração. Contemplação e profundidade eram as marcas da meditação nos tempos do Antigo Testamento. Dessa forma, nós, enquanto discípulos de Jesus, somos convidados a nutrir uma vida de meditação diária intencional na presença do Senhor: "Não se trata de um esvaziar da mente somente, como na meditação oriental; mas um esvaziar de si mesmo, para o preenchimento das verdades de Cristo e de sua Palavra. Nisto, pois, consiste a meditação cristã."[5]

2. **ORAÇÃO** — sem dúvida, a prática que nos arremessa à fronteira da vida e espiritual, onde claramente percebemos o que é natural e sobrenatural.[6] A simplicidade do conceito esbarra na complexidade humana de recusar respostas simples: orar é falar com Deus, que está sempre disposto a ouvir seus filhos, de alguma forma distantes e indesculpáveis. Pela prática intencional da oração, desenvolvemos a percepção espiritual sobre o agir de Deus, recebemos direção, sentimos o toque do Espírito e nos tornamos mais sensíveis. A oração não deve ocupar um lugar periférico, mas central: "Orem no Espírito em todas as ocasiões, com toda oração e súplica; tendo isso em mente, estejam atentos e perseverem na oração por todos os santos" (Efésios 6:18).[7] Em qualquer lugar ou ocasião, enquanto fazemos atividades diárias como dirigir, caminhar ou descansar. Nosso hábito devocional diário requer tempo solitário para a prática da oração — o combustível de nossa fé —,

---

[5]   Richard J. Foster. *Celebração da Disciplina: o caminho do crescimento espiritual*, p. 14.

[6]   Richard J. Foster. *Celebração da Disciplina: o caminho do crescimento espiritual*, p. 28.

[7]   *Bíblia de estudo palavra-chave hebraico e grego.*

com seus vários elementos: gratidão, louvor, confissão, intercessão e súplicas.

3. JEJUM — ao considerar a prática de jejum, é importante levar em conta o cuidado com sua saúde e o bem-estar de seu corpo. Embora o propósito do jejum seja a privação de alimentos, o que naturalmente causará certo desconforto, é altamente recomendável que, antes de embarcar nessa jornada, você busque orientação de um profissional de saúde (médico ou nutricionista). Essa recomendação é especialmente válida se você pretende jejuar como uma disciplina espiritual. Esses profissionais garantirão sua condição física adequada para a finalidade, além de poder aconselhar sobre a melhor forma de incluir a prática em sua rotina.

Além das práticas regulares de jejum como disciplina espiritual, é possível que, em certos momentos, a mulher em ministério possa sentir a necessidade de se abster dos alimentos de forma espontânea e pontual, seja para cumprir um propósito específico seja para buscar uma resposta do Senhor. Em tais casos, nos quais pode não haver tempo para uma avaliação médica prévia, é essencial tomar precauções adicionais. Opte por um jejum mais suave, como a exclusão de alimentos sólidos por um curto período, e mantenha-se bem hidratada. É importante também realizar o jejum em um ambiente seguro e de forma a não comprometer suas atividades diárias. Por exemplo, caso seu trabalho envolva atividades físicas, escolha um dia de descanso para jejuar. Durante esse período, reforce a oração e a meditação e observe cuidadosamente como você se sente. É natural que o jejum cause desconforto, mas se ele for significativo, acompanhado de tontura, fraqueza extrema ou outros sintomas preocupantes, interrompa imediatamente o jejum e busque assistência médica.

Independentemente da abordagem escolhida, atente aos sinais do seu corpo e respeite seus limites. Combinar sabedoria, discernimento espiritual e autocuidado conduz a uma conexão mais profunda com Deus, ao mesmo tempo que honra a saúde de seu corpo.

Por fim, vale lembrar que o jejum deve fazer parte do nosso culto íntimo, da nossa vida de devoção, como expressão de adoração e fé, não como barganha. Na prática, nega-se a si mesmo (a necessidade humana) com o objetivo de adorar a Deus. Frequentemente, o jejum revela o que de fato controla o nosso coração e nos ajuda a subjugar nossa vontade. A ideia é a de perder a vida, para de fato ganhá-la (cf. Mateus 16:25).[8]

4. **ESTUDO DA PALAVRA DE DEUS** — das disciplinas espirituais interiores, é a que promove com mais eficácia a transformação interior do homem à conformidade de Cristo. Hábitos de pensamentos ruins e tóxicos somente podem ser substituídos por novos e bons pensamentos, mediante a renovação da mente por meio do contato com a Palavra de Deus.[9] A disciplina espiritual do estudo bíblico nos oferece recursos da graça de Deus que contribuirão para a transformação interior; lembrando-nos de que não estamos entregues a nós mesmos e à nossa natureza corrompida, mas moldando nossa mente conforme a vontade e os princípios do Senhor.[10] Não precisa se dar pela formalidade das instituições teológicas, mas pela ação individual da leitura e reflexão intencionais de todo cristão.

---

[8] *Bíblia de estudo palavra-chave hebraico e grego.*

[9] *Bíblia de estudo palavra-chave hebraico e grego.*

[10] Richard J. Foster. *Celebração da Disciplina: o caminho do crescimento espiritual*, p. 51.

A seguir, estão algumas sugestões para a prática das disciplinas espirituais em devoção, tendo em mente que elas se desenvolvem progressivamente:

A) **MEDITAÇÃO** — há diferentes formas de meditar, com exercícios que promovem o controle do corpo e das sensações. A meditação bíblica foca no domínio da mente e nos exercícios que aumentam a capacidade de atenção e concentração. É recomendável iniciar ouvindo os sons externos e calando a mente. Apenas ouça. Depois, pense na gratidão por essas coisas (seja o som de pessoas, da natureza, seja o barulho da cidade). Não desanime se não vier à sua boca nenhuma palavra de gratidão ou louvor, somente aprecie o silêncio da sua mente. Em seguida, traga à memória um texto bíblico, pense e reflita sobre ele. Você também pode trazer à memória um fato ou preocupação presente, meditar sobre ele e a relação de Deus com o fato. Sem pressa. Intencionalmente. Discipline-se a ser profundo e contemplativo.

B) **ORAÇÃO** — desenvolva o hábito de orar continuamente. Sua mente é terreno precioso; por isso, esteja em comunhão com Deus, orando em pensamento em todo tempo. Ao separar um tempo específico para seu devocional diário, discipline a sua mente na oração, evite distrações. Não desanime nas primeiras dificuldades, persista! Anote em uma caderneta seus alvos com motivos de gratidão, confissão, intercessão, louvor e súplica. Essas anotações ajudarão a manter o seu foco até se tornarem parte de você, das suas lembranças diárias, e fluírem naturalmente enquanto ora.

C) **JEJUM** — Com o acompanhamento de um profissional de saúde, você pode começar com um jejum parcial, ao excluir apenas alimentos sólidos durante 24 horas (de almoço a almoço). Nesse período, é fundamental se manter hidratada com bastante água e sucos de frutas. Além disso, mantenha a comunhão com o Senhor pela prática da meditação e da oração. Após aproximadamente um mês (ou de acordo com a orientação prévia que você tenha buscado), é possível avançar para um jejum total, que exclui alimentos sólidos e sucos; nesse caso, a ingestão passa a ser apenas de água. No entanto, essa decisão deve ser tomada com sabedoria, mediante avaliação de sua saúde física e espiritual. Se possível, informe uma pessoa de confiança sobre seu jejum para que ela possa oferecer suporte se necessário. Lembre-se que cada indivíduo é único; o que funciona para uma pessoa pode não ter o mesmo resultado para outra. Portanto, evite comparar sua experiência com a de outros e tome decisões conscientes baseadas na sua necessidade e circunstância. Ao prosseguir para níveis mais desafiadores de jejum, sempre mantenha a oração, a meditação e o discernimento em foco.

d) **Estudo da Palavra de Deus** — com quatro passos progressivos: repetição, concentração, reflexão e humildade. Na repetição, treinamos a mente para memorizar textos bíblicos importantes (escreva-os e cole em lugares estratégicos da casa, faça áudios e ouça durante o dia, ou apenas repita em voz alta). Observe que é preciso compreender o que se repete, do contrário, será inútil. A concentração sugere excluir toda distração, o que envolve buscar um lugar silencioso e tranquilo para de fato estudar, praticar solitude e separar-se da agitação externa para focar na Bíblia. A reflexão vem com a compreensão, que nos ajuda a definir conceitos, a determinar o significado, o propósito e a intenção (seja de uma história, de um texto ou de um princípio). A reflexão nos faz mais profundos e contemplativos. A humildade, por sua vez, nos faz reconhecer que a verdadeira sabedoria está além de nós e vem do alto; ajuda a nos sujeitar a Deus e ser corrigidos por ele enquanto estudamos sua Palavra.

Para que todo o conhecimento aqui transmitido se torne útil, apresentamos uma sugestão simples para a prática devocional diária:

1. Inicie o devocional diário com leitura bíblica. Comece com pequenos trechos. Não estabeleça metas grandes, mas pequenas e possíveis.

2. Após a leitura, medite sobre o texto. Pergunte-se: "O que este texto está me dizendo? Como este texto tem a ver com a minha vida?"

3. Ore! Depois da meditação simples, ore a Deus. Inicialmente, tenha como base o que leu; peça ajuda para melhorar a respeito do assunto, peça perdão por algum pecado que o texto apontou ou adore a Deus pela descoberta de alguma verdade preciosa. Tenha sempre a leitura e a meditação da Palavra de Deus como pontapé inicial da sua oração.

4. Continue a oração com gratidão, súplicas (peça o que precisa), intercessão (ore por alguém, tire o olhar de você mesmo por um minuto) e encerre com adoração (lembre- -se de quem Deus é e declare seu amor por ele).

É importante lembrar-se de que pequenos períodos de oração são proveitosos na caminhada, se feitos de coração. Não pense em quantidade, mas em qualidade; o processo desenvolve sua vida devocional gradativamente. Não fique triste se dormir enquanto ora, Deus ama embalar seus filhos e filhas!

O conhecimento de Deus e da sua Palavra

>> JULIANA NEGRI

O ministério de qualquer mulher (de qualquer pessoa) deve ter a sua origem no discipulado. Assim como a ovelha gera outra ovelha, é por meio do discipulado que gestamos as novas vidas que serão criadas pelo sopro do Espírito de Deus. Antes de *gestar* uma ovelha, é preciso *ser* ovelha. Antes de discipular, é preciso *ser discípula* de Cristo.

Discipulado[11] é o ensino e aprendizado progressivo da Palavra de Deus que conduz um aluno (significado literal de discípulo) à maturidade espiritual, para que, em constante crescimento, possa crer e praticar a verdade (cf. Romanos 10:17). A Grande Comissão (cf. Mateus 28:19-20) nos exorta a ensinar os novos cristãos a obedecerem a todos os mandamentos de Cristo, mas como isso pode ser feito se não houver conhecimento desses mandamentos? Para Jen Wilkin, "O conhecimento bíblico acontece quando uma pessoa tem acesso à Bíblia em uma linguagem que ela entende e quando está constantemente indo na direção do conhecimento e da compreensão do texto."[12]

Mulheres em ministério que não buscam o conhecimento das Escrituras correm o risco de, em vez de formarem discípulos de Cristo, formarem seguidores de si mesmas, de suas convicções e doutrina, "que é basicamente o conjunto de ensinamentos de uma igreja ou denominação sobre o que eles acreditam que a Bíblia diz e como isso deve ser vivido".[13] Além de que elas mesmas têm seu relacionamento com Deus em perigo, pois podem se desviar da verdade. A relação com Deus está diretamente vinculada à relação com sua Palavra. Essa relação não pode ser medida, ainda assim, o que ela produz no interior e por intermédio de alguém pode sinalizar se está no caminho certo.

---

[11] STRONG em Bible Hub, disponível em: https://biblehub.com/greek/3100.htm. Acesso em: 10 jul. 2023.

[12] Jen Wilkin. *Mulheres da Palavra: Como estudar a Bíblia com nossa mente e coração*.

[13] David L. Watson.; Paul D. Watson. *Contagious Disciple-Making* (Nashville: Thomas Nelson, 2014, versão Kindle).

Um bom estudo das Escrituras requer que haja uma boa interpretação, ou, em linguagem teológica, *hermenêutica bíblica*.[14] Vale salientar que "o estudo *não substitui o ministério doutrinário do Espírito Santo* [...] Ninguém pode chegar à verdade divina através do estudo a não ser que o Espírito Santo o revele"[15] (cf. 1Coríntios 2:14-16). O conhecimento intelectual não exige fé, mas a obediência, sim. A motivação primária para o estudo e ensino da Bíblia não deve ser o de *acumular* ou muito menos *exibir* conhecimento. O conhecimento em si apenas promoverá "orgulho espiritual" (se é que se deva usar essas duas palavras juntas), por isso, ele deve ter por alvo promover *santificação* e *proclamação do evangelho*.

Outro motivo pelo qual se deve estudar a Bíblia é o amor que se tem pelo Autor. Como escreve Jonathan Edwards, se amamos a Deus e a sua Palavra, essa *afeição* impulsiona a ações de devoção.[16] À medida que o seu amor por Jesus cresce, o seu desejo por conhecê-lo cresce também, não é assim que acontece quando estamos apaixonadas? Ainda que o reconhecimento racional da necessidade de crescimento em conhecimento bíblico não seja motivação suficiente para uma vida de constante estudo das Escrituras, a nossa afeição pelo Senhor deveria sê-lo.

O propósito final do estudo bíblico deve ser responder à pergunta: O que eu preciso fazer para *conhecer*, *amar* e *obedecer a Cristo*? Discipulado é um relacionamento permanente com o Espírito e a Palavra que resulta em um estilo de vida de obediência.

O estudo da Bíblia

É comum a ideia de que o estudo bíblico deva, obrigatoriamente, ser complicado ou demandar muito tempo, mas não é neces-

---

[14] Grant R. Osborne. *A Espiral Hermenêutica: uma nova abordagem à interpretação bíblica* (São Paulo: Vida Nova, 2009), p. 22.

[15] Howard F. Vos. *Métodos de Estudo Bíblico* (São Paulo, Cultura Cristã, 2006), p. 15.

[16] J. Edwards. Afeições religiosas (São Paulo: Vida Nova, 2018, p. 31).

sariamente verdade. Contudo, ainda que fosse, não seria tal esforço digno? Se empenhamos esforço em tudo o que temos interesse de aprender — um instrumento, um idioma, uma profissão —, por que a dedicação à busca do conhecimento de Deus e de sua Palavra deveria ser desprezada? Acredito que, basicamente, um bom estudo contemple os seguintes passos: *ler*, *meditar*, *interpretar*, *praticar* e *proclamar*, ainda que nem sempre nessa ordem.

Sejamos sinceras: para muitas pessoas, inclusive mulheres em ministério, o simples hábito de leitura da Bíblia já é um desafio a ser superado. E, por vezes, até se conquista a constância, mas como algo rotineiro e pouco proveitoso, um simples correr de olhos. É preciso engajar-se por inteiro na leitura, considerando, por exemplo, que *reflexões* o texto desperta e que *sentimentos* ele desencadeia.

Existem alguns recursos que podem tornar a leitura bíblica mais efetiva. O primeiro e mais importante é fazê-la em oração, eliminando as distrações e concentrando-se no que o Espírito tem a compartilhar. A leitura atenta e minuciosa também é fundamental. É incrível como uma simples interpretação de texto, aquela da escola, pode evitar mal-entendidos.

Outra ótima forma de reter o que leu é repetir o texto em voz alta e com suas próprias palavras para si mesma ou outra pessoa. Escrever também pode ser uma ótima forma de fixar o conteúdo. Ainda que seja o primeiro passo, simplesmente ler e buscar um sentido pessoal para o texto não é estudar a Bíblia. Entre a *leitura* e a *aplicação pessoal*, é importante acrescentar a *interpretação*, buscando encontrar o *significado claro*[17] do texto.

Em sua perfeita sabedoria, Deus não apenas permitiu, como também planejou que sua Palavra deixasse margem para interpretações divergentes, e o Espírito Santo não as anula, como bem

---

[17] Os autores pontuam, e concordo com eles, que o melhor termo seria significado claro, e não significado original, como é utilizado por alguns outros estudiosos. [FEE, G. D.; STUART, D. *Entendes o que lês?* 4 ed. (São Paulo: Vida Nova, 2022, versão Kindle), p. 585.]

exemplifica o apóstolo Paulo em Romanos 14. Ao reconhecer a distância entre o acontecimento, sua narrativa na Bíblia e a interpretação, temos a oportunidade de humildemente aprender com outros que também se dedicam, ou se dedicaram, à pesquisa do texto sagrado.

1. Natureza das Escrituras e dos seus leitores

De que forma se dá a interpretação dos textos bíblicos? Como ir além da leitura e aplicação imediata? Catherine Vos, em seu livro *Histórias bíblicas para crianças*, escreve: "A Bíblia inteira é o livro de Deus, embora ela tenha sido escrita por muitos homens diferentes. Tudo o que está nela foi colocado ali por Deus."[18] Essa frase, escrita em um livro infantil, carrega uma profunda verdade teológica que norteia como deve se dar a relação humana com as Escrituras. A verdade que precisa ser observada e aceita por meio da fé é a *dupla natureza* da Bíblia: divina — a palavra do próprio Deus; e humana — escrita por seres humanos inspirados por ele, o que implica na noção de que, para compreendê-la, é necessário o envolvimento divino e humano: a *revelação* do Espírito que abre o entendimento, que nos é dada por meio da oração, e o *esforço* humano do estudo.

Por ser a Palavra de Deus, a Bíblia tem relevância eterna. Ela comunica seu caráter e sua vontade de maneira imutável, em todo tempo e cultura. A sua natureza divina lhe atribui autoridade e, por isso, é digna de ser crida e obedecida. Em relação ao aspecto humano, o Senhor permitiu que os autores inspirados fizessem uso de diferentes tipos de comunicação para transmitir a verdade divina: histórias, narrativas, genealogias, poesias, provérbios, oráculos, profecias, enigmas, dramas, esboços, biografias, parábolas, cartas, sermões, revelações sobre o apocalipse, o que implica em regras de interpretação

---

[18] Um livro lindo e riquíssimo em conteúdo teológico para ensinar a Palavra de Deus com profundidade para seus filhos. [Catherine F. Vos. *Histórias Bíblicas para Crianças, contada por uma mãe aos seus filhos*, v. 3. (Belo Horizonte: Shema, 2021), p. 193.]

específicas para cada um desses gêneros. "O fato da Bíblia ter um lado humano é o nosso encorajamento; também é o nosso desafio, e é também a razão de precisarmos interpretá-la."[19]

2. CONTEXTO DO TEXTO

No que se refere à interpretação, Geerhardus Vos escreve: "é necessário escutar a Palavra que eles ouviram; precisamos ouvir o que foi dito a eles *lá e então* (exegese). Em segundo lugar, precisamos aprender a ouvir essa mesma Palavra *aqui e agora* (hermenêutica)."[20] Tudo o que Deus revelou *progressivamente*[21] sobre si veio em resposta às necessidades religiosas e práticas do seu povo no decorrer da história. Por isso, entender o contexto em que o texto está inserido ajuda o leitor a compreender também seu significado.

Pense em uma conversa de WhatsApp. Alguma vez você imaginou um número aleatório e salvou na sua lista de contatos; depois enviou para esse número (sem fazer ideia se pertencia de fato a alguém) palavras desconexas como "japona", "penal", "piá" e "vina"? Aposto que não! Não faz sentido algum enviar uma mensagem sem a intenção de comunicar algo a alguém. De forma geral, uma mensagem tem por intuito ser compreendida e respondida.

Por exemplo, se você não for minha conterrânea, provavelmente sequer conheça as palavras aleatórias que usei como exemplo acima, mas em Curitiba conhecemos seus significados: japona é um casaco quentinho, uma jaqueta; penal é o estojo escolar; piá é menino; vina é o único jeito certo de se referir ao embutido de porco que comemos no cachorro-quente (qualquer discordância é mera intriga da oposição!). Digamos que você nunca tenha ouvido essas palavras e alguém que na verdade não sabe o que elas significam atribuísse a

---

[19] Howard F. Vos. *Métodos de Estudo Bíblico*, p. 668.

[20] Howard F. Vos. *Métodos de Estudo Bíblico*, p. 712.

[21] Geerhardus Vos. *Teologia Bíblica do Antigo e Novo Testamentos*. 2 ed. (São Paulo: Cultura Cristã, 2010, versão Kindle), p. 191.

elas sentidos totalmente diferentes, você provavelmente acreditaria, não é? O mesmo acontece com a interpretação da Palavra de Deus, por isso, é importante que o estudo seja feito com base em fontes confiáveis: dicionários bíblicos e livros de especialistas, por exemplo.

Para que a hermenêutica do texto seja feita, é preciso familiarizar-se com o *contexto do texto* respondendo a cinco perguntas: Quem escreveu? Para quem escreveu? Quando escreveu? Onde ocorreu? Por que, com qual propósito, foi escrito?[22] É importante, contudo, mencionar que poucas vezes encontramos todas essas respostas no texto em si, mas existem muitos materiais de apoio, como livros e dicionários de teologia, comentários bíblicos de autores confiáveis, aplicativos e *websites*, Bíblias de estudos, canais e *podcasts* de teologia. É muito importante ser criteriosa com a fonte do estudo também. Busque, portanto, informações sobre o autor, para conferir se ele tem mesmo propriedade no assunto, ligue o sinal de alerta e seja como os bereanos, que verificavam na Escritura até mesmo os ensinamentos do apóstolo Paulo, para certificar-se se de fato as coisas eram como ele dizia ser (cf. Atos 17).

3. A Bíblia interpreta a Bíblia

Talvez você já tenha ouvido que "A Bíblia interpreta a Bíblia." Ou seja, ao não entender um trecho das Escrituras, antes de buscar em qualquer outra fonte, devemos buscar no próprio texto sagrado. Por meio de *referências cruzadas*, que são uma ferramenta de estudo bíblico que conecta temas, palavras-chave, histórias ou ideias semelhantes, apontando para outros versículos ou capítulos que tenham relação com o texto em questão, podemos comparar a forma como o tema em questão foi abordado, auxiliando o leitor em sua compreensão.[23]

---

[22] Jen Wilkin. *Mulheres da Palavra: Como estudar a Bíblia com nossa mente e coração* (São José dos Campos: Fiel Editora, 2014).

[23] Disponível em: https://search.nepebrasil.org/enciclopedia/?versionId=21&bookId=38&chapter=14&verse=16&verse2=19. Acesso em: 13 jul. 2023.

Por exemplo, existe uma expressão popular que diz: O Deus do Antigo Testamento é um Deus de Lei, e o do Novo Testamento é um Deus de graça. Todavia, basta um olhar mais atento, um observar de perto, para se constatar que, no decorrer das Escrituras, Deus é o mesmo, ele não muda; a lente com a qual o Antigo Testamento é lido pode ser ajustada e passamos, então, a encontrar os atos graciosos de Deus também lá.

Muitas vezes repetimos e cremos em frases prontas que ouvimos iniciadas ou concluídas pela afirmação "Está escrito na Bíblia", mas, para que essa afirmação seja mesmo verdadeira, é preciso verificar se a ideia a que se refere está também contida em outras passagens. Nem sempre isso é baseado em má intenção, acredito eu que, na maioria das vezes, seja na ignorância. Entender que cada pequena parte das Escrituras está inserida em um pedaço maior e que o todo se relaciona é fundamental para o seu estudo.

4. Centralidade de Cristo

Para ilustrar esse princípio, quero que você pense comigo na história do seriado *This is Us*[24] (tentarei não dar *spoiler* aqui). Assistindo ao primeiro episódio, temos a impressão de que será apenas mais uma história de amor e seus dilemas, focada no casal principal. Mas, de forma criativa, o autor desse seriado decidiu que os acontecimentos da vida desse casal seriam um fio conector, o pano de fundo que justificaria, explicaria, daria um sentido mais amplo e detalhado aos acontecimentos na vida de outros personagens, a ponto de, por alguns minutos, o espectador até se esquecer do casal inicial. Entretanto, de repente, surge uma cena, uma frase que revela: sempre foi sobre eles. De forma semelhante, ao percorrer as páginas das Escrituras, podemos entender que elas sempre foram sobre Jesus.

A Bíblia é um livro sagrado, mas, ao mesmo tempo, ela é uma biblioteca em que cada livro está conectado ao outro por uma espécie

---

[24] Disponível em: https://en.wikipedia.org/wiki/This_Is_Us. Acesso em: 13 jul. 2023.

de linha de costura. Essa linha é a metanarrativa *bíblica*, uma narrativa central das Escrituras que conecta todas as demais e as explica, ou é explicada por elas: a história da redenção (1. Criação; 2. Queda; 3. Redenção e 4. Restauração).[25]

A narrativa bíblica apresenta Deus e seus atos de salvação, seja descrevendo o princípio de todas as coisas, o estado decaído da humanidade e a necessidade inegável de um redentor (e aqui entram aquelas histórias macabras de Juízes, por exemplo); seja revelando Cristo e seu plano perfeito de salvação; seja apontando para as promessas do futuro que nos aguarda quando ele retornar e restaurar todas as coisas, como prometeu.

Temos de compreender que a Palavra de Deus, antes de ser sobre nós, é sobre ele. Interpretar o que lemos é um divisor de águas na forma de ler a Bíblia. Portanto, comprometa-se a estudá-la em oração, perguntando: "Deus, o que este trecho me ensina sobre quem o Senhor verdadeiramente é?"

5. NÃO TENHA PRESSA

Imagine a seguinte situação: duas pessoas se preparam para fazer o vestibular. Ambas têm doze apostilas e três meses apenas para aprender todo o conteúdo necessário para a aprovação. A primeira pessoa se empenha fervorosamente na leitura e a cada mês lê completamente os doze livros, lendo, portanto, três vezes cada um, porém não lhe sobra tempo para fazer os exercícios de assimilação propostos nem para refletir sobre o que leu e perceber suas próprias dúvidas.

A segunda pessoa, entretanto, divide aquelas apostilas em três grupos, dedicando-se a uma leitura reflexiva e, por isso, um pouco mais lenta. No entanto, ela é capaz de realizar todos os exercícios propostos e pesquisar em materiais adicionais — dicionário e outros recursos de apoio, ou com professores de confiança — mais informações sobre aquele conteúdo, até que o tenha assimilado por completo. No final do

---

[25] Jen Wilkin. *Mulheres da Palavra: como estudar a Bíblia com nossa mente e coração.*

terceiro mês, ela terá lido a apostila apenas uma vez, porém a probabilidade de ter, de fato, compreendido a matéria e ser aprovada no vestibular é muito maior, porque se envolveu com aquele conteúdo. Sua leitura foi além de algo físico, um correr de olhos, mas penetrou seus pensamentos e provavelmente até seus sentimentos. Da mesma forma, o processo adequado de estudo bíblico pode ser o diferencial para alguém que deseje realmente crescer em conhecimento da Palavra.

O cuidado com a porção de texto contemplado no estudo também é relevante. Há quem defenda que o primeiro passo para o estudo de um livro bíblico é lê-lo do começo ao fim para ganhar a perspectiva do todo. Não se trata da quantidade de versículos ou capítulos lidos em um dia, mas da leitura por trechos que contemplem o início e a conclusão da linha de raciocínio do autor, por isso é aconselhável que, em vez de organizar sua leitura por capítulos, leia por perícopes, que são os trechos entre títulos.

Um exemplo clássico da diferença que esse simples detalhe faz é Filipenses 4:13, "Tudo posso naquele que me fortalece" comumente repetido como uma frase de empoderamento triunfalista. Quer emagrecer? "Tudo posso naquele que me fortalece." Está com medo do escuro? "Tudo posso naquele que me fortalece." Precisa passar em um teste sem estudar? "Tudo posso naquele que me fortalece", e por aí vai.

Ao ler a perícope completa, do versículo 10 ao 20, vemos que a mensagem é muito mais profunda, pois Paulo está compartilhando sobre a força dada por Deus para enfrentar situações de prosperidade ou de grande escassez. Ele não está dando um tapinha no ombro e dizendo "Vai dar tudo certo", mas afirmando que foi a provisão do Senhor que lhe permitiu enfrentar grandes tribulações. Isso muda a perspectiva do texto, e, consequentemente, a sua aplicação.

6. APLICAÇÃO PESSOAL

Chegamos à parte mais prática do estudo bíblico: a aplicação pessoal. Antes de prosseguir, é importante explicar a diferença entre *significado* e *aplicação*. O significado está relacionado a uma verdade geral, algo que possa ser claramente retirado do texto e que não necessariamente traga uma inspiração, um direcionamento, encorajamento, ou algo direcionado à vida do leitor. A aplicação é o que se estende para nós e que pode assumir as mais diversas expressões. Ela responde como o texto estudado afeta a vida, que transformações ele sugere? Que confronto ou encorajamento ele traz? O que é preciso fazer em resposta?

Nem todos os trechos da Bíblia parecem ter uma aplicação pessoal, mas algumas perguntas podem ser de grande ajuda na busca por ela:[26]

A) Aparece neste trecho algum pecado que deve ser evitado?

B) Existe alguma promessa de Deus?

C) Posso, por meio dele, oferecer uma oração de súplica ou um louvor?

D) Ele apresenta um exemplo que deve (ou não) ser seguido?

E) Ele traz algum mandamento?

F) Algum conselho ou algum aprendizado que eu deveria reter?

Essas simples perguntas de aplicação conduzem à *leitura meditativa*, conectando o texto de forma literal e imediata com a própria vida.[27] Quando somada ao estudo, resulta em crescimento no conhecimento e na prática da Palavra, o discipulado.

7. PROCLAMAÇÃO

Alguém sugeriu: "Pregue sempre. Se necessário, use palavras", e, apesar de essa frase ser constantemente repetida, no sentido de que o testemunho que damos deve apontar para Cristo, falar sobre a obra dele em nossa vida deveria ser tão natural quanto conversar sobre qualquer outro assunto de interesse pessoal. O conhecimento

---

[26] David L. Watson; Paul D. Watson. *Contagious Disciple-Making*, p. 156.

[27] Howard F. Vos. *Métodos de Estudo Bíblico.*

de Deus e da sua Palavra não tem por fim apenas o crescimento espiritual individual, mas cada discípulo de Cristo é comissionado a pregar essa Palavra a toda a criatura.

Proclamação é colocar-se diante de pessoas para compartilhar a Palavra de Deus, e essa apresentação da autorrevelação divina é a tarefa mais nobre que podemos desempenhar.[28] Para Lloyd-Jones, a pregação autêntica é a maior necessidade da igreja e, consequentemente, do mundo.[29] Enquanto muitos brigam por alguns poucos púlpitos, há um mundo inteiro aguardando para ouvir a mensagem de Deus. Sempre haverá espaço para alguém que genuína e humildemente se dispõe a ser usado na proclamação do evangelho.

É importante relembrar que a pregação não é necessariamente um ministério ordenado. Enquanto, porém, pregadores leigos não precisam se preocupar muito além da vida devocional e do aprendizado que recebem de seus líderes eclesiásticos, ministros e ministras ordenados devem fazê-lo com muito zelo. Além de buscar no Senhor em oração e dependência a revelação que ele quer compartilhar, é de grande importância estudar as Escrituras e obter conhecimento de *homilética*[30] e oratória. Para o pregador e a pregadora, também é primordial que o testemunho pessoal seja coerente e que sejam um exemplo para a comunidade (cf. 1Timóteo 3). Por isso, o apóstolo Tiago, em sua epístola, aconselha: "Meus irmãos, não sejam muitos de vocês mestres, pois vocês sabem que nós, os que ensinamos, seremos julgados com maior rigor" (Tiago 3:1).

> Devemos partir do ponto de que Deus mesmo deseja revelar-se, é Ele quem deseja testemunhar sua Revelação. É Ele que a realizou e que a deseja realizar. Assim, a pregação tem lugar

---

[28] Karl Barth. *A proclamação do Evangelho* (São Paulo: Centro Acadêmico Eduardo Carlos Ferreira, 1963).

[29] Martyn Lloyd-Jones. *Pregação e pregadores*, 2. ed. (Editora Fiel, 2008, versão Kindle), p. 441.

[30] Homilética é a ciência que se ocupa com o estudo da comunicação da Palavra de Deus. [Jilton Moraes. *Homilética da pesquisa ao púlpito*. 2. ed. (São Paulo: Vida, 2007.)]

na obediência, escutando a vontade de Deus. Eis aí o evento em que o pregador se acha engajado, que faz parte da sua vida e que comanda sua pregação, tanto no seu conteúdo como em sua forma. A pregação não é um ato neutro nem uma ação de dois parceiros. Ela não pode ser senão soberania da parte de Deus obediência da parte do homem.[31]

Seguindo essa premissa:

A) A pregação deve transmitir a verdade de Deus e não focar em argumentos e saberes humanos;

B) O objetivo do pregador deve ser conduzir o ouvinte a uma decisão; a mensagem deve "vir da epifania de Cristo para ir em direção ao dia do Senhor."

Spurgeon, o príncipe dos pregadores, também escreve:

> Quando abordarem as almas perdidas, façam o que fizeram aqueles anjos: digam-lhes francamente qual é a sua condição e o perigo que estão correndo (...) devemos ir mais longe e exortar o culpado, em nome do Senhor Jesus a escapar da destruição merecida. (...) As almas anseiam por uma argumentação criteriosa e exortação amorosa que as convença a escapar da própria ruína.[32]

Ao entender seu papel como discípula-discipuladora, a mulher em ministério tem o grande privilégio e a responsabilidade de compartilhar a Palavra de Deus com zelo e temor. Ela deve aproveitar todas as oportunidades (cf. 2Timóteo 4:2) com sabedoria e fundamentada no amor, sabendo que uma vida exemplar jamais substituirá a palavra que transmite a razão e o significado do testemunho. Que ela busque estar tão submersa no Senhor que suas palavras se tornem um transbordar dele. Que honra, que privilégio, que alegria é compartilhar Cristo!

---

[31] Karl Barth. *A proclamação do Evangelho*.

[32] Charles Spurgeon. *Conselhos aos obreiros* (São Paulo: Vida Nova, 2015, versão Kindle).

A relação com o corpo

Saúde integral
>> Carolina Feres Busato

Há alguns anos, certa manhã, ao olhar no espelho, deparei-me com uma pessoa totalmente diferente daquela mulher fantástica que eu sonhava ser ao chegar nos meus trinta e poucos anos. Em meus devaneios, vislumbrava uma versão moderna da mulher maravilha, vestindo um *tailleur*, jaleco branco e estetoscópio no pescoço, toda poderosa, sorrindo para a vida e para o futuro, realizada com a profissão, com o casamento, os filhos e participando ativamente de ministérios na igreja. Na realidade, o que eu via eram bolsas escuras embaixo dos olhos, uma mulher cansada, sem energia, frustrada, descabelada e sem saber qual rumo tomar na vida.

Naquela época meus dois filhos eram pequenos, e, assim como um equilibrista, eu tentava dar conta da casa, ser uma mãe atenta e presente, uma boa esposa e ainda estar atualizada em minha profissão. Eu não comia bem, dormia pouco, estava muito cansada, e fazer exercício físico era um artigo de luxo, não era para mim. Não para a minha rotina. Apesar de ser médica, raramente fazia exames de *check-up*. Só ia a consultas quando algo não ia muito bem. A sensação que eu tinha era de que as 24 horas do dia não eram suficientes para dar conta de tudo. Quanto mais eu fazia, maior era a demanda.

Eu buscava me aperfeiçoar em todas as áreas, fazendo cursos e mais cursos, lendo livros, indo a congressos, ainda assim, sentia-me como um balão furado. Não conseguia ser inteira em nenhuma área. E, então, um dos meus maiores medos se tornou realidade. Eu esgotei, paralisei, não conseguia ir para nenhum lado. Precisei parar tudo para entender o que estava acontecendo. Minha saúde estava comprometida, e só me dei conta disso quando cheguei ao meu limite.

Mulher e amiga, é bem provável que em algum ponto você tenha se identificado com a minha história. Talvez você apenas tenha outra profissão, talvez não seja casada, tenha mais filhos ou não tenha nenhum. Talvez você apenas esteja cansada por tantas responsabilidades que assumiu e tenha deixado de cuidar de si mesma. Talvez seja a hora de *parar*. A hora de parar surge quando negligenciamos a nós mesmas, deixamos de zelar por nosso bem-estar e nossa saúde. Eu poderia listar uma dezena de motivos que me levaram a entrar nessa turbulência e tenho certeza de que você também pode. Mas posso garantir que quase todos eles foram motivados pelo desejo de ser valorizada, aceita e amada. Ei, quero contar-lhe um segredo: o que você *faz* não define quem você *é*. Deus escolheu nos amar quando ainda éramos pecadores e não tínhamos qualquer atributo, quando não tínhamos força espiritual (cf. Romanos 5:6-8). Então, amada, não se deixe enganar. Nada que você faça ou deixe de fazer a fará mais atrativa para ele.

Parar por algum tempo pode trazer, inicialmente, uma sensação de derrota e culpa. Se você olhar para trás, verá uma série de "títulos conquistados" ao longo de anos que a tornaram quem você é hoje. Não se preocupe, nada foi em vão. Apenas coloque em uma prateleira e olhe ao redor. Dê uma pausa, uma vírgula, não um ponto final.

Quando me lembro da natureza, penso em como ela revela o coração de um Pai amoroso.

Uma lagarta, em determinado momento, precisa parar de comer freneticamente e se isolar do mundo ao redor para viver um processo novo e enfim se transformar em uma borboleta. Um leão para e olha atentamente seu entorno antes de escolher a presa. Ele analisa o terreno, todos os seus músculos paralisam, fica em estado de alerta, as pupilas se contraem e só então ele ataca. Um urso se isola em uma caverna durante o inverno, e, sem cerimônias, dorme por um longo período, até que chegue a primavera. Até mesmo Deus, o criador do céu e da terra, fez uma pausa e descansou. O que faz você pensar que não pode parar?

Tire a culpa dos seus ombros e vamos conversar sobre sua saúde. Chegou a hora de fazemos uma análise para, depois, prosseguir.

Jesus veio ao mundo para nos dar uma vida abundante, plena e completa. Essa vida abundante é para ser desfrutada aqui mesmo, onde você está, nestes oitenta, noventa anos na terra, não somente na eternidade (cf. João 10:10). Além disso, sinto em lhe dizer que nem tudo é sobre você.

Isso mesmo, você ouviu bem. Deus quer que você esteja preparada e pronta para toda boa obra que ele vai fazer na sua vida e por intermédio dela. Como isso é possível se você continua cansada, sem dormir, acima do peso, sem disposição e com seus exames alterados? Eu quero apresentar-lhe os sete pilares fundamentais para uma vida saudável. Todos eles são importantes, mas a beleza acontece quando andam juntos, em equilíbrio. Por exemplo, comer bem é necessário, mas, se você não está dormindo tempo suficiente, seu esforço em fazer boas escolhas no supermercado pode ser em vão, como nadar contra a correnteza.

Sono

O primeiro ponto, e talvez um dos mais importantes, é o sono. O sono ou a falta dele pode afetar as demais áreas da nossa vida, como o raciocínio lógico, a resolução de problemas, o pensamento, as nossas reações frente aos estímulos da vida, a nossa convivência com outras pessoas e a qualidade no trabalho. Além disso, a deficiência de sono pode ser a protagonista de problemas psiquiátricos como ansiedade, depressão e suicídio. Pode acontecer o agravamento de alguns transtornos como hiperatividade e déficit de atenção. Durante o sono noturno, ocorre a produção de vários hormônios importantes para o equilíbrio metabólico. Uma pessoa que dorme pouco tem tendência a comer mais, além de buscar alimentos mais calóricos e precisar de maior quantidade para se sentir saciada. Atletas com sono insuficiente têm mais dificuldade de ganhar músculos e de mantê-los. Dormir bem não é apenas dormir muito, mas ter sono reparador, de qualidade e no período noturno. E, para isso, quero deixar algumas dicas importantes para que você "ensine" seu corpo a descansar:

A) Tenha sempre uma rotina de sono. Se possível, procure dormir e acordar nos mesmos horários.

B) Evite alimentar-se e ingerir líquidos perto da hora de dormir. Alimente-se somente até duas horas antes de se deitar e ingira líquidos até no máximo trinta minutos antes. Evite, principalmente, bebidas e alimentos estimulantes, como café e energéticos.

C) Desligue o celular e outros aparelhos eletrônicos antes de se deitar. Os estímulos luminosos, principalmente a luz azul desses dispositivos, bloqueiam um hormônio importantíssimo para o sono, a melatonina. Tirar a televisão do quarto foi uma decisão maravilhosa na minha vida. Pense nisso.

D) Exercícios físicos melhoram muito a qualidade do sono. Isso porque, durante a atividade física, são liberados hormônios que provocam bem-estar e relaxamento, como dopamina e endorfinas. No entanto, se você tem dificuldade para dormir, evite exercitar-se nas duas horas que antecedem o horário do seu sono, o efeito pode ser totalmente diferente do esperado, pela liberação de cortisol.

E) Tenha o hábito de se expor ao sol durante o dia em ambientes abertos e arejados. Pense, você está mostrando para o seu cérebro que o dia é para estar acordado, e a noite, para dormir. Parece tão óbvio isso, mas nosso cérebro obedece a estímulos. Se você passar horas do dia trancafiado em um ambiente escuro, que mensagem passará para seu cérebro?

F) Crie um ambiente relaxante para dormir. Aromas suaves, banhos mornos e músicas relaxantes ajudam muito a "criar o clima".

Alimentação e suplementação

Quem foi que disse que comemos apenas para nutrir o corpo? O alimento, além de fonte de energia e nutrientes, gera em nosso cérebro uma explosão de emoções. Durante as refeições, compartilhamos momentos com amigos e pessoas queridas. A comida pode trazer para nós memórias da infância, lembrança da casa da avó, um cheiro de sítio. Nós comemos quando estamos felizes, quando comemoramos. Comemos quando estamos nos despedindo, quando fechamos um negócio e quando nasce um filho. O problema é quando o alimento se torna uma fuga para a ansiedade e a depressão.

Em muitas situações, o corpo perde a capacidade de se autorregular e aquele indivíduo come sem limites, compulsivamente, causando obesidade. Em outros casos, a pessoa para de comer, recusando o alimento, o que provoca a anorexia. Outro grande problema surge quando nos habituamos a comer comida industrializada e pouca comida "de verdade". O açúcar e os alimentos com alto teor de gordura são extremamente viciantes. Todo nosso corpo se inflama, gerando outros problemas de saúde, em vários sistemas. Podemos encontrar várias causas para todas essas desordens, e todas elas são super aceitas pela ciência. Existem fatores genéticos para a obesidade e transtornos metabólicos. No entanto, nas últimas décadas, os cientistas demonstraram que o cérebro possui uma incrível capacidade de se transformar e se adaptar.

Temos tanto a preciosa liberdade quanto o incrível dever de escolher nosso modo de pensar.[1] Temos o "superpoder" de fazer boas escolhas alimentares. Podemos moldar o nosso cérebro e a forma como reage ao alimento, ensinando-o repetidamente a fazer boas escolhas. Podemos escolher entre descascar um alimento e abrir um pacote; beber água ou consumir refrigerantes e sucos industrializados de segunda a segunda. Chega de desculpas. Você pode ser a geradora de mudanças na sua vida e na sua casa. Lute como nunca lutou antes. É uma guerra injusta, eu sei, mas ao seu lado estará o Senhor dos Exércitos segurando-a pela mão e dando o auxílio de que você precisa. Não desista, pois ele está ao seu lado. Em algumas situações em que a pessoa não consegue ingerir macro ou micronutrientes em quantidades adequadas, como é o caso de atletas, pessoas com algumas doenças absortivas e idosos, os suplementos são fundamentais, porém devem ser prescritos por um profissional de saúde. Eles fornecem o que não podemos obter apenas com a alimentação.

Atividade física

Talvez você sinta, pense ou esbraveje: "Eu não nasci para isso!" Eu digo que sim, você nasceu para estar em movimento, pois o Deus criador a colocou de pé para toda boa obra. Como você pode dizer: "Eis-me aqui", se não consegue andar milhas extras? Ative seus músculos, cinja-se de força. Deus treina você para batalhar, para que possa usar os arcos mais fortes (cf. Salmos 18:34). Além disso, o exercício

---

[1] Caroline Leaf. *Pense e coma de forma inteligente* (Chara, 2019).

ativa nossa circulação cardiopulmonar, vasculariza nosso cérebro e melhora nossas emoções, pois libera hormônios que trazem sensação de felicidade. Além disso, diminui o estresse, ansiedade e depressão, e melhora o humor. O exercício, junto à alimentação saudável, ajuda no emagrecimento com a redução da gordura e o aumento da massa magra. Quem se exercita dorme melhor e acorda mais disposto. O exercício também reduz dores crônicas e melhora os problemas articulares. Mais uma vez, eu digo: Não existem desculpas. Deus quer que você esteja de pé.

Controle do estresse

Você consegue pensar em alguém, uma só pessoa, que não tenha estresse? Vivemos em um mundo caótico e até mesmo as pequenas coisas podem tirar a nossa paz, como contas a pagar, problemas no trabalho, trânsito, problemas com filhos e marido. O estresse é uma resposta natural de sobrevivência do ser humano. Todo corpo se molda e se ajusta para controlar essas desordens. Nesse processo, liberamos uma série de hormônios que momentaneamente nos ajudam a reagir a esses estímulos. O problema acontece quando o corpo precisa liberar essas substâncias químicas, causando lesões vasculares, aumento da pressão, sobrecarga cardíaca, dores musculares, além de problemas emocionais como irritabilidade, depressão e ansiedade.

Lembre-se de que estamos analisando a vida de uma posição privilegiada. Tudo está parado diante de nossos olhos. Olhe bem. Permita-se escolher quais atividades são essenciais e quais são desnecessárias. Quais compromissos podem ser riscados sem medo? Quantas pessoas você permitiu entrar no seu círculo íntimo e estão roubando o seu tempo? Quais preocupações realmente valem a pena ocupar a sua mente? Muitas coisas são importantes e relevantes, e, ainda assim, não deveriam roubar a sua paz. Não cabe a você resolver todos os problemas, talvez a menor parte deles esteja sob sua responsabilidade. Ponha a sua vida nas mãos do Senhor, confie nele, e ele a ajudará. Ele fará que a sua honestidade seja como a luz e que a justiça da sua causa brilhe como o sol do meio-dia (cf. Salmos 37:5-6).

Hormônios

Quase todas as funções do nosso corpo são controladas por hormônios. Em uma situação normal, eles agem lenta e continuamente. E pequenas alterações nas quantidades liberadas geram consequências e sintomas muito perceptíveis. Por exemplo, hormônios da tireoide podem alterar o metabolismo, causando aumento ou perda de peso, unhas e cabelos quebradiços, frio, calor, intestino "preguiçoso", sono alterado e desordens emocionais. Hormônios sexuais também podem causar alteração do metabolismo muscular e nas células de gordura, diminuição de libido, aumento ou perda de peso, problemas de pele, acne e oleosidade. São inúmeras as consequências que essas substâncias tão pequeninas podem causar. Na verdade, se estivermos atentas, elas podem causar uma grande bagunça. Não existe outra forma de fazer o diagnóstico e tratamento, a não ser pelo acompanhamento médico e por exames específicos. A reposição hormonal pode fazer toda a diferença na disposição, no sono e na aparência física.

Além disso, nós mulheres estamos sujeitas às variações dos hormônios sexuais, que podem causar grandes oscilações nas nossas emoções. Desde a adolescência, quando começamos a menstruar, passamos por uma montanha-russa de sentimentos, por altos e baixos. A cada novo ciclo, uma nova aventura. Mais tarde, por volta dos cinquenta anos, novamente os hormônios (ou a falta deles) podem ser os causadores de alguns transtornos. Aparecem o excesso de calor, o aumento de peso, as variações emocionais, a queda de cabelo, e assim por diante.

Querida mulher, você não precisa sofrer calada. Hoje em dia existem muitos recursos na medicina e na saúde que podem ajudá-la a passar por essa etapa de forma mais suave. No mundo existem milhares de mulheres que passam pelas mesmas coisas.

Eu lhe asseguro: é apenas uma fase, vai passar. Procure ajuda de um profissional para regular seus hormônios e suas emoções, faça exercício, coma bem e de forma saudável e coloque um sorriso nos lábios.

Intestino

Chegamos a um ponto de extrema importância. Você sabia que recentemente o intestino foi considerado o nosso segundo cérebro? Pois é, esse órgão, que outrora fora considerado tão sem importância, abriga mais de cem trilhões de microrganismos vivos (a microbiota intestinal), tem mais de cem milhões de neurônios e produz mais de trinta neurotransmissores. Essa microbiota intestinal é responsável por manter um ambiente propício para a produção de alguns hormônios superimportantes para o nosso bem-estar. Eu tenho certeza de que você já ouviu falar de alguns deles, por exemplo, a serotonina, que, em níveis normais, melhora o humor, causa uma sensação de felicidade, produz sono regular e aumenta a tolerância à dor e à frustração. A dopamina também melhora o humor, além de causar a sensação de prazer e bem-estar. A adrenalina controla o estresse, nos prepara para situações de perigo, regula os batimentos cardíacos e ajuda a emagrecer. Outro fator estudado recentemente se refere à manutenção da imunidade. No intestino encontramos 70% das células imunológicas de todo o corpo. Portanto, é necessário manter uma dieta diversificada e equilibrada, e é importante evitar os alimentos industrializados. Além disso, seguir uma dieta natural pode contribuir para o bom desempenho dessas funções. Beba muito líquido e sente-se por alguns instantes.

Vida social e lazer

"Não é bom que o homem esteja só" (cf. Genesis 2:18). Desde o início, Deus tem nos mostrado o quanto é importante o convívio com outras pessoas. Ele nos fez seres relacionais e sociais. Alguns gostam de multidões, outros preferem grupos menores. Mas a grande verdade é que relacionar-se está no nosso DNA. Além disso, a ciência tem provado que as relações interpessoais são extremamente importantes para uma boa saúde mental e física. Quando estamos com pessoas queridas, damos mais risadas, estimulamos nosso cérebro, desenvolvemos empatia, tolerância e altruísmo. Ter amigas é um grande privilégio. É nesses ambientes que podemos renunciar a nós mesmas, ajudar alguém que precise, demostrar compaixão e amor incondicional. Nos relacionamentos interpessoais saudáveis desenvolvemos autoconfiança e solidificamos nossa identidade. Por exemplo, idosos com círculos sólidos de apoio têm maior longevidade, são menos propensos a adoecerem e a terem demência.

O lazer também é fundamental para que haja equilíbrio e bem-estar. Deus não nos fez máquinas, e, apesar de termos obrigações, relaxar também é necessário. Trabalhar excessivamente e ocupar a rotina com afazeres e tarefas pode causar esgotamento físico e mental. Para evitar isso, você precisa parar novamente e desenvolver o autoconhecimento, a fim de descobrir o que lhe dá prazer. Quem sabe seja ler um livro, pintar um quadro, fazer trilha no meio do mato, tomar um café com as amigas ou ir ao cinema.

Agora que já entendemos quais são os pontos necessários para que você tenha uma vida plena e abundante no que diz respeito à saúde e ao bem-estar, quero ajudá-la a fazer isso se tornar real e possível. Você precisará de papel e caneta. Primeiro, circule em quais desses sete pilares você não tem conseguido atingir seus objetivos. Se quer ser mais precisa, dê uma nota de 0 a 10 para cada um deles. Depois disso, faça um exercício mental e visualize um futuro ideal. Imagine como você gostaria de estar daqui a cinco ou dez anos. A sua "você" de hoje se parece com a imagem que você projetou? Seja verdadeira. A mudança só acontece quando encaramos nossos maiores medos.

O próximo passo é anotar, ao lado de cada pilar, quais mudanças você precisa fazer para se tornar aquela mulher incrível que Deus a criou para ser. Coloque detalhes, prazos, investimentos necessários e siga em frente. Para finalizar, quero deixar dois versículos que foram fundamentais para que a mudança acontecesse na minha vida.

> Porque, como imaginou na sua alma, assim é [...] (Provérbios 23:7, ARC).

> Eu te louvo porque me fizeste de modo especial e admirável. Tuas obras são maravilhosas! Digo isso com convicção. Meus ossos não estavam escondidos de ti quando em secreto fui formado [...] (Salmos 139:14-15).

Alimentação

>> ANGELA FEDERAU

O cuidado com a alimentação e com o corpo tem sido um verdadeiro desafio para muitas mulheres hoje em dia. Essa realidade não é diferente para as que dedicam a vida ao ministério. Alimentação saudável, para muitas, torna-se uma conversa evitada, pois gera estresse, uma vez que acreditam ser impossível no momento ou mera vaidade.

Antes de entrar detalhadamente no tema, convido você a relaxar, sentar-se confortavelmente e permitir-se ler o que preparei, sem preconceitos sobre nutrição e, principalmente, sem barreiras em relação ao que Deus falará ao seu coração.

Atuo profissionalmente como nutricionista e compreendo que a profissão também é um meio de glorificar ao Senhor. Então, desenvolvi um método que chamo "Nutrição com propósito". Antecipo que este capítulo não abordará temas como dietas, restrições ou padrões, mas liberdade, poder de escolha, o verdadeiro reencontro com a própria essência e, se Deus permitir, com sua melhor versão. Meu intuito é fazer que você se sinta amada, respeitada, acolhida e honrada com estas palavras.

Comer, sem dúvida, é uma ação instintiva que nos livra do risco de morte pela fome, que é uma característica fisiológica sobre a qual não há controle. Por isso, a fome dói e nos faz conhecer o pior do ser humano. Existe um tipo de fome que nomeamos "fome emocional", cuja característica é a vontade voltada aos hábitos e às escolhas das necessidades reais do corpo. Por exemplo, ninguém precisa de pizza, torta ou qualquer outro alimento que venha com nome e sobrenome, como a pizza de calabresa.

A fome fisiológica é suprida por alimentos. Quanto melhor a qualidade dos alimentos, melhor será a resposta do organismo. Comer é a única função vital na qual colocamos a mão, fazemos escolhas, determinamos o que nos alimentará. Nessa ação, conseguimos impor o nosso querer com escolhas diárias e plantar saúde ou doença, uma vez que se trata de nossa única fonte de combustível, ou seja, fonte de energia; afinal, não temos raízes nem fazemos fotossíntese. Os alimentos, ou melhor, os nutrientes (macro e micronutrientes), são nossa maior e principal fonte de energia.

Se analisarmos a questão da mulher e dos alimentos na perspectiva mais primária, não podemos deixar de nos lembrar de Eva. Você já se deu conta de que o primeiro pecado foi com um alimento? Penso com recorrência se, por acaso, a serpente chegou a tentar Adão; se Eva sucumbiu já na primeira investida da serpente, o que teimo em debater, visto que ela recebera ordem clara de Deus a respeito do não comer da árvore do centro do jardim.

É interessante refletir que não havia nenhuma carência. Eva não sofria de ansiedade, tampouco, creio, precisava mudar ou melhorar sua aparência. Ela também não estava com fome. O elo era perfeito, a criação trazia absolutamente tudo de que o casal precisava e muito além. Havia apenas uma restrição, uma proibição, um fruto agradável aos olhos, uma árvore no centro do jardim do Éden. Junto à restrição, a árvore trazia uma vantagem astutamente utilizada pela serpente para persuadir Eva, o conhecimento do bem e do mal. Segundo a serpente, bastava uma mordida para que ambos se tornassem como Deus.

A vantagem exaltada pelo Inimigo, distorcida por ele, plantou dúvida em Eva quanto ao que Deus dissera.

O que me chama atenção, logo depois de o casal comer do fruto, é que eles se escondem da presença de Deus, não por desobediência, mas por *vergonha* de se perceberem nus. Mesmo que já estivessem nus antes, isso não era problema, mas agora acarretava vergonha.

Na Palavra lemos que, quando Deus chegou para visitá-los na viração do dia, chamou por eles, mas não os encontrou, o Criador perguntou o motivo de se esconderem (cf. Gênesis 3:8-9). Adão culpou Eva, dizendo que foi ela quem comeu primeiro do fruto e o deu a ele. Quando Deus perguntou a Eva o que ela fez, a mulher também não reconheceu a desobediência e culpou a serpente, afirmando que havia sido enganada. A sequência foi: dúvida quanto ao que Deus disse, promessa de vantagens feita pela serpente, escolha de Eva pelo pecado, mulher leva o fruto ao marido, que também peca; depois, vêm a vergonha e a culpabilização do outro. Qualquer semelhança não é mera coincidência!

Vamos analisar como tem sido a nossa relação com os alimentos nos dias atuais: Com vergonha? Culpa? Qual papel os alimentos ocupam em nossa vida? Como nutrimos nossa família?

O alimento tem sido herói e vilão desde o início dos tempos. Especialmente na vida das mulheres, há multiplicidade de papéis para a comida: amigo, aliado, consolador, calmante, prêmio etc. Tenho visto a verdadeira batalha que mulheres, em ministério ou não, têm travado contra a compulsão, a baixa autoestima ou o próprio corpo.

Mulheres se olham no espelho e não reconhecem o que veem pois têm esquecido de si mesmas na rotina do dia a dia. Priorizam casa, casamento, família, filhos, jardins, bens, missões e ministérios, e se esquecem do autoamor e autocuidado, fundamentais para a saúde e o equilíbrio. Um corpo saudável pode acrescentar muito ao Reino. É interesse de Deus que honremos nosso corpo, pois com ele somos capazes de atender ao ide, de amar as pessoas, de nos relacionar, tocar, abraçar, consolar, confortar. Precisamos de corpos saudáveis no Reino e, como cristãos, ouso dizer que devemos ser exemplos de autocuidado, autorrespeito, autoestima e amor-próprio. Afinal, muitos são resultados do fruto do Espírito.

Simplificar a alimentação saudável

Outro ponto importante que quero trazer é a simplificação da alimentação saudável. Há uma linha de pensamento que aponta a dificuldade de fazer escolhas saudáveis, como se uma boa alimentação fosse inatingível, custasse caro ou demandasse muito tempo. Para se alimentar de maneira saudável, não é preciso comprar produtos especiais, mas voltar ao básico, àquilo que Deus criou e disse ser bom, comida de verdade.

Caso Deus tenha chamado você a servir em outro país, onde alimentos comumente encontrados no Brasil sejam mais caros e/ou raros, encorajo-a a abrir o leque, treinar o paladar e aprender a comer alimentos naturais facilmente encontrados onde você está.

Talvez a sua dificuldade esteja no manejo, no armazenamento dos alimentos. Se for, minha dica é: organize e planeje as compras. Deixe os alimentos pré-prontos e busque a variedade. Pode ser que o seu caso seja o de nutrir pensamentos como: "Você não sabe como as coisas são na minha casa, como é meu esposo ou como são meus filhos"; a você digo que, de fato, não sei, mas tenho absoluta certeza de que uma alimentação saudável será muito benéfica para todos, sem exceção.

Qualquer mudança de hábito gera desgaste, pois nosso organismo produz mais cortisol (hormônio do estresse) quando, por algum motivo, saímos do piloto automático, o que não significa que precise ser um processo ruim ou difícil. Para ajudá-la, trago dicas bem simples, práticas e fáceis que vão incentivar você a assumir novamente (ou dar continuidade a) o papel de mulher, mãe, esposa que nutre, alimenta os seus, deixa um legado incomparável de saúde, qualidade de vida e equilíbrio sobre as próprias escolhas. Afinal, não podemos nos esquecer do poder de governar nossas escolhas e definir nossos alimentos, nossa nutrição e nosso amor.

Antes das dicas práticas, quero libertá-la, dizendo: Se você não gosta do que vê no espelho hoje, ou até mesmo não se reconhece em fotos e retratos, saiba que o número na balança ou no manequim não definem sua identidade, mas são resultados do seu livre-arbítrio. Sua identidade está pautada no que Deus diz que você é: filha amada, herdeira, preciosa. Creio fortemente que fomos chamadas para viver nosso chamado com saúde e alegria. Sem restrições à autoestima, reforço que somos templo do Espírito Santo: em nós e por meio de nós, o Reino é estabelecido na terra.

Lembre-se: o corpo que você enxerga no espelho é único e insubstituível. Você reflete a face única de Deus pela imagem e semelhança dele em você. Chegou a hora de evoluirmos para a prática. Então, peço licença para entrar na intimidade de suas escolhas.

Comece pela decisão

Alimentar-se, movimentar-se, exercitar-se ou qualquer ação que desenvolvamos durante o dia é precedida por uma decisão.

Acredita-se que façamos em média duas a dez mil escolhas por dia. Talvez isso a surpreenda, mas entram nessa estimativa todas as escolhas que fazemos, como a hora de levantar, o que vestir, o que comer, por onde andar, o que falar, enfim, tudo. A grande maioria das escolhas é automática e exige pouca energia do organismo. Toda vez que uma nova decisão é tomada, o piloto automático é desligado, e o cérebro cria uma via sináptica, ou seja, não é o mais fácil.

Escolhas automáticas são chamadas padrão, foram repetidas tantas vezes que a via sináptica já está asfaltada, bem-sinalizada; elas acontecem naturalmente sem percebermos. Você costuma fazer sempre o mesmo trajeto para seu trabalho, sua igreja ou lugar que frequenta? Quantas vezes você simplesmente chegou lá sem prestar atenção ao que aconteceu durante o percurso?

Ao decidir por algo diferente, é preciso criar um novo caminho, uma via sináptica, uma nova trilha. Liga-se o alerta e se analisa cada passo, o que estressa o corpo por causa do desconhecido. O que faz a decisão se tornar um hábito é a repetição. Alguns estudiosos dizem que, para formar um hábito, é preciso repetir a tarefa ininterruptamente por 21 dias. Estimulo você a tentar. Com certeza, ficará cada vez mais fácil. Em relação à alimentação saudável, inicia-se com a decisão. Sem a prática, porém, ela não sai do campo das ideias ou da lista de metas de ano-novo. Decida melhorar seus hábitos, converse com a família. Alinhe as metas e defina estratégias com todos. O processo pode e deve ser leve e prazeroso.

Da decisão para a ação

Hoje em dia, somos bombardeadas por tantas informações a respeito de alimentação saudável que é difícil saber o que faz sentido ou não. Eu me assusto, às vezes, quando pessoas chegam ao meu consultório dizendo que não comem frutas por causa da frutose, pois ouviram dizer que fazia mal. Muita gente acredita ser saudável comer sem glúten e lactose. Outras imaginam precisar de sal rosa, óleo de coco, xilitol, *whey protein* e pasta de amendoim para iniciar uma alimentação saudável.

Minha dica é: limpe os filtros. Não deixe que o bombardeio de modismos e informações sem critério invadam sua vida e, principalmente, afastem você da decisão de se alimentar melhor. Vamos começar desmistificando informações erradas.

Glúten faz mal somente para celíacos. Alimentos que contêm glúten são: trigo, centeio e cevada. Eliminar o glúten não faz sentido para quem não tem problemas de digestão ou absorção.

Lactose apenas faz mal para quem tem intolerância à lactose ou sensibilidade à digestão. Leite não é inflamatório. Trocar leite animal por leite vegetal pode ser uma escolha, mas não é uma substituição necessária para todos.

Pão não faz mal à saúde. Costumo dizer no consultório e em palestras que, se o pão fosse ruim, Jesus não o teria multiplicado duas vezes.

A relação com o corpo

O segredo está na escolha do tipo de pão e, principalmente, na quantidade e frequência ingerida.

Adoçante não é uma alternativa saudável. Além de serem compostos 100% químicos, estudos têm alertado para o risco do uso continuado desse tipo de produto alimentício. Diabéticos também não necessitam de adoçantes, mas de controle de carboidratos e de um bom acompanhamento nutricional.

Óleo de coco não é a melhor alternativa para todos. Sem dúvida, o melhor óleo/azeite é o azeite de oliva, aquele usado desde sempre na Bíblia. E mais: o azeite de oliva pode, sim, ser aquecido e não se torna óleo por isso, sendo a melhor alternativa.

Margarina faz mal à saúde, sim. Prefira manteiga; afinal, ninguém encontra a origem da margarina na natureza. Guarde este questionamento, pois é uma chave importante: Qual a origem do alimento na natureza? Pense sempre a esse respeito.

Ovo não faz mal. De vilão a superalimento, o ovo vem ganhando destaque como uma proteína de alto valor biológico e de fácil acesso e baixo custo. Mais uma vez, o segredo está na quantidade e frequência de consumo.

Suco não é melhor que água. Coma a fruta e beba a água. A ingestão de água (pura) deve ser de trinta mililitros por quilograma, ou seja, multiplique seu peso por trinta; essa é a quantidade de água que deve ingerir por dia.

Organização e planejamento

Nenhuma mudança de hábito dará certo sem organização e planejamento. Comece pela organização da casa e estabeleça regras como: reduzir a compra e o consumo de doces e guloseimas; aumentar a movimentação e mobilidade, gasto energético, seguindo informações básicas: use escada em vez de elevador, vá a pé quando possível, reduza o tempo em frente à televisão etc. Além disso, você deve evitar o consumo de alimentos entre as refeições, os famosos beliscos;

institua o comer consciente, analisando a motivação de cada escolha alimentar, o que evita o comer compulsivo, ansioso ou ocioso; reduzir as tentações — se você ainda não consegue controlar o consumo de determinado alimento, não o compre. Também é muito importante conversar com os familiares sobre a nova realidade que a casa viverá — somem forças e dividam dificuldades; juntos, certamente todos são mais fortes. Convide o Espírito Santo para fazer parte da jornada de autodescoberta e reconexão consigo mesma.

Organizados a atmosfera e os pensamentos, use ferramentas práticas, como lembretes espalhados pela casa, para que a decisão intencional não seja derrubada pelo padrão ou pela rotina anterior. Em seguida, faça o planejamento: monte cardápios semanais, decida previamente o que comer e onde, além de como preparar; faça lista de compras, para saber exatamente o que comprar e reduzir os desperdícios e compras por impulso. Não vá ao supermercado com fome, mas se alimente antes de sair de casa, para conseguir fazer as melhores escolhas. Para melhorar a adaptação à nova rotina, siga o que se comprometeu a fazer e, sempre que tiver alguma dificuldade, faça ajustes; se algo saiu do planejado, adapte-se — felizes os flexíveis, pois não se quebram facilmente; busque por auxílio sempre que precisar. No entanto, não fique longos períodos sem se alimentar, pois a fome não é uma escolha, mas um instinto de sobrevivência. Por último, mas não menos importante, estabeleça alianças, gere responsabilidade e conexão com pessoas que servirão como pilares de suporte nas mudanças.

Estabeleça metas viáveis

Você já ouviu falar que quem não sabe aonde quer chegar não chega a lugar algum? Na escolha por saúde e qualidade de vida, funciona da mesma maneira. Se não estabelecermos metas, facilmente nos sabotamos e quebramos as decisões com argumentos como: "Segunda-feira eu começo", "Para mim não funciona", "Não vai dar certo mais uma vez", "Se ninguém souber, ninguém me cobra" etc.

Estabelecer metas reais vai muito além de definir um peso desejado, é registrar um compromisso consigo mesma. Ao definir as metas, compartilhe com pessoas próximas, o que gera responsabilidade e compromisso. Registre as pesagens, tire fotos etc. Se tiver dificuldades no início, comece anotando o que come no dia a dia. Existem aplicativos incríveis e gratuitos para esse fim, mas um bom bloquinho e caderninho também funcionam. Escrever o que comemos traz à luz o comer oculto e denuncia a mentira que costumamos acreditar: "Como pouco e engordo." A grande maioria das mulheres subestima a quantidade de alimentos que ingere, principalmente porque não registra as famosas beliscadas durante o dia.

Inclua a hidratação (água pura) nos intervalos entre as refeições e evite beber líquidos com as refeições. Mastigue bem os alimentos, coma devagar. Permita-se nutrir o organismo em um lugar calmo, sentada e com tempo!

Faça escolhas inteligentes

Escolhas simples agregarão muitos benefícios à saúde, tanto a curto como a longo prazo. Veja algumas escolhas inteligentes, simples e práticas a serem incluídas na rotina:

Acorde sempre que possível no mesmo horário; rotina é fundamental para uma saúde adequada. Tenha sono de qualidade; o sono é regulador metabólico e fundamental para a saúde física e mental. Sempre que necessário, faça uma higiene do sono ao ingerir alimentos leves antes de dormir, reduzir acesso a eletrônicos, tomar chás calmantes, como melissa, valeriana, mulungu, camomila etc. Medite, cante, ore, descanse.

Prefira alimentos integrais sempre que possível, pois são menos refinados e preservam maiores propriedades nutricionais e fibras como: arroz, farinha, pão e massa integrais etc. Dê preferência a frutas e vegetais da época, porque, além de serem mais baratos, são mais nutritivos e oferecem ao organismo o que é necessário para cada estação do ano. Deus foi maravilhoso na Criação; a natureza nos oferece exatamente aquilo de que precisamos em cada fase do ano.

Descasque mais e desembale menos; alimentos embalados derivam da indústria, tornam-se processados ou ultraprocessados, o que leva à perda de características naturais, nutrientes etc. Evite produtos alimentícios que não encontramos na natureza. Prefira temperos naturais, que, além de trazer sabor, são mais saudáveis. Evite caldos prontos, temperos industrializados, melhoradores de sabor etc., pois, além de não trazerem valores nutricionais, são ricos em nitratos e nitritos, que funcionam como antinutrientes.

Prefira chocolate amargo (70% ou mais), porque, além de ser mais saudável por conter mais cacau, é rico em triptofano, o precursor da serotonina, neurotransmissor responsável pelo bem-estar. Evite refrigerantes e bebidas açucaradas, pois não trazem valor nutricional, não matam a sede e aumentam o índice glicêmico e as calorias vazias.

Faça compras inteligentes: frutas e vegetais, carnes magras, leites e ovos, azeite de oliva, manteiga, iogurtes e queijos, arroz integral, quinoa, massa integral e leguminosas como feijões, lentilhas, ervilha, soja e grão de bico. Beba água.

Técnicas de conservação e de congelamento de alimentos

Considero o pulo do gato para manter uma alimentação saudável a longo prazo, apesar da correria das demandas da vida ministerial, uma das principais técnicas de conservação dos alimentos: o congelamento. Congelar alimentos preserva as propriedades nutricionais e facilita a redução dos desperdícios.

Alimentos branqueados e devidamente congelados podem ser usados das mais diversas formas, além de poderem ser utilizados em preparos, sucos, *shakes* etc.

O alimento fica mais bem conservado quando passa pelo branqueamento — o choque térmico, no qual é pré-preparado e congelado. A técnica permite armazenar alimentos por até seis meses;

frutas em geral duram até três; algumas frutas, hortaliças e legumes têm o valor nutricional preservado e o tempo de vida prolongado. O processo inativa as enzimas que degradam os alimentos, que não apodrecem, assim como as enzimas que alteram o sabor, a cor, o aroma, a oxidação. Também garante eficiência energética, se, por algum fator, tivermos exagerado nas compras ou deixado de consumir as frutas e os legumes, que seriam descartados.

O branqueamento é bom para frutas consistentes, como a maçã. No caso de mamão, abacaxi e outras frutas, o branqueamento não funciona na fervura. Caso a fruta tenha uma consistência mais macia que a maçã, como a pera, o processo deve ser realizado por menos tempo.

A perda de nutrientes dos alimentos passados pela técnica é de cerca de 10%, bem menor do que o desperdício de nutrientes que ocorre quando deixamos os alimentos na fruteira ou geladeira por dias. O processo ainda mantém a cor e a firmeza dos alimentos.

Como fazer branqueamento de frutas

Lave bem as frutas e corte-as em pedaços pequenos, não muito grossos. Em uma panela, ferva água com algumas gotinhas de limão, que impede a oxidação dos alimentos. No caso da maçã, deixe ferver por três minutos, em média. Em seguida, coloque a fruta em outro recipiente com água bem gelada e pedras de gelo, para fazer o resfriamento por dois minutos ou até gelar. Retire com uma escumadeira e seque deixando escorrer ou com papel toalha.

Coloque pequenas quantidades de frutas em saquinhos plásticos, retire todo o excesso de ar que puder da embalagem e dê um nó, ou seja, envase. Coloque uma etiqueta no saquinho indicando a data em que branqueou antes de congelar. As frutas costumam durar três meses no congelador.

Assim que quiser usar as frutas para sucos ou *shakes*, é só retirar do freezer e levar direto ao liquidificador com água ou leite e bater normalmente. Para fazer tortas ou bolos, retire do congelador, despeje um pouco de água quente sobre as frutas e use na receita.

Metanoia — renovação do pensamento

Neste capítulo, temos falado muito sobre como mudar hábitos, estabelecer novas rotinas, fazer escolhas etc. Nada disso é possível se não houver renovação do pensamento. Renovar o pensamento é cancelar mentiras e estabelecer verdades constantemente e identificar pensamentos e comportamentos sabotadores que fizeram ou ainda fazem parte de nossa vida por tanto tempo, até mesmo parecendo inofensivas.

Pensamentos como "Cristão não bebe, mas come" não podem justificar a glutonaria e a falta de domínio próprio. Se o alimento, de alguma forma, atua como gatilho autodestrutivo, é hora de identificar a origem. Se a alimentação gera culpa, vergonha, sensação de incapacidade ou incompetência, é hora de limpar as feridas para que haja cura. Se comer serve para preencher vazios, seja do corpo, seja da alma, seja do espírito, é hora de revisitar e reviver o primeiro amor. Permita que Deus preencha cada vazio, pois somente ele é capaz de trazer alívio e paz. Se você hoje come escondido ou busca mascarar o comer compulsivo com formas de purgação (vômitos, diarreia, laxantes e diuréticos), analise: "Qual é a carência que o excesso tenta esconder?"

Metanoia é a renovação do pensamento que somente pode ser renovado se identificado, corrigido e realinhado com o pensamento do alto, pois não somos mais nós quem vivemos, mas Cristo vive em nós!

Prepare-se para viver um novo tempo

Imagine-se no Jardim, no lugar de Eva, antes da Queda. Imagine-se completamente ligada a Deus e conectada à criação. Imagine-se no governo da criação e entenda que o Senhor supre todas as suas necessidades, pois ele prometeu cuidar de você e cumpre a promessa feita. Lembre-se da morte de Jesus na cruz, permita que o elo seja refeito. Deus não visita mais você na viração do dia, mas o próprio Espírito

Santo habita em você o tempo todo; o véu se rasgou e não precisa ser costurado.

O caminho de intimidade está completamente aberto e disponível. Conectar-se com a criação, governar sobre a natureza, está completamente ligado a todo o processo de escolhas feito em favor de cuidar do que o Criador disse que era muito bom: você. Chega de procrastinar, adiar, mascarar, esconder. É hora da ação!

Comece hoje, plante saúde. Escolha alimentar-se de forma saudável e prepare-se para colher os frutos de sua decisão. Você foi liberta para ser livre, sem culpa, vergonha, baixa autoestima. Rompa o ciclo. Lembre-se de aproveitar o processo; afinal, uma lagarta não precisa de um milagre para virar uma borboleta, precisa de um processo; e, quando aprende a voar, nunca mais volta a rastejar!

Que Deus, em sua infinita bondade e misericórdia, possa ajudar você nesse processo.

Atividade física

>> Márcia Carrilho

Quanto mais se estuda o corpo humano, mais se percebe a misteriosa e intrigante conexão, complexidade e, ao mesmo tempo, intencionalidade de cada parte integrada e projetada para funcionar harmoniosamente. Que obra perfeita, maravilhosa e admirável é o corpo que Deus nos deu. Olhar para nós e perceber nosso corpo é ver o Senhor revelado; a grandeza, o amor e o cuidado; a onisciência ao escrever cada um dos nossos dias quando nenhum deles existia. Não há dúvidas de que nosso corpo foi criado para glorificá-lo e cumprir seus propósitos. E ninguém cumpre propósito somente em espírito, não é mesmo?

Se, por um lado, vivemos em um mundo obcecado por beleza física, corpos sarados, exterior supervalorizado, que leva pessoas à busca desenfreada por procedimentos e promessas milagrosas; por outro lado, muitos ainda ignoram seu corpo, como se ele não importasse. Se nosso desejo é agradar a Deus e cumprir sua vontade em todas as áreas de nossa vida, não podemos ignorar que somos corpo, alma e espírito interdependentes e que cuidar de uma dessas áreas e menosprezar outras é negligenciar o propósito para o qual fomos projetados.

O Senhor nos presenteou com um corpo que deve ser cuidado como ele exige, para estar comprometido com o serviço. Somos mordomos, responsáveis pelas escolhas que fazemos, sendo elas boas ou más e, um dia, prestaremos contas dessa administração.

Porque quando nos cuidamos, reconhecemos a nossa humanidade e fragilidade! Não somos seres incansáveis, muito menos inabaláveis. Nosso corpo, apesar de forte, pode ser levado à destruição em pouco tempo. Lembrar que somos servos de Deus, não dos homens, nos ajuda a priorizar as nossas ações em relação ao autocuidado.

Eclesiastes 7:16-18 diz:

> Não seja excessivamente justo nem demasiadamente sábio; por que destruir a você mesmo? Não seja demasiadamente ímpio e não seja tolo; por que morrer antes do tempo? É bom reter uma coisa e não abrir mão da outra, pois quem teme a Deus evitará ambos os extremos.

Uma vida de equilíbrio não só nos trará mais saúde, como também longevidade para servir ao Senhor com autonomia e vitalidade.

Como cristãs, devemos nos cuidar porque entendemos que:

Fomos criadas por Deus. Ele não faz nada sem um propósito; tudo o que faz é bom.

Fomos redimidos pelo Senhor e por completo: espírito, corpo e alma. Um alto preço foi pago pela nossa redenção, para nos livrar de uma vida inútil que não reflete as verdades bíblicas em um mundo totalmente carente de bons exemplos.

Somos habitação divina. Onde estivermos, não importando lugar, cultura, comida, hábitos, seremos sempre morada do Espírito Santo e levaremos sua gloriosa presença. Nosso estilo de vida precisa ser condizente com a vida de Cristo, nosso maior exemplo!

A relação com o corpo

Devemos glorificá-lo com o nosso corpo. Glorificamos a Deus quando fazemos a sua vontade e já entendemos que cuidar do nosso corpo também é vontade dele para nós.

Quantas vezes a vida corrida, com prioridades fora do lugar, tem feito o seu corpo gritar por socorro, dar sinais de que algo está fora da rota! Alguns questionamentos podem surgir, como: "Como vou deixar de atender a uma demanda para me exercitar? A minha vida é tão caótica que mal tenho tempo de descansar." Eu lhe digo: Não deixe o que é passageiro arrancar de você o que deve ser permanente! Inclua-se na sua própria agenda, pois somente assim estará bem para incluir outros!

Um corpo forte e saudável vai responder melhor aos desafios diários no cumprimento da missão.

Como bem explorado anteriormente, precisamos compreender, de fato, e alimentar pensamentos que nos lembrem do cuidado com o corpo como agradável a Deus. Depois, é preciso decidir fazê-lo. Temos de escolher cuidar de nós mesmas.

Você se matricula em uma academia, faz uma ou duas semanas de aulas. No começo, está motivada, leva a amiga, se planeja, traça objetivos. Depois, ao perceber que os resultados demoram, há desconforto, sacrifício e, automaticamente, você começa a trocar esta por outra atividade que julga mais prazerosa. Então, começa a faltar até desistir, o que pode trazer uma sensação de fracasso ou de que está sempre começando, mas nunca vê os resultados. É muito mais fácil ser constante na sensação de prazer e satisfação, em vez de em algo não imediato.

Existem ainda pensamentos que se concretizam pelas escolhas. Se você presume, por exemplo, que nunca conseguirá correr, realizar determinado exercício ou programa de treinamento, acaba nem experimentando. Como professora, já ouvi muitas alunas dizerem: "Isto não é para mim", "Nunca vou conseguir correr cinco quilômetros", "Já estou muito velha", "Tenho desgaste ósseo", entre outras. Diante dessas falas, essas alunas nem se permitem iniciar um programa de treinamento e aquilo que previam acaba acontecendo.

O ponto de partida é deixar que Deus sonde seu coração e transforme suas atitudes. Fale para ele de suas limitações, pensamentos, reais necessidades, desejos (até mesmo os que você julga menos importantes), confesse seus pecados e deixe ele mudar a sua mente.

Tenha os motivos certos, pois, quando o desânimo chegar — e eu te garanto que ele chega quase todos os dias —, seus motivos a manterão constante. Ao refletir sobre suas reais intenções, não dê a resposta pronta que está na ponta da língua, mas pense no que pode movê-la em direção a uma mudança de hábitos. Escreva esses motivos em um papel, os prós e contras, e o mantenha sempre por perto.

Você está pronta para mudar?

Certa vez, ouvi uma amiga do ministério dizer que o que mais a impulsionou a buscar um estilo de vida saudável foi uma pergunta de seu filho enquanto ela estava deitada no sofá: "Mamãe, por que você não brinca comigo e está sempre desanimada?" Obviamente, ela exercia suas atividades familiares e ministeriais e estava passando por um momento de esgotamento físico e mental, mas aquela fala lhe trouxe duas reflexões: o vigor e a energia que ela precisava estavam vinculados à falta de prioridades com o autocuidado e ela precisava ser um bom exemplo para o filho. Esse passou a ser o seu real motivo para implementar as mudanças necessárias. Não existem motivos maiores ou menores; existem motivos reais, genuínos, que manterão você firme nas suas decisões. Nem todos os dias você acorda disposta a trabalhar, arrumar a casa, fazer o almoço ou outra atividade da rotina, mas precisa do salário, de um ambiente limpo, de alimento. Com o exercício físico não é diferente, nem sempre você acordará superanimada para se exercitar, mas entende que há um motivo, uma necessidade que a impulsiona a vencer a preguiça e o desânimo, tornando-a mais confiante e disciplinada no desenvolvimento deste "músculo" chamado hábito.

Procure livrar-se de pensamentos como: "É oito ou oitenta!" e "Faço tudo certinho ou não faço nada." Não espere ter tempo, apoio, dinheiro, situações favoráveis, pois o mundo não vai parar enquanto espera a sua decisão. Os desafios diários vão continuar, assim como as limitações e os problemas; focar neles e esperar que tudo mude para você mudar também é ficar estagnado vendo o tempo passar. Comece com o que você tem disponível agora, seja flexível. Entre o oito e o oitenta existem 72 possibilidades. Se não conseguiu fazer aquele treino longo, faça um mais curto, mais simples, mas não deixe de fazer! A tendência humana é se apegar aos detalhes para justificar o todo; olhar para o pequeno para não fazer o grande. As ruas, as academias, os parques e as praças estão cheias de pessoas que decidiram sair da estaca zero e ir com o tênis que tinham, a roupa que deu para vestir, no horário em que foi possível para fazer o que conseguem. Por outro lado, parados estão aqueles que esperam a oportunidade "perfeita" para saírem do lugar!

O cuidado físico, como qualquer outra área da vida, precisa do suporte de outras pessoas para ser implementado; por isso, busque ajuda. Junte-se a quem possa apoiá-la na caminhada; seja influenciada por mulheres reais que estão na vida ministerial como você e busque ter uma vida equilibrada. Seja arrastada por bons exemplos e busque ser inspiração para outras também. Cerque-se de pessoas que a impulsionam nessa área, mas não coloque sobre elas a responsabilidade da escolha, que é somente sua. Sempre que possível, busque ajuda de um profissional.

Disciplina

Já ouvi muitas mulheres dizendo que têm consciência dos benefícios de fazer uma atividade física, sabem da importância de cuidar do corpo, mas lhes falta disciplina.

Eu me lembro de quando comecei a correr. Depois de dois meses de treinos, senti fortes dores no calcanhar, mas não queria parar;

afinal, os treinos estavam começando a trazer resultados. Decidi ignorar alguns sinais que meu corpo dava e obviamente chegou o dia em que precisei parar por algumas semanas para cuidar de uma lesão que já me impedia de continuar, o que foi frustrante.

Apesar de meu primeiro pensamento depois da lesão ter sido o de ficar boa logo para continuar correndo, percebi que, se voltasse a fazer tudo como antes, eu me machucaria novamente e entraria em um ciclo sem fim. Eu precisava mudar a maneira *como* corria, pois isso era fundamental para manter os treinos regularmente. Voltei diferente. Terminar os quilômetros estabelecidos não era mais meu foco principal, mas perceber meu corpo, o posicionamento no trajeto, meus pés como suporte do peso; cada movimento passou a ser importante no percurso. Foi dessa forma que as dores não voltaram.

Durante a pausa, comecei a refletir um pouco sobre a corrida diária que cada uma de nós percorre desde o momento em que nos levantamos até irmos dormir. A vida está corrida e, cada vez mais, as pessoas aderem a esta cultura. Falas como "Esta semana não posso, pois estou muito atarefada" e "Estou exausta de tanta correria" fazem parecer que o certo é estar sempre muito ocupada. A sensação é que, quanto menos espaço na agenda, mais produtiva, valorizada, útil e disciplinada a pessoa é.

Ter disciplina é diferente de ter uma agenda lotada e chegar ao final do dia com todos os compromissos cumpridos. A sensação de não ter tido tempo suficiente para fazer o que realmente deveria é oposta à disciplina que dá a liberdade de saber o que se planta e, consequentemente, se colhe. Disciplina é, antes de tudo, um compromisso com seus valores. Uma pessoa indisciplinada e guiada pelos próprios impulsos age sem sabedoria e acaba escrava das próprias ações.

Não existe maneira de levar uma vida focada na chegada e esquecer de observar *como* percorremos a corrida, como está o corpo e quais sinais ele envia. Não espere ter uma "lesão" para deixar de correr, você pode continuar o caminho proposto de forma diferente. O cuidado físico é uma semente que precisa ser adubada com paciência e regada com persistência. Muitas vezes, os resultados não serão visíveis, mas você estará no caminho. Não permita que a pressa para colher os frutos a impeça de continuar desfrutando do processo de crescimento, que deixe de ensiná-la sobre a caminhada com Deus. Sonhar é bom, planejar também, mas é no realizar que descobrimos as possibilidades e nos tornamos cada vez mais disciplinadas.

Por onde começar?

Em meio a tantas ofertas de treinamentos, é comum escolher a atividade que está em foco no momento, o que a turma está fazendo, a mais barata, ou gratuita, a indicada pela blogueira famosa etc. O melhor treino para você, porém, é aquele que você faz; ou seja, uma boa escolha aumenta as chances de continuar. Não significa que não possa mudar de treino, experimentar coisas novas, mas, para começar, dê um "tiro certeiro" e aproveite ao máximo os benefícios da sua escolha. Leve em consideração os seguintes fatores:

1. *Sua individualidade* — Vários aspectos precisam ser considerados quando um programa de treinamento é feito para você, tais como: idade, necessidades, histórico de saúde, capacidade física, dentre outros; por isso, não é recomendável buscar um treino aleatório ou copiar exercícios, achando que darão os mesmos resultados obtidos por outra pessoa. Quando você compara o seu corpo com o de outra mulher, as características indicadas não são levadas em conta e sua particularidade é deixada de lado. Cria-se uma expectativa irreal que possivelmente não será atingida; e logo vem a frustração pela falta do resultado esperado. Busque fazer o que funciona e é possível para você.

2. *Seus objetivos* — Objetivos são importantes para o foco, para as escolhas e celebrações, para valorizar as conquistas e livrar da frustração por expectativas irreais. O mais eficiente é buscar objetivos específicos que possam ser quantificados e sejam condizentes com a sua realidade, importantes para você e com

prazo de execução, para evitar a procrastinação. Por exemplo: "Vou me exercitar" é um objetivo muito grande; troque por: "Vou caminhar X vezes na semana, por X minutos no (local) durante X meses." À medida que esse objetivo é alcançado, você pode aumentar o tempo, o número de dias, o local e a atividade, e estabelecer novas metas. Ter objetivos é importante, mas não se esqueça de que o processo para chegar neles é tão importante quanto a chegada.

3. *Seu nível de condicionamento* — Se você está há muito tempo sem praticar exercícios físicos, é importante consultar um médico antes de iniciar uma atividade física mais vigorosa. Opte por um treino mais leve no início e progrida lentamente, focando no desenvolvimento do hábito e buscando ser frequente na atividade escolhida. Uma boa alternativa é a caminhada, por ser de fácil acesso, não precisar de muitos equipamentos e poder ser praticada na rua, na praça, na esteira ou até em grupos de assessoria.

A atividade física pode ser feita em diferentes intensidades. A mudança e variedade de estímulos oferecidos ao seu corpo e o esforço que você faz ao praticar atividade física são fatores importantes para gerar os benefícios esperados para a saúde. Se você, por exemplo, já caminha há um tempo e vai sempre no mesmo ritmo, seus batimentos cardíacos e sua respiração não se alteram; se você consegue conversar tranquilamente no celular ou com uma amiga, pode ser que seu corpo já esteja adaptado, por receber sempre o mesmo estímulo. Nesse caso, procure variar o percurso, intercalar caminhadas rápidas com leves ou até experimentar alguns minutos de trote. Contudo, se você está sedentária, as atividades leves são o primeiro passo. Estímulos diferentes também levam o seu corpo a desenvolver condições físicas diferentes. Desafie-se, mas sempre respeite os limites de seu corpo.

4. *Suas preferências* — Não adianta escolher um exercício para começar se não gostar dele. Uma atividade prazerosa tem mais chances de ser feita e mantida. Você prefere ambientes fechados ou abertos? Com ou sem música? Atividades coletivas ou individuais? Existem diferentes tipos de exercícios físicos pelos quais você pode optar, mas lembre-se de que nem tudo na vida tem relação com prazer, muitas vezes é por necessidade.

5. *Planejamento* — O processo é construído ao longo do caminho. Ter um corpo saudável é como construir uma casa: exige planejamento, bases sólidas (seus valores), paredes firmes (exercícios, alimentação saudável e descanso) e um teto que a proteja (saúde mental). Avalie se perto da sua casa tem academia, parque, praça ou programas de exercícios gratuitos e utilize-os. Busque estabelecer uma rotina com dias específicos para se exercitar e encare-os como compromissos inadiáveis. Escolha, de preferência, um horário em que se sinta mais produtiva e se programe sobre o que será necessário para iniciar. Seja intencional nas suas ações: deixe a roupa pronta, veja se vai precisar de ajuda com os filhos, escolha um lugar de fácil acesso e vá dessa forma, eliminando as barreiras previsíveis que podem impedi-la de alcançar os objetivos para esse início. Com planejamento e intencionalidade, a probabilidade de dar certo será maior.

6. *Mudança de foco* — Buscar uma atividade física com foco no emagrecimento pode ser ineficaz e frustrante. Um dos principais motivos pelos quais as pessoas não aderem à prática regular de exercícios físicos é por não obterem os resultados idealizados no tempo desejado. Treinamentos aeróbicos e de força, por exemplo, reduzem a pressão sanguínea, controlam a glicemia, melhoram os índices da gordura circulante no sangue e a função vascular independentemente da perda de peso.[2]

---

[2] Glenn A. Gaesser; Siddhartha S. Angadi. *Obesity treatment: Weight loss versus increasing fitness and physical activity for reducing health risks.* iScience, vol. 24, Issue 10, 2021.

O exercício físico tem como objetivo diminuir a gordura não saudável. Mesmo sem reduções significativas de peso ou na gordura total, pode haver redução da gordura visceral. Manter um estilo de vida ativo é mais viável do que desejar apenas perder peso. A prática de exercícios vai além da estética e, aliada a uma boa alimentação, pode aumentar a qualidade de vida, dar independência, promover bem-estar psicológico, além de manter a capacidade funcional no processo de envelhecimento.

Você conseguiria correr quinhentos metros para fugir de um animal feroz? Conseguiria correr atrás de uma criança em perigo? Subiria alguns lances de escada por causa de um elevador em manutenção? Consegue cortar as unhas dos pés? É lógico que essas perguntas servem apenas para uma reflexão acerca dos motivos a serem alinhados com os desafios diários, com o ministério e, principalmente, o propósito. Exercício físico é remédio, portanto, mexa-se mais.

Agora pense, avalie e escolha o melhor para você!

Constância

Um dos grandes desafios no início de uma atividade física é se manter constante. Já percebeu como o barulho de sirene, goteira ou qualquer outro som contínuo, de início, gera certa irritabilidade, mas, depois de um tempo, passa a soar como natural? Nossos ouvidos se adaptam, pois a continuidade leva à adaptação. É assim com o exercício físico também, ele precisa ser constante para seu corpo ter os benefícios propostos.

A continuidade vem de persistência, compromisso, objetivos, motivo maior ou simplesmente necessidade. Se você tem dificuldade em ser frequente, não hesite em pedir ajuda. Celebre cada conquista, não se prenda apenas a um parâmetro para determinar sua evolução, busque se conhecer, identificar se a falta de constância está presente em outras áreas também e trace um plano de ação para alcançá-la. Tente quantas vezes for necessário para que o hábito passe a soar cada vez mais natural nesse processo.

Outro ponto a ser observado é o descanso, que está diretamente ligado ao rendimento. Ter uma boa noite de sono é fundamental para consolidar a reparação muscular, a conservação da energia e a disposição para atividades físicas. Procure entender quantas horas de sono são necessárias para você e não deixe de cumpri-las. Uma boa noite de sono é aquela em que você acorda revigorada e disposta, e o tempo pode variar de um indivíduo para outro. É importante respeitar o seu relógio biológico, que deve estar em sintonia com a natureza, procurando diminuir as luzes artificiais em casa depois do pôr do sol, evitando as telas e muito estímulo audiovisual antes de dormir.

Estilo de vida ativo

Vivemos na era do controle remoto, dos vidros automáticos, dos comandos por voz e de tantas outras facilidades que poupam cada vez mais esforços. Quando se trata de movimento, qualquer tipo de atividade física, no tempo e lugar possíveis, será melhor do que não fazer nada, mas você pode ter mais benefícios para a saúde se adotar um estilo de vida mais ativo.

Que tal fazer estas trocas no seu dia a dia?

- Troque elevador por escadas — subir escadas ajuda a fortalecer os músculos das coxas e glúteos, melhora o sistema cardiorrespiratório, combate a celulite e auxilia no processo de emagrecimento.

- Troque o sofá por um parque — no tempo livre, aproveite para ir a um parque, uma praça ou algum cantinho com natureza. Essa conexão gera muitos benefícios para a saúde mental. Você pode aproveitar para ler um livro, fazer piquenique, praticar a solitude ou convidar algumas amigas para caminhar.

- Troque o carro pela caminhada — prefira a caminhada se o percurso for curto, e a bicicleta, para os mais longos. A caminhada ajuda a prevenir hipertensão e diabetes, entre outras doenças, e a ter mais ânimo e disposição.

- Se você trabalha muitas horas sentada, procure fazer pausas regulares para movimentar mãos, pés, alongar braços, coluna e pernas, permitindo que o sangue circule melhor pelo corpo.

- Se você tem crianças por perto, interaja com elas, brinque de correr, de pega-pega e aproveite esse momento para mover seu corpo.

Buscar um estilo de vida mais ativo é fundamental para o combate ao sedentarismo e importante para seu corpo e sua mente. Não é somente sobre viver mais anos, e sim sobre como vai viver esses anos. Eu lhe pergunto: Como você deseja estar em cinco, dez, vinte anos? Todo ser humano perde funcionalidade com o passar do tempo, e o exercício físico é a única forma de atenuar essas perdas e até mesmo devolver-lhe funcionalidade. Salmos 92:14-15 diz que, mesmo na velhice, os justos darão fruto e permanecerão viçosos e verdejantes para proclamar que o Senhor é justo.

Desfrute os benefícios de ter um corpo forte em todas as fases da vida, seja na juventude, no vigor de seus dias, seja na velhice, quando naturalmente o vigor diminui. Para cada fase, Deus tem propósitos para cumprir por seu intermédio. Seu corpo precisa estar preparado para os desafios que cada fase trará.

Viva a abundância do Senhor em todas as esferas de sua vida; entenda que cada dia é uma nova oportunidade para recomeçar. Olhe para o seu corpo com graça, ele carrega uma história; tome a decisão de cuidar dele para que permaneça saudável por muitos anos.

Beleza

>> Clarice Fogaça

Certa vez, uma pessoa me disse: "A partir do momento em que você se torna líder, diretora ou coordenadora de uma empresa, aprende o que é almoçar sozinha, tomar o cafezinho da tarde só... Você começa a viver uma verdadeira solidão." Da mesma forma

A relação com o corpo

acontece nos campos ministeriais, porque mergulhamos de cabeça no que temos por realizar e deixamos de olhar para os nossos e, muitas vezes, até para nós mesmas.

Para nós mulheres, não é difícil imaginar a seguinte cena. Você olha ao redor, há brinquedos jogados pela casa; na pia, uma montanha de louças; o cesto de roupas sujas transborda; você precisa cozinhar. Se bivocacionada, acrescente na cena seu chefe pedindo relatórios, datas para cumprir as metas da empresa. Então, você olha para a situação, que parece gigante, e se assusta. Ainda tem aconselhamento a dar e estudos bíblicos para preparar. Aparentemente, há somente duas opções: começar a chorar e desistir de tudo, ou fazer, fazer e fazer, mesmo que seja se arrastando. Você tira forças de onde não tem e, pela misericórdia de Deus, não deixa a casa cair, mas fica próxima disso.

Agora, outra cena da vida real. Você já é uma mulher um pouco mais experiente (assim como eu), está no auge de sua carreira e ministério. Os filhos cresceram, mas agora vieram os netos, os presentes mais lindos que Deus poderia lhe dar. Como acontece com a maioria das avós, é preciso ajudar os filhos, cuidar dos netos; às vezes, as avós fazem isso para que a filha ou a nora possa trabalhar. Nessa fase da vida, se você ainda tem a graça de ter mãe e pai vivos, seus pais envelheceram e chegou a vez de cuidar deles também.

Se você estiver na casa dos cinquenta anos ou mais, passa a perceber que a saúde e a beleza já não são naturais. Sua força já não é mais a mesma, as costas doem, suas pernas e braços não têm mais tanto vigor, sua pele e seus cabelos não têm mais o brilho da juventude etc. Um dia, você se olha no espelho e percebe que há muito tempo não tem cuidado de si mesma, não se reconhece. Primeiro, porque envelheceu; segundo, porque não consegue admitir; terceiro, porque continua sempre correndo, superatarefada. O padrão se repete e a insatisfação também.

Não significa que todas as mulheres em ministério vivam essa realidade, mas muitas entre nós, inclusive eu, já viveram ou vivem ainda hoje. Não damos conta de tudo e costumamos deixar de lado o que consideramos menos importante; muitas vezes, nós mesmas.

Em Provérbios 31:10, a Bíblia traz uma verdade sobre as mulheres: "Mulher virtuosa, quem achará? O seu valor muito excede o de finas joias" (ARA). Se seu valor excede o de finas joias, falamos de preciosidade, concorda? Às vezes, perdemos a noção de quem somos, esquecemos do nosso valor. Somos o que a Bíblia diz: mulheres de padrão divino, acima da média. Nós não somos bijuterias baratas, mas joias preciosas; nosso valor excede o de rubis, que são extremamente valiosas. E não se deixa uma joia jogada; antes, guarda-a bem, limpa, cuida para que ela continue embelezando o lugar onde está.

Umas das frases que mais vejo nas redes sociais é: "Você é linda do jeito que é." Concordo, mas vou além: "Você é linda e tem um valor imensurável; por isso, precisa ser amada, cuidada e acolhida pelas pessoas ao seu redor e, principalmente, por si mesma. Há coisas que somente você poderá fazer por você." A mulher sábia entende que sua beleza e graciosidade fazem parte do seu valor. Imagine uma joia muito rara, que ultrapassa o valor de joias finas. Exclusiva, sem outra igual. Agora imagine essa preciosidade jogada em um canto qualquer, caída, deixada para trás, abandonada, esquecida e empoeirada. Não seria triste para o Criador ver sua obra de arte assim? Ninguém em sã consciência trataria uma preciosidade dessa forma. Nós somos essa raridade, mas como podemos, com tantas tarefas diárias, ainda cuidar de nós mesmas? É possível ser graciosa e bela até quando não gosto de alguns aspectos da minha aparência? Com certeza!

Comece definindo o que é ser bela para você. Pense nas pessoas que acha mais bonitas, observe suas características físicas, todas têm algo esteticamente inadequado. Por isso, reconheça o seu valor, lembre-se de que preciosidade não é sinônimo de perfeição. Acolha quem você é, mas reconheça que aceitação não é conformismo; se achar que algo pode ser melhorado, mudado, busque os recursos ao seu alcance.

O autocuidado começa de dentro para fora e, claro, acontece de fora para dentro também. Tudo o que fazemos impacta negativa ou positivamente nossa saúde, bem-estar e beleza. Para cuidar da aparência, comece cuidando da saúde. A beleza depende da saúde de forma

A relação com o corpo

geral, autocuidado é cuidar-se integralmente. Sugiro que comece pelo sorriso, pois a ciência comprova que sorrir traz muitos benefícios. Quem sorri é mais produtivo, criativo, leve, focado e bonito. Já ouviu aquela famosa frase: "Você é linda vestida de sorriso"? Interessante que a Bíblia nos traz o mesmo recado em Provérbios 15:13: "A alegria do coração transparece no rosto, mas o coração angustiado oprime o espírito." Beleza é a expressão do bem-estar. Se estamos bem, deixamos transparecer a beleza existente em cada uma de nós.

Gosto de pensar que, além dos atributos que já temos, ainda existem hábitos e recursos a nosso alcance para realçar nossa beleza. Veja algumas opções simples:

- Corrigir a postura. Ao acordar, tente espreguiçar-se e lembre-se de se alongar em outros momentos durante o dia, além de verificar se está com a postura adequada.

- Fazer as unhas. Caso não queira ou não possa usar esmalte, mantenha-as limpas, lixadas e com pelo menos uma base incolor.

- Manter o cabelo limpo e arrumado. Coloque o corte em dia e, se possível, hidrate periodicamente. Se usar química ou tintura, verifique se a manutenção está em dia. O cabelo é a moldura do rosto.

- Ter cuidados básicos com a pele, especialmente do rosto, pescoço e mãos. Lave ao fim do dia com sabonete adequado; use um hidratante para o seu tipo de pele e protetor solar com fator de proteção solar (FPS) acima de 50 diariamente. Uma limpeza de pele de tempos em tempos também é importante.

Claro que nem todas as pessoas, e nem a todo tempo, têm boa condição financeira para adquirir quaisquer produtos especiais. Em algumas fases da vida, precisamos escolher entre comprar produtos cosméticos ou livros da faculdade, pagar as contas do mês etc. Eu já passei por situações assim, e não foi somente uma vez. Sempre que possível, porém, faça isso por você. Pesquise também, em sites confiáveis, como cuidar da pele com produtos naturais, como o óleo de coco, que costumo chamar de presente da natureza, devido às muitas utilidades.

Outros recursos que a natureza nos traz são os óleos essenciais, que podem ser úteis para praticar a aromaterapia, cuidados da saúde, do sono, da imunidade, da beleza e do bem-estar. Eu sou adepta desses produtos, que são como uma farmácia natural e cosmética dentro de casa; eles têm me ajudado muito em vários aspectos. Marca, procedência e certificação devem ser de confiança — informe-se com alguma consultora, terapeuta ou uma amiga que usa.

Outro assunto que muitas mulheres gostam é maquiagem, nem que seja para ocasiões especiais. Algumas se maquiam no dia a dia; outras não se sentem confortáveis maquiadas. Para estas, afirmo que apenas rímel e batom podem agregar ao visual, trazer ar de saúde e capricho, além de deixá-la mais confiante.

É claro que cada mulher tem estilo próprio; por isso, sempre digo que é importante o mínimo de autoconhecimento, pois influencia até a cor do batom a escolher. Vale muito a pena fazer uma consultoria de imagem ou análise de coloração profissional, para descobrir as cores que combinam com seu tom de pele e cabelo. Essa prática está cada vez mais em alta e funciona. Você também pode testar o que valoriza sua aparência sem passar uma mensagem diferente daquela que você realmente deseja e sem se distanciar da sua personalidade. Tons neutros e suaves costumam funcionar para a maioria das mulheres.

A base faz parte da rotina diária de diversas mulheres, pois é uma boa forma de disfarçar manchas e cicatrizes. As mulheres de pele madura devem ter o cuidado de hidratar e preparar a pele antes da aplicação, ou ficarão com o rosto com aspecto craquelado. Em relação à maquiagem algo é certo: menos é mais. Em outras palavras, cuidado com o exagero; bom senso sempre faz bem, inclusive na hora de maquiar-se, concorda? Não existe padrão único de beleza, mas é fato que a imagem comunica mais sobre nós do que se imagina.

Mas e quando ficamos em casa? Trabalhando de casa ou nos serviços do lar, o cuidado com a beleza deve ser exatamente o mesmo; afinal, por que você não ficaria bonita para aqueles que dividem a vida com você? Se é casada, arrumar-se minimamente (tirar o pijama e o coque, estar limpa e cheirosa) para ficar em casa com seu marido comunicará que o considera importante e pode fazer grande diferença para o seu casamento. Se possível, evite roupas velhas, com bolinhas, rasgadas, descosturadas ou manchadas. Descubra seu estilo e procure manter-se constante. Existem testes disponíveis na internet, influenciadoras de moda e estilo pessoal nas redes sociais que podem ajudá-la. Não é sobre fazer uma megaprodução, é sobre você estar posicionada, alinhada de acordo com quem é, e sobre a mensagem que quer transmitir, além de se sentir bem consigo mesma.

Lembre-se de que a comunicação acontece em maior parte de forma não verbal. Sem pronunciar uma palavra, o seu interlocutor terá uma percepção a seu respeito. A nossa vestimenta, o estilo, as cores e a maneira como nos comportamos têm papel fundamental nessa percepção. Qual é a mensagem que você transmite com sua maneira de se cuidar e se vestir? Enfim, o que sua imagem diz sobre você? Mais do que a imagem que deseja transmitir, como você está? Feliz? Se a sua resposta for "Sim", excelente. Contudo, se for "Não", não desanime. Estudos científicos mostram que 50% da nossa felicidade depende da nossa genética, 10% das circunstâncias externas e 40% apenas de nós. Incrível! Temos em nossas mãos quase metade das chances de mudar o que precisamos, de fazer escolhas, decidir o que priorizar e ter atitude para tornar a nossa vida melhor e mais feliz.

Eu ousaria dizer que a fórmula da beleza é a mesma da felicidade. Sempre digo isso para as mulheres que ajudamos em sua transformação pessoal e profissional por intermédio do Movimento Bendita Beleza Mulher. Nele, toda transformação é um processo, não um evento. Cada uma de nós é um ser integral e tudo precisa estar em harmonia — a mudança real precisa acontecer primeiro dentro de você em decisões diárias. Quer melhorar algo para ter maior bem-estar e, consequentemente, beleza? Tenha isto em mente: acorde todos os dias decidida a realizar as ações que levam você ao próximo nível. Para isso, obtenha ajuda, chame pessoas, forme uma rede de apoio.

Atualmente, muitos projetos, movimentos e ministérios de mulheres cuidam de outras mulheres. É interessante que, além de cuidar da sua vida espiritual, você acaba conhecendo profissionais como dentistas, médicas, esteticistas, cabeleireiras, maquiadoras, terapeutas, *coaches*, consultoras de moda, influenciadoras e mulheres mais experientes que já passaram por alguns processos, sejam de mudanças internas ou externas. Os exemplos positivos podem nos ajudar a enxergar um mundo de possibilidades que antes pareciam impossíveis. Amplie sua mente, sua visão de mundo, mas sem julgamentos, pois cada pessoa tem a liberdade de ser como quiser.

Você é mais bonita quando é você mesma. E, se é líder de ministério, pastora, coordenadora, missionária, ou simplesmente uma serva do Senhor com dons e talentos, está influenciando e impactando de alguma forma a vida de outras mulheres. Elas se espelham em você. Quando penso no tamanho do impacto que podemos causar, penso também no tamanho da responsabilidade que temos de nos amar. Não se abandone, você é preciosa demais. Tenha este texto como referencial: "Tu me teceste no seio da minha mãe. Graças te dou, visto que por modo assombrosamente maravilhoso me formaste; as tuas obras são admiráveis, e a minha alma o sabe muito bem" (Salmos 139:13-15, ARA).

Mulher, cuide-se, valorize-se, ame-se. Deus depositou em você uma beleza bendita.

A relação com a alma

Renovando a mente

\>\> Letícia Perdonsin

> Mesmo que eu diga que as trevas me encobrirão, e que a luz se tornará noite ao meu redor, verei que nem as trevas são escuras para ti. A noite brilhará como o dia, pois para ti as trevas são luz (Salmos 139:11,12).

Uma das doenças emocionais mais comuns atualmente é a depressão, e eu sou uma das pessoas que foi acometida por essa enfermidade. Algumas vezes ainda sinto a sombra dela me rodeando no presente. Aos 24 anos de idade, em plena flor da idade, sentia-me como uma mulher sem vida e sem esperanças. Parecia que havia uma nuvem cinzenta pesada sobre minha mente, e meu corpo não conseguia reagir. Achava-me em um quarto escuro, com cortinas grossas nas janelas que impediam a entrada da luz do sol. Dormia a maior parte do tempo. Para evitar o sofrimento, desejava nunca mais acordar. Não havia sequer um resquício de luz em meu túnel sombrio. Estava viva, entretanto, sentia-me morta.

Apesar de ser cristã, conhecer o amor de Jesus e ter sido alcançada pela sua graça, não tinha a percepção de que minha mente estava doente. Acreditava que entregar minha alma a Deus era o único passo em minha caminhada espiritual. Com certeza é o passo mais importante, todavia, não é o único. É o início de uma longa jornada ao lado do Pai. Certa vez ouvi uma pastora dizer: "Quando entregamos nossa vida a Cristo, nosso espírito — que estava morto, encontra a vida. Mas nossa mente precisa ser diariamente renovada pela Palavra de Deus. Ela não é instantaneamente transformada, como em um passe de mágica. É um processo longo que só é possível por meio da oração."

Esse ensinamento está escrito em Romanos: "Não se amoldem ao padrão deste mundo, mas transformem-se pela *renovação da sua mente*, para que sejam capazes de experimentar e comprovar a boa, agradável e perfeita vontade de Deus" (Romanos 12:2). Eu sabia esse versículo de cor e salteado; ele é facilmente conhecido por aqueles que conhecem a Bíblia. Entretanto, minha compreensão em relação a ele era parcial. Aplicava o texto separando-me das coisas deste mundo, ou seja, buscando santificação. Claro que essa era uma interpretação correta, mas Deus queria ir mais fundo. Queria mudar minha "forma de pensar", ou seja, tratar as fortalezas que estavam me impedindo de crescer espiritualmente, quebrar meu ego ferido e curá-lo. O Espírito Santo desejava renovar minhas forças e abrir os meus olhos para o mundo espiritual ao redor.

Cinco passos em direção à cura

1. Aproxime-se de Deus

A depressão afeta diretamente nossa fé e nosso relacionamento com Deus. Ela acaba com nossa perspectiva de que Cristo se importa conosco. É como se essa enfermidade fosse uma borracha em nossa história, apagando cada momento especial que Deus construiu em nossa jornada com ele. Sentimo-nos abandonadas e sozinhas. É muito doloroso acreditar que não temos mais o amparo do Senhor. É nessa fase que nossa fé não pode ser medida pelo que sentimos. Precisamos de uma fé bíblica, baseada na verdade, não em nossa dor emocional. Mesmo sentindo-me totalmente abandonada, comecei a me lembrar dos versículos que dizem o contrário:

> [...] E eu estarei sempre com vocês, até o fim dos tempos (Mateus 28:20).

> [...] Nunca o deixarei, nunca o abandonarei (Hebreus 13:5).

> Haverá mãe que possa esquecer do seu bebê que ainda mama e não ter compaixão do filho que gerou? Embora ela possa se esquecer, eu não me esquecerei de você (Isaías 49:15).

> Para onde poderia eu escapar do teu Espírito? Para onde poderia fugir da tua presença? Se eu subir aos céus, lá estás; se eu fizer a minha cama na sepultura, também lá estás. Se eu subir com as asas da alvorada e morar na extremidade do mar, mesmo ali a tua mão direita me guiará e me susterá (Salmos 139:7-10).

Querida irmã, apesar de sentir que Deus a abandonou, isso não é a verdade. É apenas um reflexo dessa enfermidade que quer destruir sua esperança e sua caminhada com Cristo. Pela fé, creia que ele está contigo neste momento tão difícil e tenebroso. Ore pedindo que ele a fortaleça, transforme e ajude a ser curada dessa doença. Memorize os versículos, escreva-os nas tábuas do seu coração.

Deus é onipresente, não existe nenhum lugar em que ele não esteja. Isso é impossível e vai contra a natureza dele. Ele está contigo nesse vale. Ele segura sua mão.

Algumas vezes apenas orava: Espírito Santo, interceda por mim, porque não consigo (cf. Romanos 8:26-27). No fim do túnel, após um longo período, uma pequena e quase imperceptível luz começou a brilhar. Ela foi suficiente para me fazer enxergar uma possível saída. Cada suspiro meu precisava transformar-se em uma oração.

2. Procure um psicólogo e/ou um psiquiatra

A depressão quer que acreditemos que ninguém pode nos ajudar. Ela nos coloca em um estado de desesperança profundo, como se já estivéssemos mortas. Vivemos como zumbis. Essa enfermidade é especialista em fazer-nos acreditar em mentiras. Coloca em nossa mente diversas crenças limitadoras que nos impedem de desempenhar as atividades, de tomar decisões, além de nos encher de medo. A escuridão toma conta de nossa alma.

Psicólogos e psiquiatras têm a capacidade de diagnosticar os sintomas mais comuns: anedonia (falta de vontade de fazer coisas que antes eram prazerosas), insônia, falta de apetite, passar muitas horas dormindo (era o meu caso), fadiga e um longo período de tristeza profunda. Essas são características comuns em pessoas que apresentam um quadro depressivo. O psicólogo pode fazer um teste e rapidamente descobrir o grau de sua doença: leve, moderado ou grave. A terapia ensina sobre autoconhecimento e mostra como você reage ao mundo. O psiquiatra pode indicar medicamentos que ajudem seu cérebro a fazer as sinapses que estavam falhando pela falta de neurotransmissores. Coloque em ordem seu mundo interior.

3. Tenha consciência da batalha espiritual

Apesar de ser cristã desde minha adolescência e ter sido transformada por Deus em várias áreas de minha vida, ele ainda tinha muito o que fazer. Estamos em constante mudança quando caminhamos lado a lado com Cristo. Quanto mais nos aproximamos dele, mais percebemos como precisamos de sua misericórdia e renovação diárias.

A questão é que, por muito tempo, apesar de compreender que podia contar com Jesus, eu não possuía o discernimento espiritual oferecido por ele. Não percebia a guerra em que estava inserida. Por ser uma pessoa racional e prática, procurava interpretar as situações sob um ponto de vista lógico e puramente humano. Entretanto, essa forma de encarar a vida não foi suficiente para me tirar de uma fase em que tive de enfrentar uma doença tão comum em nossos dias: a depressão. Lutei por muito tempo com as armas erradas, apenas as humanas. O poder era limitado, falho e imperfeito.

Quando percebi que precisava buscar a Deus com mais intensidade, não compreendia totalmente o que ele faria. Não achava que orações poderiam me tirar de um quarto escuro e triste. No entanto, decidi tentar conhecer a Deus de uma forma nova e mais profunda. Foi preciso estar no fundo do poço para que eu olhasse, finalmente, para cima.

Pela oração, Deus começou a mostrar as fortalezas em minha mente. Eram muitas. Pensamentos que já faziam parte de mim e que poderiam ser facilmente confundidos com minha personalidade ou "jeitão de ser". Havia aceitado, sem perceber, aqueles padrões de pensamento que não deveriam fazer parte de minha vida.

O apóstolo Paulo deixou bem claro no texto de 2Coríntios 12:7-10 que somos seres fracos e falhos, mas que não precisamos usar planos e estratégias humanas para vencer nossas batalhas. As poderosas armas de Deus estão ao nosso dispor para serem utilizadas contra as fortalezas que Satanás planta em nossa mente. Como cristãos, precisamos escolher as armas com as quais iremos combater o pecado e os momentos difíceis que enfrentaremos: com as de Deus ou com as do mundo. Quais são, porém, as estratégias divinas para a vitória? São elas: a oração, o jejum, a leitura da Palavra, o fruto do Espírito (Gálatas 5:22-23). As disciplinas espirituais precisam ser desenvolvidas em nossa caminhada cristã para que nossos olhos sejam abertos e para que Deus derrame discernimento em nossa vida.

O Espírito Santo começou a me ensinar sobre batalhas espirituais por intermédio do conhecido texto de Efésios, capítulo 6, que descreve a armadura de Deus. Mostrou-me como eu era facilmente atingida e derrubada porque não me revestia do poder do alto. Era como se fosse um soldado em pleno campo de guerra que não usava nenhum equipamento de proteção. Não havia escudo, muito menos uma espada. Na primeira flecha, no primeiro tiro ou no primeiro golpe, cairia e morreria na hora. Ficaria prostrada no chão, como de fato estava. Deus me mostrou que o dia mau vem sobre a vida do cristão e que, se não estivesse preparada, sucumbiria cada vez mais quando ele chegasse. Então li o texto em Efésios 6:13, que diz: "Por isso, vistam toda a armadura de Deus, para que possam resistir no dia mau e permanecer inabaláveis, depois de terem feito tudo".

Comecei a sentir em minha alma o sussurro doce da voz do Espírito dentro de mim ao acordar. Ele me dizia: "Filha, você precisa lutar hoje. Força. Estou aqui com você. Vista a minha armadura e vamos lutar por este dia." Não sei explicar como isso estava acontecendo, mas a presença de Deus era tão real que às vezes chegava a me assustar. Escrevi esse texto no quadro de avisos em minha cozinha como um lembrete. Li livros sobre batalha espiritual e aprendi muito sobre o assunto. E, claro, a vida de oração e leitura da Bíblia tornou-se prioridade e ganhou mais intensidade. Essas disciplinas me equiparam para enxergar como minha mente parecia um campo de guerra cheio de bombas prestes a explodir. Essas práticas me auxiliaram a trilhar um caminho mais seguro e mais próximo do Pai.

4. Não existe mágica

Não sei dizer se a depressão está afetando você neste momento nem como. Pode ser que esteja em um estágio crônico e já tenha sido internada em algum hospital psiquiátrico. Talvez essa doença esteja em grau moderado, mas, ainda assim, incapacita você de várias formas: deixando-a com dificuldades para tomar decisões, prendendo-a pelo medo ou fazendo-a perder o gosto pelas coisas que antes lhe

A relação com a alma

davam prazer. Pode ser que a enfermidade esteja em seu estágio inicial e você ainda não tenha se dado conta do que está passando. Só sei que algo precisa ser feito. Você precisa entender que o mínimo que faça já faz a diferença. Você precisa, pelo menos, tentar.

Nos dias em que estive muito mal, em que não conseguia orar, apenas colocava um louvor para adorar a Deus. Alguns dias a música nem chegava ao final e eu voltava ao meu quarto silencioso. Após uns dois meses no breu, tentei tomar banho e escovar os dentes. Eram pequenos passos, porém era o que estava ao meu alcance. Nas semanas seguintes, tentava orar mais, e a medicação começou a fazer efeito. Minha terapeuta me auxiliava com suas técnicas de psicologia. Eu ainda estava mal, mas não mais prostrada como antes. Você percebe que são pequenos passos? Não tem varinha mágica que possa tirá-la do fundo do poço. O processo é lento, mas precisa ser continuado. É preciso ter paciência, para que você seja transformada.

Lembra-se da história de Jesus e o homem que vivia havia 38 anos com uma doença que o deixou paralítico, contada em João 5:1-14? Você se lembra do que Jesus indagou quando o encontrou esperando ao lado do tanque de Betesda para ser curado? O Mestre perguntou: "Você quer ser curado?" (cf. v. 6).

Que pergunta era aquela? Se o paralítico estava doente havia tanto tempo e esperava as águas se agitarem, era óbvio que desejava muito! Entretanto, creio que Jesus não ficou surpreso quando, em vez de o homem responder prontamente: "Sim! Quero!", ele deu desculpas e ficou se explicando: "Senhor, não tenho ninguém que me ajude a entrar no tanque quando a água é agitada. Enquanto estou tentando entrar, outro chega antes de mim" (cf. v. 7).

Jesus prontamente pediu que o homem tomasse uma atitude: "Levante-se! Pegue a sua maca e ande" (cf. v. 8). O paralítico deve ter ficado assustado, não é mesmo? Será que ele pensou que Jesus não sabia o que estava acontecendo com ele? O texto continua e descreve o milagre que aconteceu logo após: o homem imediatamente ficou curado e começou a andar. O doente tomou uma atitude e agiu em relação a si mesmo.

Querida leitora, sei que pode parecer impossível algo lhe tirar da sua situação depressiva, mas hoje quero pedir que você faça como o homem daquela história: Levante-se, pegue a sua maca e ande! Precisamos nos mexer. Nas pequenas atitudes diárias, Deus vai tirar você dessa caverna escura. Pode ser que o Espírito sussurre ao seu ouvido todas as manhãs por muito tempo, como fez comigo: "Letícia, minha filha, levante-se." E, assim, dia após dia, em momentos ruins e outros mais ou menos, eu lutava um pouco por mim mesma. E Deus — com seu infinito poder — fazia por mim o que eu jamais conseguiria fazer.

5. CUIDE DO SEU TEMPLO

Pode ser que você fique assustada com o que vou escrever agora, mas é verdade. Por um milagre de Deus, após muito tempo de oração, ele fez o que jamais achei que fosse possível: comecei a me exercitar! Neste momento, escrevendo este texto, ainda não acredito no milagre que Deus está fazendo. Comecei aos poucos, claro. Desafiando minhas próprias crenças de que não conseguia correr nem mesmo dois quilômetros. Intercalava andar com correr e quase me perdia sem ar na esteira da academia. Comecei, então, a gostar do meu coração batendo mais forte, bombeando sangue para todo o corpo. O suor descendo pela minha testa. Orava muito para que Deus me ajudasse a não desistir. Às vezes eu desanimava, mas começava mais uma vez. Continuei a me desafiar e a perceber que meu corpo conseguiria ir mais um pouco, e assim perseverei. Atualmente, coloco meus exercícios na agenda, três vezes por semana. Consigo dopamina de graça dessa forma e tenho me sentido melhor e com menos dores.

Somos seres completos, lembra? Precisamos de equilíbrio em todas as áreas para que nosso corpo funcione melhor. Então, a última dica que deixo é esta: mexa-se. Encontre um esporte, algo que a faça sair da inércia e ore para que Deus derrame amor por cuidar do seu templo.

Estou, no momento, pedindo a ele por ajuda para ter uma alimentação mais saudável, mas é um processo. Várias vezes deslizo com refrigerantes e doces além da necessidade. Entretanto, estou decidida a melhorar.

O que é, então, essa escuridão da alma, essa batalha que nos atormenta?

Nada que Deus não possa iluminar. Assim como o Salmo 139 nos ensina, nem mesmo a pior depressão é algo que Deus não possa trazer à sua luz. Tenha coragem, minha irmã. Existe esperança. Que sua alma encontre força ao lado daquele que jamais nos abandona. Ele é com você.

Emoções e pensamentos

>> EVELYNE TEIXEIRA

"Você sabe o que sente?" Essa foi a primeira pergunta feita pela psicóloga em minha primeira sessão de psicoterapia. Por alguns minutos, pensei: "O que ela quer dizer com isso? Claro que eu sei o que sinto" e prontamente respondi que sim. Contudo, ao longo da minha jornada na terapia, percebi que eu até sabia o que sentia, mas constantemente invalidava as minhas emoções. Ao compartilhar com alguém meus sentimentos, algumas vezes, ouvia: "Logo passa", "Esqueça isso" ou "Você está exagerando."

O fato é que nossas relações envolvem as emoções que sentimos, porém, desde pequenos, somos ensinados culturalmente a não dar importância para elas. Quando uma criança cai e rala os joelhos, por exemplo, um adulto talvez fale "Não foi nada." Mas como é possível que alguém fale pelo outro o que ele sente? Com o passar do tempo, sem acreditar no que sentimos ou ignorando esses sentimentos, chegamos à fase adulta sem saber lidar com nossas emoções.

As emoções falam sobre as nossas necessidades mais profundas, e todas elas têm uma função; são percebidas por meio de nossos sentimentos, que estão diretamente relacionados a nossos pensamentos.

Pense, por exemplo, em uma situação futura que você acredita que dará errado. O que você sente? Medo, ansiedade ou desespero? Portanto, pode-se dizer que um sentimento causa um pensamento imediato, e o contrário também é verdadeiro.

Os pensamentos tomam conta de boa parte do nosso dia. Ao nos levantarmos, já temos os primeiros pensamentos sobre coisas que precisamos fazer durante o dia e o tempo necessário para a execução de todas as tarefas. Pensamentos positivos nos auxiliam a ter grandes ideias e resolver problemas, mas também temos aqueles que deixam nosso dia disfuncional, causam ansiedade, irritação e preocupação. Com isso, precisamos sempre nos lembrar que pensamentos não são fatos, são apenas pensamentos. Quando você perceber que há alguns pensamentos disfuncionais tomando conta do seu dia, é importante parar, pensar sobre eles e perceber suas emoções. Além disso, escreva sobre eles e busque evidências da realidade.

Se pensar em um bebê, que não sabe falar e tenta fazer algo para o qual ainda não tem habilidade desenvolvida, pode haver raiva, choro e tentativa de bater em quem está perto. Ao olhar para essa cena, o que você pensa? Talvez: "É um mimado mesmo", "Chora por tudo", "Quem essa criança pensa que é para me bater?", entre outros. Desafio você a trazer esse exemplo para o seu dia a dia e questionar: Quais são as suas reações quando algo sai do controle? Quando não consegue alcançar um objetivo, como você reage? A verdade é que todos temos um pouco desse bebê frustrado. É frustrante não conseguir se comunicar ou alcançar o que se quer. Muitos de nós ficamos com raiva e talvez até choremos. Ver o outro se descontrolar, porém, parece ser inadmissível.

As emoções precisam ser sentidas e validadas para que você possa construir uma nova realidade. Talvez você pense que demonstrar e validar as emoções pode aparentar fraqueza ou vulnerabilidade, mas isso não é verdade. Todas somos vulneráveis e isso não é ruim. A escritora norte-americana Brené Brown,[1] em seu livro *Eu achava*

---

[1] BROWN, Brené. *Eu achava que isso só acontecia comigo: como combater a cultura da vergonha e recuperar o poder e a coragem* (Rio de Janeiro: Sextante, 2019).

que isso só acontecia comigo, traz os benefícios de sermos vulneráveis e o quanto a nossa vulnerabilidade pode ajudar não somente nossa família como também nossas amigas e irmãs no ministério.

Crescemos em uma sociedade que oprime as emoções negativas, alega o ápice da fragilidade, mas pergunto: É possível ser forte o tempo todo? Se sim, qual é o preço pago para se manter nessa fortaleza? Na psicologia, trabalhamos com o pensamento disfuncional do "oito ou oitenta", o extremo de ser fraco ou forte. Contudo, todas nós temos dias em que somos fracas e outros em que somos fortes. A questão não é ser um ou outro, mas se permitir ser ambos. Em 2Coríntios 12:10b, Paulo afirma: "Pois, quando sou fraco, é que sou forte", logo após afirmar que na nossa fraqueza o poder de Deus se aperfeiçoa. Talvez valha a pena pensar no que temos deixado de aprender por não saber lidar com nossas emoções e fraquezas.

Agora que você já está começando a identificar o que sente, o desafio é aprender a lidar com esses sentimentos. Quero trazer alguns exemplos bíblicos para refletirmos juntas sobre como não lidar com as emoções pode acarretar prejuízos reais para nossa casa e nosso ministério, assim como o contrário é extremamente benéfico.

Sara, a mulher que recebeu uma promessa

> [Sarai] disse a Abrão: "Já que o Senhor me impediu de ter filhos, possua a minha serva; talvez eu possa formar família por meio dela [...]" (Gênesis 16:2).

A ansiedade é uma preocupação excessiva com o futuro. Podemos observar os prejuízos que pode causar a um relacionamento e à concretização do propósito de Deus. Você deve conhecer a história de Sara, mas deixe-me lembrá-la de alguns detalhes importantes. Deus prometeu a Abrão e Sarai, ainda antes de mudar o nome de cada um, que seriam pais. No entanto, os dois já eram idosos, inclusive, Sara riu quando o anjo disse ao marido dela que o Criador lhes daria filhos. Na tentativa de concretizar a promessa, Sara entrega sua serva egípcia, Hagar, a Abrão. Percebe como a ansiedade por alguma promessa ou resolução de problemas pode prejudicar você?

A ansiedade é uma emoção inata ao ser humano e evidente em diversas circunstâncias de nossa vida. Não há maneira mágica de eliminá-la ou controlá-la, mas podemos aprender a lidar com ela e, então, ter soluções e decisões mais assertivas. Muitos são os desafios da mulher no trabalho, no ministério, na família, no casamento e na maternidade, e, se não aprendermos a lidar com a ansiedade, podemos causar grandes estragos em todas as áreas. Contudo, à medida que aprendemos a viver o "aqui e agora", conseguimos ver a diminuição de nossa ansiedade sobre o futuro ou as situações não controláveis. A verdade é que o tempo não é nosso, então precisamos nos concentrar no que é possível fazer hoje com as ferramentas disponíveis.

Em seguida, no texto de Gênesis 16:5, lemos: "Então Sarai disse a Abrão: 'Caia sobre você a afronta que venho sofrendo. Coloquei minha serva em seus braços e, agora que ela sabe que engravidou, despreza-me. Que o Senhor seja o juiz entre mim e você'." Percebe o quanto a amargura pode estar entrelaçada com a pressa para alcançar as promessas de Deus? Todas somos chamadas para ser discípulas de Cristo, mas esse chamado se torna obscuro e desafiador quando deixamos as emoções dominarem as decisões. Em Mateus 11:30, Jesus diz: "Pois o meu jugo é suave e o meu fardo é leve", ou seja, o nosso fardo é leve quando estamos centradas na vontade perfeita de Deus.

Sara escolheu encurtar o caminho e teve de lidar com adversidades, mas essa grande mulher nos ensina que, se depositarmos nossas ansiedades e amarguras em Deus, teremos escolhas centradas na vontade divina. Quando somos conduzidas pela ansiedade, vemos apenas alguns metros à frente, podemos prever situações irreais e acabamos muitas vezes sofrendo com algo que não aconteceu. Entretanto, quando depositamos as nossas ansiedades aos pés de Jesus, somos guiadas pelo Espírito Santo diante das decisões. O manual para o direcionamento de nossas escolhas está disponível em todo tempo, mas precisamos ter a intencionalidade de meditar dia e noite na Palavra de Deus para que sejamos bem-sucedidas.

Quando meu esposo recebeu seu chamado pastoral, a ansiedade tomou conta do meu coração, por não saber como seria nosso futuro. A ansiedade pode ofuscar o que Deus quer cumprir na nossa vida. Relutei por algumas semanas e passei a ter insônia todas as noites. Certo dia, no auge do cansaço, orei e entreguei minhas aflições a Deus e disse ser ele o dono do tempo e das promessas. Na manhã seguinte, meu esposo recebeu uma ligação oferecendo-lhe uma bolsa como obreiro em nossa igreja local.

Para que alcancemos a regulação das nossas emoções, precisamos diariamente reconhecê-las e nos responsabilizar por novas escolhas. Sempre digo para minhas pacientes que, quanto mais praticamos, mais aprendemos a lidar com aquilo que nos incomoda. Quero propor-lhe um exercício que acredito irá fazê-la olhar por outra perspectiva o que talvez tenha roubado a sua paz. Primeiro, você precisará listar os pensamentos ansiosos que tem tido, aqueles que têm prejudicado o seu dia. Em seguida, escreva ao lado de cada pensamento as emoções que surgem com ele. Por fim, você buscará evidências que comprovem que esse pensamento é real e, da mesma maneira, evidências de que esse pensamento não é real. Para os pensamentos que você encontrou evidência de que são reais, escreva ações práticas que pode ter para lidar com eles. Com isso, perceberá na prática que nem todos os pensamentos são fatos. Para aqueles que são fatos, você terá a oportunidade de encontrar maneiras para solucioná-los.

Mical, a mulher castigada por suas emoções

> Voltando Davi para casa para abençoar sua família, Mical, filha de Saul, saiu ao seu encontro e lhe disse: "Como o rei de Israel se destacou hoje, tirando o manto na frente das escravas de seus servos, como um homem vulgar!" (2Samuel 6:20).

Mical era a filha mais nova de Saul e foi a primeira esposa de Davi. Após a celebração de condução da arca da aliança para Jerusalém, ela o repreendeu pela forma como o rei dançou diante dos servos enquanto se alegrava. Por esse motivo, a Bíblia conta que Mical foi repreendida pelo marido e ficou estéril. As Escrituras não falam exatamente qual foi a emoção sentida por ela; porém, ao ler 2Samuel 6, podemos identificar algumas emoções.

Minha análise é que muitas vezes sentimos ciúmes da conquista e alegria do outro. Quantas vezes, na sua perspectiva, você sentiu isso? O ciúme é uma emoção instintiva, e a questão não está em sentir, mas em como agir a partir dele. Quando não reconhecemos nossas emoções, podemos ter uma reação muito parecida com a de Mical.

Muitas vezes não nos damos conta do que sentimos porque temos vergonha de algumas emoções. Como não deixamos de sentir, precisamos aprender a lidar com as emoções ao identificar como são causadas. Ao analisarmos a história da personagem, percebemos que a reação dela prejudicou seu relacionamento e sua história. Quando você observa a própria vida, percebe, de alguma forma, que as suas emoções têm prejudicado seus relacionamentos e ministério?

As duas reações possíveis que temos diante do ciúme são o desprezo e a comparação. Você já se comparou com uma amiga ou irmã de ministério? A comparação é injusta, pois a coloca em um lugar que não é seu. A sua história de vida e cultura familiar são diferentes de qualquer outra pessoa no mundo. Não há como comparar objetivos alcançados por pessoas diferentes; ainda que você tenha o mesmo sonho que outra pessoa, utilizará outras ferramentas para alcançá-lo.

O ciúme e a comparação me lembram da parábola relatada em Mateus 20. Os trabalhadores contratados cedo reclamaram por ganhar a mesma coisa que aqueles que começaram mais tarde. No final da parábola, o proprietário da terra diz

> "[...] Amigo, não estou sendo injusto com você. Você não concordou em trabalhar por um denário? Receba o seu e vá. Eu quero dar ao que foi contratado por último o mesmo que

dei a você. Não tenho direito de fazer o que quero com o meu dinheiro? Ou você está com inveja porque sou generoso?" (Mateus 20:13-15).

Essa ilustração fala muito sobre o nosso olhar para os relacionamentos e ministérios dos outros ao nos compararmos ou sentirmos ciúmes. Precisamos reconhecer nossa história e nossas conquistas, validar aquilo que temos conquistado e construído.

Deus tem um propósito para cada uma de nós em todas as áreas na nossa vida. À medida que sentimos ciúmes de alguém, dizemos a Deus que ele não é justo. Assim, perdemos nossa identidade em Cristo por nos basearmos na vida do outro. E, à medida que reconheço aquilo que tenho vivido, penso sobre como me desenvolver mais, consigo transformar minha realidade e viver os planos que Deus tem para minha vida. Acredito que você tenha motivos que a fazem ou já fizeram sentir alegria, gratidão, amor e reconhecimento. Liste as experiências que fazem ou fizeram você sentir essas emoções e reflita sobre o que pode fazer diferente hoje para voltar a senti-las diariamente.

Ana, a mulher com a alma amargurada

Sou uma mulher angustiada (1Samuel 1:15).

Ana não podia ter filhos, e isso a deixava muito amargurada, uma vez que Penina, a outra esposa de Elcana, a provocava. Todos os anos, Elcana e suas esposas iam até Siló para oferecer sacrifícios ao Senhor e adorá-lo. O homem dava uma porção dupla para Ana, como gesto de amor. Certa vez, ele a questionou sobre não ser suficiente para ela, porém a Bíblia não relata a resposta.

O que eu gostaria de analisar com você nessa história é o quanto a dificuldade de verbalizar o que sentimos pode afastar as pessoas amadas, já que desejar ter relacionamentos profundos com outras pessoas não é uma opção para quem não consegue ser honesta consigo mesma sobre as emoções. Muitas vezes, durante nossa vida ministerial, passamos por situações de solidão e tristeza, mas a melhor opção não é se calar e isolar. O Pai está sempre disponível quando derramamos nossas angústias em seu altar, ele tem prazer em ouvir nossas orações e petições. Contudo, para que consigamos verbalizar o que sentimos, primeiro, precisamos nos conhecer profundamente.

Ana verbalizou para Deus toda sua tristeza e, no ano seguinte, voltou com o fruto do seu choro em seus braços, o pequeno Samuel. Durante a vida, passamos por esperas: o sonho de se casar, ter filhos, viver novidades no ministério, ver frutos de entrega e dedicação total. A espera tem desafios, dores, medos, angústias e ansiedades, mas, quando entendemos que maiores e melhores são os planos de Deus para a nossa vida, passamos a olhar o processo como aprendizado. Ana passava por uma dolorosa espera e a entregou ao Senhor, para desfrutar dos propósitos dele. E você? Como pode ver seu tempo de espera por outra perspectiva? Quais recomeços você pode experimentar?

Passei por nove anos de espera para ter um filho. Foram anos dolorosos, cheios de tristezas e amarguras derivadas dos vários processos de tentativa e erro. No final do sexto ano, porém, tive uma linda experiência com Deus que mudou toda a minha história: em uma viagem, vi a imensidão do mar, e o Espírito Santo sussurrou em meu ouvido: "Filha, por acaso há algo impossível para mim?" Eu sabia que não, mas minha tristeza e angústia eram tão grandes que eu já achava que Deus não tinha a maternidade como plano para mim. Na volta dessa viagem, passamos por uma área de vasto deserto, repleto de terras secas. Em determinado momento, em meio àquela terra árida, avistamos vinhas frutíferas e, novamente, o Senhor sussurrou em meus ouvidos: "Filha, por acaso há algo impossível para mim?" Fui ministrada de maneira emocionante pelo amor do Pai, que me fez perceber que há recomeços na espera! Exatamente três anos depois, fomos agraciados com um filho, que hoje completa um ano de vida exatamente no momento em que escrevo estas palavras.

Precisamos reconhecer nossas emoções para ter intimidade com o Senhor. Embora saibamos que ele é onisciente, onipresente e onipotente, ele espera que falemos o que sentimos, pensamos e tememos, pois gera intimidade. Eu só posso ser íntimo do outro se, primeiro, for de mim mesma. Talvez, durante sua vida e até hoje, você passe por um longo período de espera, sobre o qual pergunto: O que você tem sentido? Às vezes, a falta de sentir as emoções faz que você escolha caminhos alternativos que conduzem a tristezas e dores.

Quando passamos a identificar nossas emoções, nos tornamos responsáveis por mudar o que é possível e entregar nas mãos do Senhor o que está além do nosso alcance. Reflita sobre o que você tem esperado e como pode viver essa espera de uma maneira diferente. Escreva ações práticas pro seu dia a dia enquanto suas respostas não chegam.

Benefícios de reconhecer e lidar com as emoções

Depois dessas análises, podemos perceber muitos benefícios em reconhecer e lidar com nossas emoções, como o desenvolvimento da nossa inteligência emocional, que, segundo Goleman[2], trata-se da capacidade de identificar nossas emoções e as dos outros. Para que possamos desenvolver essa inteligência, precisamos preencher cinco princípios: capacidade de reconhecimento das emoções e dos sentimentos; aprender a lidar com as emoções; procurar colocar as emoções diante de metas; ter empatia para compreender o que o outro sente; e, por último, desenvolver a habilidade de lidar com as emoções do outro.

A habilidade no reconhecimento das emoções proporcionará autocontrole emocional e autoconhecimento. A falta pode trazer prejuízos para seus relacionamentos interpessoais e ministeriais. Nossos relacionamentos e ministérios tendem a ser saudáveis na medida em

---

[2] Daniel Goleman. *Inteligência emocional: a teoria revolucionária que define o que é ser inteligente* (Rio de Janeiro: Objetiva, 2012).

que conseguimos reconhecer nossas emoções e as emoções das pessoas à nossa volta.

Conhecer e identificar as próprias emoções faz que nos conectemos com nossa identidade, e esse é o maior benefício de aprender a lidar com as emoções. Nossa identidade não está firmada no que sentimos, mas evidencia-se a partir de nossas ações. Muitas vezes queremos que Deus, amigos, irmãs em Cristo, marido e pais compreendam nossas necessidades, mas será que sabemos quais são?

Para lidar melhor com suas emoções, procure:

- Identificá-las e nomeá-las;

- Identificar as sensações e reações físicas que você tem a partir dessas emoções, como: choro, tremor nas mãos, sudorese, taquicardia, arrepio, entre outros;

- Questionar-se sobre quais situações provocam essas reações;

- Refletir se há algo que você possa fazer para lidar com essa emoção e se é possível colocar em prática rapidamente;

- Levar em conta a possibilidade de uma situação parecida acontecer e como você poderá reagir.

Se necessário, pratique essas instruções diariamente. No início, pode ser um pouco desafiador, mas, com o tempo, você aprenderá a olhar mais para si mesma e encontrará habilidades para lidar com todas as suas emoções sem que elas a controlem. Lembre-se de que nem tudo que pensamos acontece. Precisamos discernir o que é real do que é imaginário e, assim, poderemos avançar em nossos relacionamentos e no Reino.

Insatisfação feminina e contentamento

>> LORENA RODRIGUES

> Digo isto [...] porque aprendi a viver contente em toda e qualquer situação (Filipenses 4:11, ARA).

Quando penso na palavra contentamento, lembro-me imediatamente do livro escrito por Eleanor H. Porter intitulado *Pollyanna*.[3]

O enredo envolvente gira em torno da menina de onze anos que, após a morte do pai, que era pastor, passa a morar com a tia carrancuda, sua única parente viva. Mesmo diante da situação, ela não perde seu otimismo e contagia todos ao redor com o chamado "jogo do contente". No jogo, o objetivo era sempre ver o lado bom das situações. Quanto mais difícil fosse achar algo bom, mais divertida seria a brincadeira.

Brincando do jogo do contente: "O que está em jogo quando o assunto é nossa satisfação plena?" A história de Pollyanna pode nos ensinar muitas lições valiosas que refletem os princípios e valores mais profundos da "teologia da alegria", ou seja: "um sentimento bom na alma, produzido pelo Espírito Santo, quando ele nos faz ver a beleza de Cristo na Palavra e no mundo."[4] Quando ouvimos a palavra "contente" ou "contentamento", automaticamente as conectamos com "alegria", "felicidade" e "bem-estar". Mas, afinal de contas, qual seria a visão bíblica do contentamento? Seria ela o prêmio para o vencedor do jogo do contente?

Como a maioria de nós aprende por comparação, talvez o melhor caminho seja definirmos o que é o descontentamento. Este se apresenta na natureza humana desde o Éden e está enraizado no desejo de controle e independência. Mesmo vivendo em perfeitas condições no jardim de Deus, Adão e Eva ainda assim não estavam satisfeitos. Percebemos, portanto, que as raízes do descontentamento não são as circunstâncias, mas sim uma falta de confiança no caráter amoroso e relacional do nosso Deus. A frustração, o desapontamento e os sentimentos de injustiça, inveja e tristeza apenas se alimentam dessa incredulidade.

---

[3] Eleanor H Porter. *Pollyanna* (Barueri: Companhia Editora Nacional, 1934).

[4] John Piper. *Como você define a alegria*, Voltemos ao evangelho, 2019. Disponível em: https://voltemosaoevangelho.com/blog/2019/02/como-voce-define-a-alegria/. Acesso em: 18 jul. 2023.

Sendo assim, o verdadeiro contentamento cristão deve ter suas raízes em um profundo e genuíno relacionamento de confiança com o criador. Temos de deixar que ele direcione nossa forma de enxergar o mundo e as situações cotidianas da nossa vida por meio de seu olhar.

Para julgar nossa vida, precisamos buscar padrões e critérios que estejam alinhados com sua Palavra. Ao olharmos para as circunstâncias desafiadoras de nossa vida, a narrativa de Deus deve ter primazia sobre a nossa. Seríamos nós pobres coitados e sofredores injustiçados, ou privilegiados? O que dita como enfrentamos e interpretamos os acontecimentos da nossa vida? Seria a forma como enxergamos a nós mesmas ou as circunstâncias? É preciso enxergar com os olhos de Cristo.

Tish Warren, em sua obra *Liturgia do ordinário*, afirma a importância de enxergar cada detalhe da vida pelas lentes da liturgia. Como ela mesma define, "liturgias são pequenas práticas e hábitos que nos formam"[5], mesmo fora de um contexto religioso tradicional. Quando, intencionalmente, vivemos em comunhão com o Senhor, podemos percebê-lo até mesmo nos afazeres mais ordinários do dia, e essa percepção pode nos trazer grande contentamento. Não somente na liturgia do culto, mas também em meio ao trabalho, à correria com as crianças, às demandas do ministério e da vida conjugal, podemos encontrar grande fonte de satisfação e propósito no Senhor.

O problema é que, infelizmente, somos falhos. Nossa fé vacila e, muitas vezes, tiramos os olhos do Criador. Além do medo de que Deus não nos dará o que precisamos, desconfiamos de que ele tenha um julgamento parcial. Passamos a acreditar que ele beneficia os outros mais do que a nós e caímos na armadilha da comparação.

Infelizmente, a era da comunicação e o consumismo exacerbado têm contribuído muitíssimo para esse sentimento na nossa sociedade. A exposição e o acesso à vida das pessoas por meio das redes sociais nos fazem construir histórias e narrativas mentais sobre o quanto a

---

[5] Tish H. Warren. *Liturgia do ordinário: práticas sagradas na vida cotidiana* (Rio De Janeiro: Thomas Nelson, 2021).

vida dos outros é melhor que a nossa. Como a casa da outra é mais bonita e organizada; como os filhos dela são bem-educados e talentosos; como o marido dela é presente (porque posta fotos todos os dias com os filhos). Comparamos, inclusive, ministérios e igrejas, como se o sucesso no reino de Deus fosse medido por critérios humanos.

A comparação é prejudicial em todas as frentes. Entre pessoas ou coisas, o resultado é sempre ingratidão e descontentamento. Quando nos comparamos ao sexo oposto, somos ingratas ao papel que o Senhor nos designou em seu Reino. Carregamos em nós aspectos da imagem de Deus que o homem sozinho não pode expressar, mas muitas vezes rejeitamos esse privilégio por achar que ele é inferior.

Quando nos comparamos com outras mulheres, da mesma forma, estamos agindo com incredulidade e ingratidão. Ao dizer: "Ela fala tão bem e eu não consigo nem liderar um grupo pequeno" ou "Por que eu tenho de passar por isto e ela não?", desconfiamos da soberania de Deus e de sua bondade graciosa conosco. O mesmo acontece quando comparamos as situações que vivemos, aquilo que temos, nosso corpo, nossos talentos, dificuldades etc.; a lista parece não ter fim.

A comparação é nociva e nos leva somente a dois resultados: o descontentamento (por nos acharmos inferiores) ou o orgulho (por nos acharmos superiores). Ao não reconhecer seus grandes feitos em nós e por meio de nós, desonramos a Deus. Esse descontentamento cria raízes onde a Palavra não está sendo semeada e nutrida com a verdade, colocando em jogo a imagem que temos de Deus e a nossa imagem refletida nele.

Mesmo cientes disso, ainda estamos sujeitos a esses sentimentos. Isso acontece porque, em parte, existe um outro fator determinante para o contentamento em nossa vida: nossas expectativas. Estas ficam, por vezes, escondidas em segundo plano (por causa de seu caráter subjetivo), mas o contentamento está intimamente ligado a elas.

Expectativas às vezes são confundidas com esperança. Com base em crenças e visão de mundo, todos criamos expectativas e cultivamos uma esperança. No entanto, elas se diferem com respeito ao processo de espera pelo que desejamos. A esperança nos ensina a esperar com gratidão por um bem imerecido, pois tudo vem das mãos do Senhor. Já as expectativas geram ansiedade e impaciência para receber algo bom que acreditamos já merecer. Uma é baseada na graça; a outra, em um suposto mérito.

Aprender a lidar com esses dois cenários nos ajuda na caminhada cristã rumo ao contentamento. É necessário observar se temos vivido firmadas em expectativas vazias que colocam sobre nós o fardo de lutar com a força do nosso próprio braço, ou na esperança viva à qual fomos chamadas a viver (cf. 1Pedro 1:3)

De forma bem prática, precisamos observar onde temos deixado nossa imaginação nos levar. Gastamos tempo imaginando tudo o que poderia acontecer ou ter acontecido, fundamentadas em nossos próprios feitos e perspectivas, ou escolhemos olhar para as circunstâncias e crer na soberania do Deus que nos chama de filhas? Precisamos de uma imaginação "batizada", morta para nossas vontades e viva para Cristo. Não podemos nos deixar levar por padrões e desejos que não correspondem à nossa identidade. Não devemos deixar que nossa mente crie cenários irreais, alicerçados em castelos de areia que ruirão na primeira tempestade. Nossa esperança é viva! Ela não é uma coisa ou situação ideal. É uma pessoa: Cristo!

Quando colocamos nossa esperança nele, ainda que as circunstâncias sejam difíceis, nossa fé permanece firme. Mesmo quando as situações da vida cotidiana e do ministério não saem como planejamos: quando o casamento está em crise ou simplesmente não acontece, os filhos não vêm como o esperado, ou o ministério não está crescendo, ainda é possível encontrar alegria e satisfação no Senhor. O contentamento não é fruto de circunstâncias perfeitas ou de tempos de calmaria, ele é o resultado da confiança no senhorio de Cristo.

Precisamos entender que é também uma habilidade a ser desenvolvida e aperfeiçoada, que faz parte do nosso processo de santificação. Essa jornada passa pelo vale da privação, onde aprendemos e somos treinadas. O próprio apóstolo Paulo diz, em sua carta aos Filipenses, que ele aprendeu a estar contente em toda e qualquer situação (cf. Filipenses 4:11), ou seja, apesar das circunstâncias enfrentadas, encontrava alegria na fonte inesgotável da graça de Deus. Não é uma jornada fácil, mas uma questão de realinhamento dos nossos amores e valores; daquilo que colocamos no centro de nossa existência como guia de nossas decisões e nossos sentimentos.

Quando identificamos nossos desejos mais fundamentais e os colocamos diante do amor e bondade graciosos de nosso Deus, ganhamos uma nova perspectiva. Nada neste mundo se compara àquilo que temos nele. Todo o resto se torna secundário, e tudo o que somos e temos se torna suficiente.

Ao absorver essa verdade, ganhamos uma ferramenta poderosa na jornada em busca do contentamento: a gratidão. A alegria exala de um coração grato ao Senhor. Quando nossa vida está centrada somente em necessidades, desejos, bem-estar e emoções, não conseguimos repousar em gratidão. Pelo contrário, ficamos incessantemente em busca de algo mais, em um exercício constante de correr atrás do vento. Um dos pais da igreja, Agostinho de Hipona, corretamente observou essa verdade séculos atrás, quando escreveu "Fizeste-nos para ti e inquieto está o nosso coração, enquanto não repousa em ti.[6] Enquanto buscarmos preencher nosso coração e nossa vida com coisas e pessoas que não sejam o Senhor, não encontraremos o descanso que o contentamento nos traz. Vivemos em um mundo que perece na síndrome do esgotamento físico, mental e emocional, porque insistimos em encontrar propósito e alegria fora do Criador. Nada neste mundo pode nos trazer satisfação plena a não ser um relacionamento íntimo com aquele que nos criou.

Observando tudo isso, podemos concluir que o jogo do contente de Pollyanna tem somente uma chance de funcionar na vida real: convidarmos o Espírito do Senhor a transformar nosso

---

[6] Aurélio Agostinho (Santo Agostinho), *Confissões I* (São Paulo: Editora Penguin, 2017, versão Kindle).

coração e, consequentemente, nossa perspectiva. Tentar produzir contentamento artificialmente na nossa própria força traz frustração. Apenas quando mergulharmos na Palavra, deixando a verdade de Deus se tornar realidade em nós, é que poderemos encontrar satisfação e descanso. O contentamento nasce ao saber que pertencemos a um Deus bom, soberano e gracioso, que cuida de nós. O descanso vem por confiar que "todas as coisas cooperam para o bem daqueles que amam a Deus, daqueles que são chamados segundo o seu propósito" (cf. Romanos 8:28, ARA). Que, por meio dessas verdades, possamos encontrar descanso na obra de Cristo e em tudo o que ele nos dá juntamente a ela. Que possamos caminhar esta jornada lado a lado com aquele que nos criou. Termino aqui com as palavras do profeta Jeremias:

> Eu lembro da minha tristeza e solidão,
> das amarguras e dos sofrimentos.
> Penso nisso e fico abatido.
> Mas a esperança volta quando penso no seguinte:
> O amor do Senhor Deus não se acaba,
> e a sua bondade não tem fim.
> Esse amor e essa bondade são novos todas as manhãs;
> e como é grande a fidelidade do Senhor!
> (Lamentações 3:19-24, NTLH)

Intelecto

>> Viktorya Zalewski P. S. Baracy

Nos tempos bíblicos, uma mulher ensinava sua filha a moer grãos. A ferramenta usada era uma moagem de pedra, e o processo de produção de farinha para alimentar uma família de seis pessoas poderia levar de duas a três horas ao dia. A filha não aprendia a moagem apenas com a mãe, mas com diversas mulheres do grupo, que moíam os grãos lado a lado, provavelmente conversando ou cantando.

O trabalho era indispensável para a sobrevivência da comunidade.[7] Mais tarde, o cozimento aconteceria em fornos compartilhados, e a filha também aprenderia por observação e com os ensinamentos das outras mulheres. No final, todo o trabalho se transformaria em pão para as famílias. Futuramente, essa filha também ensinaria a própria filha e assim seguiria a tradição.

Em nossos tempos, em alguma universidade na América do Sul, uma moça de dezenove anos está em sua primeira semana de aula de biomedicina. Empolgada, aprende a manusear um microscópio com a professora. Já tem em mente os livros que precisará retirar na biblioteca para estudar para as próximas disciplinas, livros enormes e pesados, que podem causar um acidente se atirados da janela de um prédio. Eles contêm informações valiosíssimas para sua profissão e, é claro, para que a estudante passe nas próximas provas.

O que as duas cenas têm em comum? Conhecimentos passados adiante em comunidade. Na primeira, tudo o que a menina teve de aprender para fazer pão foi observar e ouvir sua mãe e sua comunidade e, depois, executar e praticar os conhecimentos. Não precisou inventar uma maneira de moer os grãos ou assar, nem precisou criar uma receita. Na segunda cena, a moça universitária não foi deixada a sós com um microscópio para descobrir o que ele fazia. Uma professora, que aprendeu com outro professor ou professora, ensinou tudo o que era necessário para aquele momento. Além disso, a estudante não terá de descobrir por si mesma por que existem ou surgem as doenças. Muito do que precisa aprender foi deixado nos livros. Novas descobertas serão publicadas em artigos e circularão, também, entre os pesquisadores.

Por vivermos na era da informação, muitas vezes nos esquecemos da bênção que é *conhecer* e *aprender*. Quando nascemos,

---

[7] Carol Meyers. *As mulheres do Israel Antigo eram subservientes? A Bíblia e a arqueologia*. The Biblical Mind, 2021. Disponível em: https://hebraicthought.org/as-antigas-mulheres-israelitas-eram-subservientes-a-biblia-e-a-arqueologia/. Acesso em: 29 nov. 2021.

já existiam remédios, carros e livros. Não tivemos de inventar nenhuma dessas coisas. Estou sentada em um sofá que não fabriquei e sendo refrescada por um ventilador que não projetei. Não importa se paguei por eles; se ninguém tivesse o conhecimento para construí-los, de nada valeria meu dinheiro. Posso escrever este texto e você pode lê-lo porque uma professora nos ensinou a desenhar as letras, a descobrir que sons faziam, a escrever, a ler. Foi assim que nos tornamos capazes de ler a Bíblia. A mensagem do evangelho, que se iniciou oralmente, foi passada para pergaminhos e, depois, códices (livros), chegando até nós em Bíblias traduzidas e impressas. Felizmente, não precisamos saber grego *coiné* para ler as maravilhosas palavras de Cristo!

O conhecimento faz parte do *mandato cultural* dado por Deus. Quando criou os seres humanos, o Senhor falou: "[...] Sejam férteis e multipliquem-se! Encham e subjuguem a terra! Dominem sobre os peixes do mar, sobre as aves do céu e sobre todos os animais que se movem pela terra" (Gênesis 1:28). A Palavra também diz: "O Senhor Deus colocou o homem no jardim do Éden para cuidar dele e cultivá-lo" (Gênesis 2:15). Não se engane: o cultivo e o cuidado do jardim envolvem conhecimento.

Deus criou nosso corpo de maneira que possamos conhecer e aprender. Conhecimento é graça! Conforme crescemos, aprendemos tateando nossos brinquedos, descobrindo sons, cheiros e cores, e foi o Criador quem possibilitou tanto. Além disso, ele nos fez seres sociais ("sejam férteis e multipliquem-se"). Com minha família, meus amigos e minha escola, aprendi a escovar os dentes, a estudar, a fazer bolo, a dirigir, a calcular meu dinheiro, a usar meu computador. Hoje, graças ao intelecto e à energia que Deus me dá, consigo fazer cursos e ler livros que me ensinam a servir na igreja e a cuidar bem dos meus irmãos. Tenho acesso a comentários bíblicos que me ajudam a entender a Bíblia; aprendo mais sobre quem Deus é e, enquanto isso, minha mente é renovada (cf. Romanos 12:2).

Sim, a *renovação da nossa mente* também acontece pelo *cuidado intelectual,* que significa cuidado com o *intelecto.* De acordo com o dicionário Michaelis, "intelecto" quer dizer "faculdade do entendimento humano, do raciocínio e da compreensão; inteligência". Embora esse cuidado possa implicar em exercícios que melhoram a memória, a concentração e o raciocínio, neste texto, viso ao cuidado intelectual que implica na seleção criteriosa do *conhecimento* que recebemos e cultivamos. Você, filha de Deus que trabalha em um ministério, tem um papel importantíssimo no cuidado intelectual das mulheres e de si mesma. Afinal, não é todo conhecimento que renova nossa mente, pois nem todo ele é verdadeiro, nobre, correto (cf. Filipenses 4:8). Por isso, precisamos filtrar e sempre refletir sobre as informações cotidianas recebidas. Nossa mente é como um jardim que precisa ser cuidado. Quando não retiramos o lixo que o vento traz, não arrancamos as ervas daninhas, não regamos, adubamos e podamos as plantas, o jardim se deteriora.

Ter bom conhecimentos a respeito de Deus, da Bíblia, de nós mesmas e do mundo muda completamente a maneira como pensamos e agimos. De acordo com Kenneth Boyd,

> normalmente pensamos sobre 'bem-estar' em termos de saúde física e mental. Para melhorar seu bem-estar físico, é bom praticar exercícios; para aumentar seu bem-estar mental, considere desligar o telefone de vez em quando. Existe outra maneira, menos conhecida, na qual devemos pensar sobre nosso bem-estar: em termos de conhecimento.[8]

Será que você está cuidando de si mesma intelectualmente? A seguir, apresento algumas dicas práticas para desenvolver nosso

---

[8] Kenneth Boyd. *O antídoto para as fake news é nutrir nosso bem-estar epistêmico.* Associação Brasileira Cristãos na Ciência. Disponível em: https://www.cristaosnaciencia.org.br/o-bem-estar-epistemico/. Acesso em: 29 nov. 2021.

intelecto, seja para nossa vida seja para o cumprimento de nossa parte na missão de Deus.

Leia livros

De uma forma ou de outra, todas nós já ouvimos que ler é importante; queremos que nossos filhos leiam livros e consideramos inteligentes as pessoas que leem. Mas algo também é óbvio: ler é difícil! O escritor Tony Reinke explica que, para alguns, uma pilha de livros é como "uma pilha de *donuts* cheios de cobertura", enquanto "para a maioria, ter de ler um livro é como tentar beber um copo enorme de vitamina. Você sabe que precisa ler — e que seria bem mais saudável se o fizesse — mas tudo em você se recusa a engolir!"[9]

Em primeiro lugar, ler é difícil porque vivemos em um país onde a educação ainda não é boa. De acordo com o Instituto Pró-Livro, o brasileiro lê, em média, menos de três livros por ano.[10] A mãe de muitas de nós não terminou a escola, e muitas avós eram analfabetas. Somos uma das primeiras gerações que puderam ir à escola, que, por sua vez, nem sempre nos incentivou corretamente. Por isso, talvez o hábito da leitura em nossas famílias tenha de começar em nós.

Em segundo lugar, ler é difícil porque estamos na era das distrações. Temos um celular apitando toda hora, nos avisando constantemente que emails, mensagens no WhatsApp e no Instagram estão chegando. Se você sente que precisa checar seu celular constantemente, acredite, não é culpa sua. Os aplicativos são projetados para funcionarem como caça-níqueis, fazendo que constantemente fiquemos ansiosas para checar a próxima notificação. A tela de rolagem infinita nos leva a rolar sem parar. Ler já é difícil com todos

---

[9] Tony Reinke. *Lit!: Um guia cristão para leitura de livros* (Niterói: Concílio, 2019), p. 18.

[10] Davi Lago. *Retratos da leitura no Brasil*. G1 Globo. Disponível em: https://g1.globo.com/politica/blog/matheus-leitao/post/2019/01/06/retratos-da-leitura-no-brasil.ghtml. Acesso em: 20 nov. 2021.

os afazeres da família e do ministério, mas a época em que vivemos parece tornar o hábito ainda mais distante.

No entanto, se quisermos cuidar mais de nós mesmas e ter uma vida mais saudável e feliz, precisaremos reavaliar nossas prioridades e rever nosso uso do celular. De acordo com recente pesquisa, brasileiros gastam cerca de 5,4 horas diárias no *smartphone*, empatando apenas com a Indonésia.[11] Quanto poderíamos aprender se trocássemos ao menos um pouco desse uso pela leitura de livros? Saiba: a leitura de livros é mais profunda do que outras leituras (do Instagram ou de notícias, por exemplo). Geralmente, um livro passou por um processo editorial de revisão. Outras pessoas leram o livro antes de você, discutiram sobre ele e sugeriram melhorias. Quando você lê um livro, é um projeto mais bem-acabado, pensado e trabalhado. Se a obra resistiu ao tempo e foi republicada, então, é um ótimo sinal.

Contudo, assim como nenhum iniciante no esporte já começa correndo longas maratonas, ninguém ingressando no mundo da leitura deveria começar com livros difíceis e enormes. Por isso, se você está começando:

1. Inicie por assuntos de que você goste. Existe um mundo de possibilidades a serem exploradas: jardinagem, crônicas de viagem, missões, oração, vida em família, vida em outros países, culinária, esporte, humor, tecnologia, moda, marketing, relacionamentos. Existem livros sobre todos os assuntos e para todos os tipos e gostos. Isso torna a leitura prazerosa e nos ajuda a criar o hábito!

2. Inicie, também, por assuntos necessários para você neste momento. Pense: Quais são suas necessidades mais urgentes? Sobre o que você precisa saber mais? Talvez queira aprender

---

[11] *Brasileiros são os que passam mais tempo por dia no celular, diz levantamento*. G1 Globo. Disponível em: https://g1.globo.com/tecnologia/noticia/2022/01/12/brasileiros-sao-os-que-passam-mais-tempo-por-dia-no-celular-diz-levantamento.ghtml. Acesso em: 26 jan. 2022.

como ajudar seus filhos pequenos na gestão de suas emoções. Nesse caso, eu recomendaria o livro *O cérebro que diz sim*, do professor de psiquiatria Daniel Siegel e da psicoterapeuta Tina Bryson.[12] Talvez você esteja enfrentando problemas na área sexual em seu casamento. Por que não ler o livro *Homem micro-ondas, mulher fogão a lenha*, de Gabriela Dias?[13] Ou, quem sabe, você esteja passando por conflitos com a estrutura eclesiástica da sua igreja, e isso tem causado feridas em sua vida. Nessa situação, eu recomendaria o livro *Uma igreja chamada tov*, de Scot McKnight e Laura Barringer[14]. Quando buscamos repostas em bons livros, a leitura se torna muito mais significativa. Use a curiosidade a seu favor, pois é um dom. De acordo com Dorothy Borse, "um estudo neurocientífico mostra que nossos cérebros mudam enquanto estamos curiosos, e isso nos torna melhores não apenas para aprender a informação alvo de nossa curiosidade, mas também para aprender outros assuntos pelos quais temos menos interesse".[15]

3. Aproveite as pausas e encontre momentos. Está esperando a filha sair da aula de balé? Por que não levar o livro na bolsa e ler uma página? Sua liderada se atrasou para uma reunião? Aproveite para ler mais duas páginas! Eu, particularmente, gosto muito de ler antes de dormir. Tenho trocado as telas do celular — que comprovadamente fazem mal ao sono — por um bom livro nesse momento, pois me ajuda a me acalmar antes de dormir e a pegar no sono. Cada pessoa, porém, é única e funciona de uma maneira.

---

[12] Daniel J. Siegel; Tina Payne Bryson. *O cérebro que diz sim: Como criar filhos corajosos, curiosos e resilientes* (São Paulo: Planeta, 2019).

[13] Gabriela Dias. *Homem micro-ondas, mulher fogão a lenha*: Como esquentar o relacionamento do casal. Guarulhos: Hábito, 2022.

[14] Scot McKnight; Laura Barringer. *Uma igreja chamada tov: A formação de uma cultura de bondade que resiste a abusos de poder e promove cura* (São Paulo: Mundo Cristão, 2022).

[15] Dorothy Boorse. *A maravilha da Criação*. In: Associação americana de evangélicos. *Quando Deus e a ciência se encontram* (Associação Brasileira de Cristãos na Ciência: 2015), p. 18.

4. Encontre novas maneiras de ler. Hoje, tenho lido muito pelo Kindle, que é como um *tablet* para ler livros, mas cuja tela não agride os olhos. Se você não tem um Kindle, também pode ler pelo celular ou pelo notebook. Livros digitais são muito mais baratos e acessíveis. Também existem os audiolivros, uma espécie de gravação lida por alguém em voz alta. O site The Pilgrim conta com vários livros cristãos em áudio de ótima qualidade. Você pode ouvir os livros lavando a louça, limpando a casa ou fazendo exercícios.

5. Faça parte de grupos de leitura ou estudo. A leitura é ainda melhor quando é uma prática comunitária. Podemos trocar nossas impressões da leitura, abençoando, assim, nossas irmãs e cultivando amizades.

6. Quando estiver pronta, leia livros mais aprofundados. Existe uma série de estudos que podem nos ajudar a servir melhor no ministério, no trabalho, no lar e em qualquer outra área da vida.

7. Desligue as notificações do celular. Um aparelho apitando ao seu lado dificilmente a ajudará a se concentrar.

Encontre fontes e especialistas confiáveis

Vivemos em uma era que produz informação em uma velocidade como nunca antes vista. A cada minuto, quinhentas horas de vídeo são carregadas no YouTube.[16] No Brasil, treze mil novos livros foram publicados em 2020.[17] Em meio a tantos vídeos e textos,

---

[16] Leandro Abreu. *23 estatísticas do Youtube que comprovam por que a plataforma é uma das maiores redes sociais*. RockContent, 2019. Disponível em: https://rockcontent.com/br/blog/estatisticas-do-youtube/. Acesso em: 30 nov. 2021.

[17] Produção e vendas do setor editorial brasileiro: ano-base 2020. Sindicato Nacional dos Editores de Livros, 2021. Disponível em: https://snel.org.br/wp/wpcontent/uploads/2021/05/APRESENTACAO_Pesquisa_Producao_e_Vendas_-_ano-base_2020.pdf. Acesso em: 30 nov. 2021.

podemos nos perguntar: Como escolher a que assistir? Como escolher o que ler?

A pergunta se torna ainda mais difícil quando procuramos algo para assistir ou ler não apenas para entretenimento, mas para encontrar alguma informação importante. Se quero entender melhor o funcionamento do sono do meu bebê, por exemplo, onde posso encontrar fontes confiáveis, se às vezes nem dois médicos chegam a um consenso? Com tantas questões cotidianas a serem resolvidas, sentimo-nos esmagadas pela quantidade de informações que existem ao nosso redor. No entanto, beber água das melhores fontes é um ato que não pode ser negligenciado, pois influencia todas as outras áreas da vida.

Felizmente, existem maneiras de encontrarmos informações mais confiáveis. A verdade é que nenhuma de nós sabe de tudo ou deveria saber tudo. Isso é libertador! Podemos contar com os especialistas em cada área, pessoas que estudaram muito para passarem seu conhecimento adiante, como cientistas e estudiosos. Ainda que o ser humano, com seu pecado, possa deturpar as ciências e as outras áreas do conhecimento, elas pertencem a Deus, o Criador, que projetou o funcionamento da natureza: "Quantas são as tuas obras, Senhor! Fizeste todas elas com sabedoria! A terra está cheia de seres que criaste" (Salmos 104:24). O salmista também diz: "Grandes são as obras do Senhor; nelas meditam todos os que as apreciam" (Salmos 111:2).

Além da ciência e do estudo serem formas de contemplação das maravilhas criadas por Deus, o trabalho de cientistas e especialistas também faz parte da ordem de cultivar o jardim (cf. Gênesis 2:15). Quando um engenheiro projeta um novo material de energia renovável, quando uma biomédica pesquisa um novo remédio que pode auxiliar na cura de doenças, e quando uma pedagoga escreve um livro sobre educação infantil, o conhecimento está sendo usado para o bem comum, para servir e ajudar pessoas. É exatamente isso que acontece neste livro: mulheres escreveram conhecimentos e testemunhos para abençoar outras mulheres. Por isso, quando for pesquisar materiais, livros e profissionais para ajudá-la na vida cotidiana, familiar e ministerial, fique atenta aos seguintes conselhos:

1. Procure especialistas de cada área, seja por diploma ou tempo de atuação. Em algumas áreas, a formação é fundamental, como na área da saúde. Em outras áreas, anos de experiência são muito importantes. Por exemplo, tenho certeza de que um casal que trabalha com ministério de casais há anos pode oferecer um acompanhamento mil vezes melhor a uma família do que meu marido e eu, pois somos casados há apenas dois anos e nunca trabalhamos com isso.

   Quando comprar um livro ou contratar um serviço, pesquise: há quanto tempo este profissional trabalha com isto? No que atua? Infelizmente, existem muitas pessoas vendendo cursos na internet sem serem especialistas, alguns com a finalidade de conseguir dinheiro fácil. No caso dos livros, dependendo do assunto, a confiabilidade da editora também pode ser importante. Lembre-se, também, das subáreas de especialização: um fisioterapeuta de unidade de tratamento intensivo tem uma atuação muito diferente da de um fisioterapeuta esportivo, por exemplo.

   As dicas acima parecem simples, mas muitas de nós não têm tomado esses cuidados. Nos dias de hoje, gurus são escolhidos para conduzir a vida das pessoas como se soubessem de todas as coisas e dominassem todas as áreas. No entanto, onisciente é apenas o Senhor! O princípio cristão do corpo de Cristo nos lembra que precisamos uns dos outros.

2. Procure direcionamentos. É o mais saudável a se fazer em um mundo cheio de informações. Quando quero indicação de um livro sobre psicologia infantil, pergunto aos meus amigos psicólogos. Quando não sabem, encaminham minha pergunta para alguém que eles têm certeza de que sabe. Quando preciso de dicas para produzir conteúdo

digital, tenho conhecidos em quem confio para me explicar. Quando minha campainha começou a tocar sem parar, liguei para um amigo engenheiro eletricista que me explicou que ela provavelmente estava em curto, o que poderia ser bem perigoso.

Mesmo que você não tenha amigos especialistas, talvez tenha amigos que conheçam especialistas, ou que conheçam alguém que conhece algum especialista (seja em vídeo ou por livro). Isso está relacionado, mais uma vez, ao princípio cristão de que somos Corpo.

3. Em casos mais sérios, procure a segunda opinião. Tenho um amigo psicólogo que trabalha com crianças autistas e já me relatou diagnósticos dados muito rapidamente por algum profissional. Pode ser grave, especialmente em diagnósticos de doenças com consequências para a vida inteira da criança. Nesses casos, vale sempre a pena procurar uma segunda opinião. Em muitas situações, também é importante um trabalho com diferentes profissionais. Afinal, "Sem diretrizes a nação cai; o que a salva é ter muitos conselheiros" (Provérbios 11:14).

4. Em contextos cristãos, seja ainda mais criteriosa, porém de maneira diferente. Se for chamar uma psicóloga cristã para falar sobre saúde mental para o ministério de mulheres, por exemplo, certifique-se de que essa profissional ame a Cristo e seja comprometida com ele, além de ser honesta e atenciosa em seu trabalho. Como cristãs, precisamos sempre resplandecer a luz de Cristo: "Assim brilhe a luz de vocês diante dos homens, para que vejam as suas boas obras e glorifiquem ao Pai de vocês, que está nos céus" (Mateus 5:16).

Em muitos ministérios na igreja, como dito anteriormente, o tempo de serviço é muito importante. Da mesma forma, o caráter também é. Sabemos o quanto um pastor com uma boa oratória e

A relação com a alma

com anos de pastoreio, mas que humilha a esposa e os liderados, pode destruir uma igreja.

Compartilhe seus conhecimentos para servir

Na vida cristã, o conhecimento tem propósitos muito diferentes dos que têm no mundo. Enquanto o mundo nos ensina a usar o conhecimento para nos sentirmos maiores, dominar e humilhar, Cristo nos ensina a usar o que temos para servir e amar. Afinal, está escrito em Tiago 1:17: "Toda boa dádiva e todo dom perfeito vêm do alto, descendo do Pai das luzes, que não muda como sombras inconstantes". Ele mesmo não veio para ser servido, mas "[...] para servir e dar a sua vida em resgate por muitos" (Mateus 20:28).

Quando uma dona de casa prepara tortas para seus convidados, usa seu conhecimento para cuidar e amar os outros. Quando uma médica se empenha na especialização e na atualização de seus conhecimentos e em prestar um bom atendimento aos seus pacientes, contribui para que tenham uma vida mais feliz e saudável. Quando uma líder na igreja aconselha uma moça em uma situação difícil, usa seus conhecimentos da Palavra e de vida para instruir, consolar e amar.

Há dois caminhos possíveis diante de nós: usar o que sabemos para nos sentir melhores diante daqueles que não sabem, ou encarar nossos conhecimentos e habilidades como ferramentas para amar e servir, tomando como exemplo Cristo "que, embora sendo Deus, não considerou que o ser igual a Deus era algo a que devia apegar-se; mas esvaziou-se a si mesmo, vindo a ser servo, tornando-se semelhante aos homens" (Filipenses 2:6-7).

Tendo isso em mente, minha irmã, quero encorajá-la a pensar em tudo que o Senhor já colocou em suas mãos. Nós, mulheres, temos a tendência de nos rebaixar e olhar com menos amor para nossa trajetória e nossos dons. Segundo uma pesquisa, mulheres se candidatam a 20% menos vagas de trabalho que homens, pois sentem que precisam cumprir 100% dos requisitos exigidos pelos empregadores. Já muitos homens se contentam em cumprir apenas 60% deles.[18] Muitas mulheres sofrem da chamada síndrome de impostor, considerando que suas conquistas não têm valor. Algumas pensam que, se conquistaram alguma coisa, foi por sorte.

No livro *Síndrome de impostora*, as psicólogas Cardoche e Montarlot explicam que as mulheres são, estatisticamente, mais propensas à ansiedade do que os homens, e também se preocupam mais com o que os outros podem pensar delas, o que acentua a falta de autoconfiança.[19] De fato, quantas vezes ouvi histórias de mulheres que, devido ao medo, recusaram convites para falar, liderar ou atuar em algum campo. Muitas vezes, chorei por me sentir incapaz diante dos desafios, mas Cristo me lembrou da força que vem dele. Como diz o salmista em um dos meus salmos preferidos:

> Ele é o Deus que me reveste de força e torna perfeito o meu caminho. Torna os meus pés ágeis como os da corça, sustenta-me firme nas alturas. Ele treina as minhas mãos para a batalha e os meus braços para vergar um arco de bronze (Salmos 18:32-34).

Ao longo da História, Deus equipou mulheres com os mais diversos conhecimentos e as usou para abençoar outras pessoas. Marcela, nascida em 325 d.C., "transformou sua casa em um tipo de seminário teológico, em que as mulheres podiam estudar teologia cristã e as Escrituras Sagradas".[20] Foi amiga de Jerônimo, e muitos a procuravam para debater

---

[18] *Gender insights report: How women find jobs differently.* LinkedIn, 2018. Disponível em: https://business.linkedin.com/content/dam/me/business/en-us/talent-solutions-lodestone/body/pdf/Gender-Insights-Report.pdf. Acesso em: 1º dez. 2021.

[19] Elisabeth Cadooche; Anne de Montarlot. *El síndrome de la impostora: Por qué las mujeres siguen sin creen en ellas mismas?* (Barcelona: Península, 2021).

[20] Rute Salviano Almeida. *Heroínas da fé: Devocionais com mulheres que impactaram a história da igreja* (Rio de Janeiro: GodBooks, 2020, versão Kindle), p. 12.

sobre as Escrituras quando ele foi para Jerusalém. Katharina von Bora, nascida em 1499 e esposa do reformador Lutero, administrava o lar-hospedaria da família, que recebia constantemente alunos de Lutero e refugiados, como ex-freiras. Provavelmente ela também tenha participado de muitas conversas teológicas em sua casa.[21] Catherine Booth, nascida em 1829, foi uma notável pregadora. Ela fundou o Exército da Salvação, uma das maiores instituições de caridade do mundo, junto ao marido. Jennifer Wiseman, nossa contemporânea, astrofísica na NASA e doutora em astrofísica pela Universidade de Harvard, é cristã e descobriu o cometa Wiseman-Skiff em 1987. Vivian Dalpiaz, minha amiga, me recebeu em sua casa por três meses quando cheguei em Curitiba sem salário e sem local para morar. Ela cuidou de mim como se eu fosse sua filha, ensinando-me muitas coisas sobre o cuidado com a família, a adoção, o casamento, a autoestima, arte e vida cristã. Seu cuidado ficou marcado para sempre em minha vida.

Por isso, irmã, não enterre as moedas que o Senhor colocou em suas mãos! Quando enxergar uma necessidade para a qual possui habilidades, lembre-se de que: "[...] Quem sabe que deve fazer o bem e não o faz comete pecado" (Tiago 4:17). Não se esconda! Seja palestrar, escrever um livro, costurar, ensinar, fazer um curso, cuidar de alguém, plantar mudas ou pregar: nossos conhecimentos e habilidades são possibilitados por ele.

Vamos ler livros, procurar fontes confiáveis e servir com nosso conhecimento. Não é tarde! Vamos nos cuidar também intelectualmente.

Lendo em comunidade: o "fenômeno" clube de leitura
>> LUNNAY E DÉBORA

Se você está nas redes sociais, deve ter percebido o quanto os clubes de leitura parecem estar se popularizando. Grupos para

---

[21] Rute Salviano Almeida; Jaqueline Sousa Pinheiro. *Reformadoras: Mulheres que influenciaram a Reforma e ajudaram a mudar a igreja e o mundo* (Rio de Janeiro: GodBooks/Thomas Nelson, 2021, versão Kindle), p. 103.

mulheres, homens, crianças, profissionais de áreas específicas ou para qualquer pessoa que se interesse por determinado autor ou tema. Sem a presunção de avaliar o fenômeno sociológico que leva pessoas a se interessarem pela leitura conjunta, mas com a ambição de encorajá-la a também se render a essa tendência tão benéfica, queremos compartilhar nossa experiência com a leitura individual e em grupo, e os frutos que esse movimento de leitoras tem produzido em nossa vida.

Testemunho Lunnay

Meu nome é Lunnay e lidero, ao lado da Débora, o clube do livro Mulheres de Fé Leitoras[22], uma das frentes do Mulheres de Fé. Nossa missão é encorajar mulheres em ministério a terem o hábito de ler livros com profundidade bíblica, para que cada leitora seja transformada e use esses livros como ferramentas para a glória de Deus.

Cresci sem o hábito da leitura, que foi desenvolvido só na fase adulta. Depois de estar inserida em uma igreja e exercendo o ministério como auxiliar na classe dos juniores, tive a percepção do quão necessário era buscar informação e aprofundar-me no conhecimento bíblico. Para isso, eu precisava ler, pois, em breve assumiria a classe como professora. Nesse contexto, iniciei a minha jornada de leitura.

Lembro-me da alegria quando recebi em mãos os primeiros livros comprados. A sensação maravilhosa de sentir o cheirinho de folhas novas. O primeiro foi *Perfil de três reis*, de Gene Edwards,[23] um livro bem pequeno, porém profundo, que na época veio de encontro a uma situação que eu vivenciava. Até hoje, partes dele ressoam em meus pensamentos.

Quero dizer a você que, embora tenha sido uma alegria indizível vivenciar a experiência de ter em mãos a primeira compra de livros,

---

[22] Conheça o Movimento Mulheres de Fé no Instagram @mulheres.defee.

[23] Gene Edwards. *Perfil de três reis: Cura e esperança para corações quebrados* (São Paulo: Editora Vida, 2005, 2 ed.).

não fui constante nos meses seguintes; pelo contrário, vivenciei a fase de comprar livros e não ler; de iniciar e não finalizar. A verdade é que o hábito não foi construído de uma hora para a outra! Foi preciso persistência e esforço para não desistir. Eu entendia a necessidade de crescer em conhecimento. Uma das coisas que mais valorizo no clube do livro é caminhar com mulheres como eu, que enfrentam dificuldades, que muitas vezes estão desencorajadas, e saber que ali naquele lugar seguro não estamos sozinhas. A leitura impactou a minha vida de diversas maneiras.

Os livros se tornaram boas companhias, eles alimentam a minha alma. Como é bom ter a querida Elisabeth Elliot como mentora, apesar de ela já morar no céu. Já li livros dela à luz de velas, em meio a lágrimas e soluços enquanto era fortemente encorajada, quando, na verdade, a vontade era de desistir. Não consigo mensurar o quanto Timothy Keller me ensinou de forma simples e profunda o evangelho; seus livros são riquíssimos em conteúdo bíblico e cristocêntrico. É lindo como ele aplica Cristo em todos os seus textos. C. S. Lewis marcou profundamente meu coração com seu clássico *Cristianismo puro e simples*,[24] ressignificando o que de fato é ser um cristão verdadeiro.

Testemunho Débora

Sou a Débora, e, assim como a Lunnay, também não tinha o hábito da leitura. Também não fui estimulada a ler quando criança. Na verdade, existia uma cobrança, mas na época não tínhamos tantos recursos, e minha mãe não tinha a informação correta de como fazer esse estímulo como hoje em dia. A cobrança gerou aversão à leitura.

Eu me converti aos 26 anos e logo percebi a necessidade de ler a Bíblia para que a minha caminhada cristã se desenvolvesse e para que eu fosse transformada pela Palavra da verdade. A dificuldade na disciplina para criar o hábito, porém, era grande. Passei anos

---

[24] C. S. Lewis. *Cristianismo puro e simples* (Rio de Janeiro: Thomas Nelson, 2017).

frustrada porque sempre começava planos de leitura bíblica e desistia já em Êxodo. Durante o ano, fazia devocionais e lia uma passagem ou outra, mas nunca conseguia me aprofundar, por falta de concentração. Eu me dispersava e sequer sabia o que estava lendo. Sempre me esforçava para começar de novo, mas desanimava novamente. Vez após vez, procurava outro método para ler e desistia. Assim se passaram alguns anos. Até 2019, eu não havia conseguido ler um livro inteiro sequer. Sempre começava, mas deixava de lado, porque me perdia na leitura por não compreender.

Até que, em 2020, em meio à pandemia, estava no campo missionário e percebi o quanto eu precisava ler e estudar mais a Bíblia e outros livros. Entretanto, as minhas dificuldades e limitações continuavam, por mais que eu me esforçasse. Era difícil para mim.

Certo dia, comentei em um grupo de amigas sobre a minha dificuldade em absorver a leitura. Eu tinha muita dificuldade em assimilar o que estava lendo e sofria muito por isso.

No dia seguinte a esse comentário, assisti a uma *live* na qual um pastor estava ministrando exatamente sobre o que eu estava enfrentando. No final, ele disse que iria orar de maneira específica, e o Espírito Santo falou comigo sobre tudo o que eu sofria por viver com essa dificuldade. Orei, recebi aquela oração, e a partir daquele momento vivi uma transformação.

Chorei muito na hora e percebi que nunca havia pedido para Deus me curar e tomar a frente dessa minha dificuldade. Eu achava que era daquela forma e continuaria assim a vida toda. Estava conformada com minha limitação e buscava somente minhas estratégias para ser transformada sem jamais ter pedido a Deus. Hoje sei que ele me curou desses pensamentos limitantes e da minha dificuldade com a leitura. Muitas vezes, nós nos limitamos por não ter consciência de que tudo em nós é de interesse divino a fim de servirmos de forma integral em seu Reino.

Depois disso, continuei me esforçando como antes; entretanto, com intencionalidade, pois creio que Deus me curou daquela limitação toda. Eu me dispus novamente a ler a Bíblia e entendê-la, além de começar a ler um livro e terminá-lo. Por fim, em 2020, li o Novo Testamento em sessenta dias e cinco livros inteiros. Em 2021, foram dez livros e a Bíblia toda; Em 2022, vinte livros e alguns planos de leitura bíblica.

Durante esse processo, nasceu o clube do livro Mulheres de Fé Leitoras! Não se trata de uma quantidade de livros, ou de quantas vezes li a Bíblia. Trata-se do quanto a leitura tem feito diferença na minha vida e do quanto posso compartilhar do que Deus tem feito em mim e por meu intermédio, para que o poder dele alcance outras mulheres que também não conseguem ou acham que Deus não se importa com alguma área da vida delas.

Em 2021, Deus me encorajou a começar mais um plano de leitura bíblica anual (e dessa vez fui até o fim) com algumas amigas. Eu escrevia textos sobre minhas leituras bíblicas e postava no Instagram para me ajudar a absorver o que lia e para que outras pessoas fossem edificadas. Foi por meio desses textos que a Juliana Negri me convidou para participar da escrita do devocional *Uma Jornada de Encorajamento.*[25] Depois, nasceram os grupos de oração, onde conheci a Lunnay e agora lideramos o Clube de Leitura juntas, compartilhando nossa jornada de crescimento na leitura e encorajando outras mulheres.

Seja uma facilitadora na vida de outras irmãs

Algo que nós, mulheres em ministério, precisamos ter em mente é que é preciso ler para liderar! A leitura alimenta o seu ministério. Livros nos ajudam a crescer e a sair do raso, como Ezequiel, que chegou às águas profundas. Talvez você tenha se esforçado no aconselhamento, preparado pregações, estudos e se dedicado ao ministério de louvor, talvez lidere mulheres ou esteja no campo

---

[25] Juliana Negri (org.). *Uma Jornada de Encorajamento: Devocionais diários para mulheres no ministério* (Belo Horizonte: Editora RTM, 2022).

missionário, talvez seja uma pastora ou esposa de pastor. Seja qual for a sua atuação ministerial, você provavelmente tem muitas demandas diárias.

Acredite nisto: ler, estudar e meditar pode preencher um coração vazio. A Bíblia deve permanecer a nossa fonte primária de alimento espiritual e instrução. Entretanto, não deve ser a única fonte. Em 2 Timóteo 4:13, Paulo instrui Timóteo: "Quando você vier, traga a capa que deixei na casa de Carpo, em Trôade, e os meus livros, especialmente os pergaminhos." Como é maravilhoso imaginar o apóstolo Paulo em uma prisão desejando ter livros, que incrível!

Um chamado ao ministério é um chamado para o crescimento, independentemente das circunstâncias. Nosso Pai deseja isso de cada uma de nós. Então, encorajamos fortemente você a ser uma mulher que também encoraja outras mulheres. Convide amigas para um café e orem por direcionamento para uma leitura conjunta. Convide irmãs de sua igreja. Desfrute da tecnologia e faça encontros online. Ao final, certamente terão muitos testemunhos.

Participar de um clube do livro possibilitará que você conheça novas pessoas e faça amizades, além de ajudá-la a refletir sobre o que tem lido por outra perspectiva, assim como contribuir com o entendimento de outra pessoa. Trocar experiências e perceber que não está sozinha nas dificuldades diárias, ter conversas sobre leitura intencional e tornar prático o conteúdo para aplicar no dia a dia são algumas das vantagens. Você também terá a oportunidade de conhecer livros e autores que talvez não fizessem parte da sua curadoria particular.

A leitura contribui para o desenvolvimento pessoal. Em grupo, você aprenderá a analisar livros sob perspectivas diferentes, o que ajuda a sair da zona de conforto e motiva a ser consistente no hábito da leitura. Você também se tornará crítica em relação a conteúdos que não vão ao encontro das verdades da Palavra, aprenderá a respeitar visões e formas diferentes de entender situações sem se corromper e terá um ambiente de confiança no qual poderá compartilhar vulnerabilidades mutuamente.

Ao final de cada ano, não terá apenas uma lista de livros lidos, mas uma jornada incrível dividida com irmãs que crescerão juntamente a você na fé: "Como é bom e agradável quando os irmãos convivem em união!" (Salmos 133:1) e "É melhor ter companhia do que estar sozinho, porque maior é a recompensa do trabalho de duas pessoas" (Eclesiastes 4:9).

Queremos, ainda, compartilhar um pequeno relato que vivenciamos no nosso clube:

> Estávamos lendo *Ego transformado*,[26] de Timothy Keller, após recebermos um áudio de uma irmã que mora na Itália. Ela compartilhou conosco que seu pequeno filho estava sofrendo preconceito e *bullying* na escola por parte de uma colega. Ao relatar para a mãe a situação que havia vivenciado, o pequeno, de apenas sete anos (se não me falha memória), disse que, assim como Jesus perdoou, ele também perdoaria a maldade que fizeram com ele. Sua mãe nos relatou que ficou em pedaços, pois viu o quanto o ego do seu pequeno estava satisfeito em Cristo e o quanto Deus lhe ensinara naquela situação. Trechos do livro começaram a ressoar em seus pensamentos, fazendo que ela lembrasse das lições que o autor ensina. Choramos ao ouvi-la, sentimos a sua dor como mãe, mas, ao mesmo tempo, nos alegramos ao perceber o quanto Deus usa as coisas simples e ordinárias para falar conosco e nos moldar à sua imagem, mesmo que seja por meio de um simples livro.

A importância de ler com critério

Ao selecionar livros com forte embasamento bíblico-teológico, por um lado, temos auxílio na vida ministerial, particular e no cuidado

---

[26] Timothy Keller. *Ego transformado* (São Paulo: Vida Nova, 2014).

intelectual principalmente na compreensão da Palavra de Deus. Não queremos ler somente porque o livro está "na moda". Ao contrário, selecionamos livros com conteúdos relevantes que nos ajudem a crescer espiritualmente, para sermos transformadas pelo ensino pautado nas Escrituras.

Por outro lado, somos conscientes de que os escritores são humanos e propícios a errar; por isso, precisamos reter apenas o que é bom, sem desprezar literaturas com as quais não concordamos plenamente. Avaliamos cada obra e definimos se vale a pena indicar. Fazemos pesquisas sobre o autor, a editora, ouvimos resenhas, lemos artigos de críticas referentes aos livros que colocamos em nossa lista.

Nosso desejo é glorificar a Deus e fazer o nome dele conhecido por meio do projeto Mulheres de Fé Leitoras. Cremos ser um projeto dele. Estamos dispostas e disponíveis para servir da maneira como ele nos conduzir. Desejamos que esse trabalho alcance e encoraje mulheres de todos os lugares, fases e contextos a fazer o mesmo. Você precisa apenas de um coração disponível. Acredite: aquele que chama é o mesmo que capacita. Que tal participar de um clube de leitura, ou começar um aí onde você está?

Você não precisa *caminhar* nem *ler* sozinha!

A relação com o próximo

Casamento

>> Ana Claudia de Almeida Christal

> E se o objetivo de Deus para o casamento, mais do que nos fazer felizes, for nos tornar santos? (Gary Thomas).

Quando eu estava na oitava série, descobri que era muito boa em corrida de cem metros rasos. Meu professor me colocou na equipe municipal e logo ganhei algumas medalhas como corredora mirim. Um tempo depois, participei de um tipo de "olimpíada" com várias modalidades e não foi difícil qualificar para as finais, mas, então, surgiu uma vaga na maratona.

Eu imaginei que seria fácil ganhar essa também, já que a minha arrancada e força estavam tão preparadas, mas, ao correr a maratona, descobri que não sabia muita coisa dessa modalidade. Comecei com toda a força, arrancada impecável, até que passou o primeiro quilômetro e comecei a sentir as pernas cansadas e pesadas. Sim, consegui chegar ao final, mas por pouco não tive um infarto. Descobri a duras penas que pensar estar preparada não é o mesmo que estar preparada.

O casamento pode ser comparado a uma maratona; não é uma corrida de cem metros rasos. É necessário ter mais perseverança do que força, mais sabedoria do que arranque. O casamento tem altos e baixos, retas e curvas, chuvas e trovoadas, bem como sol escaldante, ventos uivantes, frio congelante e uma longa jornada.

Tenho descoberto o quanto o casamento é um instrumento poderoso de Deus para moldar nossa alma. Perceber como Deus pode usar os diversos contextos e situações da vida, como alegrias, sofrimentos, decepções, lutas, vitórias, para nos aproximar dele e de nosso cônjuge é maravilhoso, mas também é desafiador! Tenho compreendido que não podemos deixar que a vida nos carregue, ou simplesmente deixar para ver onde tudo vai parar. Precisamos ser intencionais em desenvolver relacionamentos saudáveis, buscar ser firmes e constantes no Senhor, capazes de não morrer na primeira curva da maratona de casamento.

Casamento e ministério

Se é desafiador desenvolver um relacionamento saudável na vida cotidiana, é ainda mais na rotina de ministério. Com tantas demandas do dia a dia, muitas vezes não nos damos conta de que nosso casamento pode andar em zona de perigo. Não podemos desprezar os intentos de Satanás, a pecaminosidade do nosso coração e as circunstâncias diversas da vida que podem nos afastar, esfriar e frustrar.

Como esposa de pastor e missionário, pensei nos conselhos que gostaria de ter ouvido antes de me casar. Sei que, na verdade, há certa pressão e certo peso no posto de esposa de pastor — se você não é uma esposa de pastor, não desconecte deste capítulo, por favor. Eu tenho plena convicção de que é um grande privilégio ser chamada para servir como serva no ministério do Senhor, e fazê-lo ao lado de um homem de Deus é um privilégio também, ainda que ele não tenha chamado pastoral.

Quero destacar alguns cuidados que devemos ter com nosso casamento. Não podemos ter uma visão romântica de que tudo são flores, que todas as coisas se resolvem com beijos. Não! O casamento é um investimento diário e constante. Quem me dera fosse um evento constante, um dia diante do altar com votos e compromisso, uma lua de mel permanente. Não é, não! O dia a dia nos mostra que as flores murcham se não forem regadas, que as pragas tomam conta se não forem retiradas, e definhará a terra se não for adubada. É muito trabalhoso! A realidade diária é que dois pecadores vivem juntos em um mundo nada favorável a um casamento bíblico e santo.

O casamento nasceu no coração de Deus, foi ideia dele que um homem e uma mulher se unissem e formassem uma família. No entanto, ser uma família conforme Deus deseja não é tão fácil quanto se imagina. Não depende exclusivamente dos esforços pessoais do marido ou da esposa, o casamento que estou mencionando precisa estar centrado em Deus e em sua Palavra.

Em 26 anos de casados, temos aprendido o quanto nos aproximamos muito mais facilmente um do outro quando nos aproximamos juntos do Senhor. Quando escrevo a este respeito, não quero, de modo algum, afirmar que somos perfeitos, pelo contrário, tem sido um enorme desafio caminhar juntos. É muito mais fácil sermos individualistas, andar em nosso próprio ritmo, não depender de ninguém ou buscar nossos próprios interesses. Viver em unidade começa com o relacionamento íntimo e pessoal com o Senhor. Por isso, a base de um relacionamento íntimo com nosso cônjuge deve começar com um relacionamento íntimo com o nosso Deus.

Como esposas, podemos facilmente andar frustradas por expectativas não supridas, por mágoas retidas, por prioridades diferentes, muitas vezes, essas questões e outras podem nos afastar do nosso cônjuge. Mesmo que tenhamos um maravilhoso marido, descobrimos cedo que ele não pode suprir tudo aquilo que ansiamos. Existem coisas que nosso marido nunca poderá suprir, existem anseios da alma que somente Cristo pode satisfazer. Desenvolver um relacionamento pessoal com Deus é fonte de renovação diária, de fortalecimento, de sabedoria, de entendimento. À medida que cresço no meu relacionamento com o Senhor, compreendo quem ele é e quem eu sou nele. Estando em sua presença, nos alimentando de sua palavra, ouviremos dele as verdades que sustentarão a nossa vida: "Nunca o deixarei, nunca o abandonarei" (Hebreus 13:5b); "Por isso não tema, pois eu estou com você; não tenha medo, pois sou o seu Deus. Eu o fortalecerei e o ajudarei; eu o segurarei com minha mão vitoriosa" (Isaías 41:10). Sei que a correria do dia a dia, as pressões do ministério e as demandas do lar a deixarão esgotada. Às vezes, você ficará cansada demais para orar e buscar a face do Senhor. Não caia na armadilha de que "Eu posso deixar de estar aos pés do Senhor só por hoje." Crie uma estratégia, ache seus horários, fuja da presença de todos para se refugiar com o Pai. Não espere que venha do seu cônjuge a iniciativa de buscar o Senhor, comece com você.

Gosto muito de biografias missionárias e sou tremendamente encorajada por histórias de servos e servas fiéis ao Senhor que andaram na presença dele. Na biografia de Sarah Edwards, destaca-se que o que mais chamou a atenção de Jonathan Edwards, seu esposo, foi o fato de ela ter um relacionamento tão intenso com o Senhor que a sua face chegava a brilhar. Segue o relato de Jonathan sobre ela:

> "Dizem que em [New Haven] existe uma moça amada do Grande Ser, Aquele que criou e governa o mundo. Dizem que em certos períodos este Grande Ser vem ao encontro desta moça e, de uma maneira invisível, enche-lhe os pensamentos com extraordinário deleite; e que ela dificilmente

se interessa por qualquer outra coisa, exceto meditar nEle...
[Você] não pode persuadi-la a fazer qualquer coisa errada
ou pecaminosa, ainda que prometa dar-lhe o mundo inteiro,
pois ela receia ofender a esse Grande Ser. Ela possui muita
doçura, tranquilidade e total benevolência de pensamento;
especialmente depois que o Grande Deus se manifestou a ela.
Às vezes, anda de um lugar a outro, cantando com doçura;
e parece estar sempre cheia de alegria e gozo [...] Ela ama
estar sozinha, passeando pelos bosques e campos, e parece ter
Alguém Invisível sempre a conversar com ela".[1]

Quando li a respeito de Sarah Edwards e de seu intenso relacionamento com o Senhor, que transbordava de tal modo que as pessoas ao redor reconheciam o brilho do próprio Deus vindo dela, não só me constrangeu como me despertou a querer algo parecido. O caminhar de Sarah com o Senhor fez dela uma mulher fiel em meio às mais difíceis circunstâncias — ela passou por privações financeiras, doença do marido, muitos filhos para criar em uma época em que as coisas não eram fáceis, ela mesma cultivava e criava sua comida, enfrentou o luto pela perda de filhos, foi mal compreendida na igreja etc. No entanto, caminhar com o Senhor a fez ser uma esposa excelente, uma mãe que influenciou seus filhos em torno da cruz de Cristo; fez que ela extrapolasse para outros abundantemente a graça do Senhor.

Tenho experimentado em minha vida conjugal o que Deus pode fazer por meio de corações rendidos a ele. Um casamento centrado em Deus e em sua Palavra se torna forte, não em si mesmo, mas no Senhor. "Eu sou a videira; vocês são os ramos. Se alguém permanecer em mim e eu nele, esse dará muito fruto; pois sem mim vocês não podem fazer coisa alguma" (João 15:5).

Peça ao Senhor que dirija suas prioridades e até mesmo as pequenas coisas do seu dia a dia. Peça ao Senhor que faça a sua agenda, que

---

[1] Nöel Piper. *Mulheres fiéis e seu Deus maravilhoso* (São José dos Campos: Editora Fiel, versão Kindle).

a ajude a não gastar força desnecessária em projetos e trabalhos que não fazem parte do plano dele para sua vida. Peça ao Senhor que lhe dê sabedoria para se conectar ao seu marido, inspirá-lo a andar mais perto de Deus e buscar construir um relacionamento firmado nele.

O ditado que diz que por trás de um grande homem existe uma grande mulher apresenta certa verdade. No entanto, não é tão simples. Seu chamado como esposa é para ajudar esse homem a cumprir a missão divina dada a ele. Você fará parte disso! Escuto muitas esposas de pastor ou missionário dizendo: "O chamado é do meu marido", "Eu não tenho vocação para ser esposa de pastor", "Prefiro não me envolver". Reconheço que muitas mulheres não se sentem vocacionadas para o ministério e entram em imensa crise existencial quando vivem uma vida que não desejaram. O ministério é um chamado e uma vocação. Entretanto, ainda que a seu ver esse chamado pertença somente ao seu cônjuge, de certa forma, acredito eu, também é seu, pois o casal é uma só carne.

Por outro lado, é bem provável que existam muitas mulheres que se sintam chamadas para o ministério e seus maridos não. Alguns maridos que não são vocacionados podem sentir que são colocados em segundo plano por causa do chamado da esposa, caso essa esposa dê tempo em demasia ao exercício ministerial e negligencie suas responsabilidades, especialmente como esposa e mãe. Se Deus chamou você para realizar sua obra, tome o cuidado e certifique-se de que sua família seja sua prioridade; afinal, sua família é seu primeiro e mais importante ministério.

Precisamos compreender o que a Palavra diz. Talvez você já conheça muito bem os termos que a Palavra usa sobre ser esposa. Mas como isso se aplica ao ministério? Em Gênesis 2, depois de criar todas as coisas, Deus disse que tudo era muito bom! Logo em seguida, afirma não ser bom o homem estar só. A declaração divina "não é bom" não significa que tenha ocorrido falha ou que houvesse imperfeição na Criação, mas que faltava, no caso, a mulher. Então, da costela do primeiro homem, Deus cria a mulher. Interessante notar que o homem precisava da mulher, não a mulher do homem. Deus criou a mulher como uma auxiliadora idônea, como está registrado em Gênesis 2:18. Algumas mulheres têm estômagos revirados quando escutam terem sido criadas como auxiliadoras, sim, esse termo é mal compreendido por muitos.

No relato bíblico da Criação, a mulher ser criada como auxílio para o homem indica que faltava a união complementar de homem *e* mulher, no contexto de comunhão e companheirismo íntimo, para a glória de Deus. Somente depois da criação da mulher como complemento do homem, Deus declarou ser *muito* bom (Gênesis 1:31).[2]

A mulher que ajuda é totalmente adequada para complementar o homem, não para competir com ele. O termo *auxiliar*, usado para a mulher em Gênesis, foi usado no Antigo Testamento para referir-se somente à pessoa de Deus e à mulher. Quando se refere a Deus, o termo é traduzido por *auxílio* (cf. Deuteronômio 33:7, Salmos 33:20), socorro (cf. Salmos 115:9-11) e ajudador (cf. Oseias 13:9); muitos outros textos nos mostram a singularidade de ser auxiliadora.

A mulher foi criada para corresponder ao homem em seus aspectos fisiológico e psicológico. Em outras palavras, a mulher corresponde ao homem, mas também o completa. Ela foi criada à imagem e semelhança de Deus, assim como o homem, mas com papéis distintos, faz o que ele não faz, supre o que ele não tem, e vice-versa.

Gosto muito da imagem de que duas mãos, apesar de serem semelhantes, também têm diferenças, como os dedos de duas mãos se correspondem, entrelaçam e fecham as lacunas completando um ao outro. Desse modo, a mulher foi criada como auxiliadora idônea, totalmente correspondente. Entendo que o papel da mulher seja auxiliar seu esposo em sua missão; a missão do marido torna-se sua própria missão.

---

[2] Dr. David J. Merkh. *Deus e sua família: Comentário expositivo sobre textos bíblicos familiares* (São Paulo: Hagnos, 2016), p. 18.

Seja fiel em obedecer ao chamado de ser *auxílio*. Talvez hoje essa verdade faça você refletir sobre o que de fato significa ser uma esposa. Esteja pronta para atender ao chamado com gratidão em seu coração. Compreender quem somos em Cristo e qual o nosso lugar no seu plano torna mais fácil obedecer, mesmo diante das mais desafiadoras circunstâncias.

Quando pensamos que seremos usadas pelo Senhor, naturalmente vem à nossa mente o que temos em mãos a oferecer. Quando chegamos ao nosso atual ministério, enfrentei uma grande crise existencial. Sem meu trabalho, sem meu cabeleireiro, minha casa, meu ministério... Crise instalada, então, recebemos a visita de um casal amigo. A esposa é uma amiga tão valorosa que demonstra muito amor, capaz de puxar minha orelha e me corrigir quando necessário. Fui chorar com ela e perguntei o que eu deveria fazer nessa nova fase da minha vida, quando não teria mais o meu trabalho, meu ministério, minhas amigas etc. Ela me respondeu: "Ana, do que Deus pedirá contas a você?" Eu logo pensei nos dons que eu achava que tinha e no meu talento que, a meu ver, estavam enterrados nesta terra tão distante, mas ela mesma respondeu: "Ninguém mais pode ser a esposa para o seu marido e a mãe para os seus filhos. Faça isso! Cumpra as suas principais atribuições e você poderá fazer qualquer coisa para o Senhor. Pode parecer muito simplista, mas como é difícil!"

O mundo constantemente dirá que você nasceu para brilhar, para ser feliz! Isso é uma falácia! Você nasceu para a glória de Deus. Glorificá-lo ao cumprir seus propósitos e viver para a glória dele fará de você mais feliz e realizada. Não se preocupe se não fizer sentido para quem está ao seu redor, somente precisa fazer sentido para você e o Senhor. É nele, por ele e para ele que você deve viver.

O Senhor manda que você seja não só uma auxiliadora, mas também submissa ao seu próprio marido, como ao Senhor (cf. Efésios 5:22). Parece fácil quando lemos nas Escrituras, escutamos nas palestras, lemos nos livros, mas essa é uma das mais difíceis tarefas a cumprir. É totalmente contra nossa natureza. Natural seria ir contra o nosso marido, como nos mostra Gênesis 3:16. Dentro de nosso coração, podem surgir indagações como: "E minha vontade? E minhas preferências?"; "E minhas percepções?"; "Serei mera serviçal?" Mais uma vez, precisamos compreender o que significa ser submissa.

Ser submissa não é uma atribuição somente das mulheres. Em Efésios 5:21, Paulo diz: "Sujeitem-se uns aos outros, por temor a Cristo." Todos se sujeitam em algum sentido. A sujeição deve ser oferecida de maneira voluntária ao próprio marido, esteja ele no ministério ou não, como para o Senhor. A Bíblia não ordena que o homem submeta a mulher à sua autoridade usando a força, isso é considerado violência. Mesmo sendo concedida voluntariamente, a submissão da mulher é uma ordem bíblica, não uma opção.

Submissão significa alinhar-se ao marido. Submissão significa respeitar o marido e exige uma obra sobrenatural no coração da mulher. Não é fácil obedecer a esse chamado do Senhor. Mas Deus é maravilhoso demais e conhece nossa incapacidade de ser mulheres submissas ao nosso cônjuge, por isso, ele nos dá seu Espírito e, na dependência ao Espírito Santo, podemos voluntariamente nos colocar em sujeição. É uma obra sobrenatural.

Não significa que o marido tem autonomia no lar e decide conforme bem entende, fazendo de você mera seguidora. Lembre-se de que Deus criou a mulher como auxiliadora idônea. Cada mulher deve contribuir com suas percepções e visão de mundo diferentes das dos homens. Muitas vezes, nós mulheres enxergamos perigos ou detalhes que os maridos não veem.

Assim, submissão não implica em inferioridade da mulher. Já que Gênesis 1:27, 2:18 e Gálatas 3:28 nos mostram que tanto homem como mulher foram criados a *imago dei* (imagem de Deus) e possuem o mesmo valor diante de Deus. Quando Deus instituiu o casamento, era o homem quem precisava de uma auxiliadora, o que significa que a submissão não é generalizada em relação a todos os homens em todos os contextos, submissão deve ser ao próprio marido (cf. Efésios 5:22, Colossenses 3:18, Tito 2:4, 1Pedro 3:1).

Submissão não significa escravidão, pois tanto homem como mulher receberam a ordem de trabalharem, cuidando do que Deus criou (cf. Gênesis 1:28; 2:15-18).

O que aprendo nas Escrituras é que Deus criou homem e mulher e instituiu o casamento para ser um relacionamento complementar, no qual tanto um quanto outro tem responsabilidades e papéis distintos. Nenhum é mais importante que o outro. Pode parecer que existe um peso maior sobre a mulher, mas isso não é verdade. Como este livro é direcionado ao público feminino, minha palavra é para elas, mas tenho de considerar que a responsabilidade que Deus constituiu ao homem também é desafiadora: amar a sua esposa com um amor sacrificial e doador, cuidando dela a fim de a apresentar santa e inculpável diante de Deus, conforme vemos em Efésios 5:25-31. Como este livro está sendo escrito para mulheres, minha palavra é direcionada a elas.

Como é possível, então, ser uma esposa auxiliadora e submissa na prática?

A visão de um casamento bíblico é que ambos, marido e esposa, servem um para o outro, voluntaria e altruisticamente, e como para o Senhor. Faz toda diferença quando uma esposa serve auxiliando seu marido e o faz como para o Senhor, entendendo que dessa forma honra ao Deus que a criou e lhe deu propósito.

Para a mulher casada, o marido deve ser a prioridade, bem como, para o homem casado, a esposa deve ser a prioridade. O melhor do tempo da esposa deve ser para o marido, assim como o melhor do tempo do marido deve ser para a esposa. Uma tensão se instala quando as fases mudam, por exemplo, quando os filhos chegam, não temos o mesmo tempo que tínhamos quando recém-casados. Um cuidado que se deve ter com a chegada dos filhos é combinar com o marido como será o tempo juntos. Muitas vezes, a mulher esquece que o marido também precisa de atenção, e o marido também não entende quão desafiadora é a fase pela qual sua esposa está passando. Dedique tempo e disposição intencional para ser a cooperadora e a auxiliadora idônea e necessária, criada por Deus para complementar seu marido. É bem mais do que cozinhar, lavar a roupa e organizar a bagunça. Envolve ouvir, dividir as cargas, acompanhar, ajudá-lo nas obrigações, interceder por ele, ser sua namorada e amante. Envolve disponibilidade e disposição. Envolve ajudá-lo a governar bem a casa e os filhos. Se ele tirar o primeiro lugar, é você que sai ganhando. Esteja ao lado dele, seja encorajadora.

Estar no ministério inclui ter uma carga bem grande. As pressões vêm por todos os lados. São pressões emocionais, relacionais, espirituais, internas e externas. Por vezes, a carga fica pesada e funciona como um catalisador de forças, sugando as energias. O lar deve ser o lugar de refúgio para ambos; quando se sentirem sozinhos, cansados, esgotados, saber que têm um porto seguro é renovador. Se você é esposa de pastor ou missionário, ofereça suporte, para que seu esposo exerça o ministério que recebeu de Deus com tranquilidade. Que, em seu aconchego, ele tenha um porto seguro. Que, em seus braços, ele se sinta revigorado. "A mulher sábia edifica sua casa, mas com as suas próprias mãos a insensata derruba a sua", diz Provérbios 14:1. Não seja insensata no falar e proceder, sem conseguir ver além de si mesma.

O texto de Provérbios 31:12 diz a respeito da mulher virtuosa em relação a seu marido: "Ela só lhe faz bem, e nunca o mal, todos os dias da sua vida." Prioritariamente, o seu ministério deve ser para seu marido e família. Por vezes nos esquecemos de que "Para tudo há uma ocasião certa; há um tempo certo para cada propósito debaixo do céu" (Eclesiastes 3:1). Servir o corpo de Cristo é começar a servir pelo que está mais próximo de nós. Quando negligenciamos nossa família, todos perdem. Graças a Deus, o Senhor é misericordioso e bondoso, sempre disposto a mostrar o caminho.

Não digo que, de agora em diante, você não pode fazer nada além de cuidar de sua casa. Espero que entenda que não é isso! Na realidade de muitas famílias, a mulher coopera com o sustento da casa trabalhando fora. Mas, sim, se você é uma mulher casada, a sua prioridade, como esposa, deve ser o esposo e a família. Cumprindo esses papéis principais e prioritários, a mulher pode fazer qualquer coisa para a qual se sinta chamada. Os diversos tempos na vida da mulher trazem possibilidades e primazias diferentes que devem ser sabiamente aproveitadas.

Lembre-se de que seu cônjuge ainda não terminou a corrida designada; tanto ele como você estão em obras (cf. Filipenses 1:6). Todos temos a necessidade de perseverar até que Cristo seja formado em nós (cf. Hebreus 10:36), e o casamento é um ótimo laboratório. Deus planejou glorificar a si mesmo em você, à medida que confia nele para todas as coisas. Ele carinhosamente planejou boas obras para que você andasse nelas (cf. Efésios 2:10). Confie na promessa divina de ser sua ajuda e força. Quando você se sentir incapaz e insuficiente, lembre-se de que suas fraquezas são oportunidades para você depender da suficiência de Cristo.

Se, como eu, você é uma esposa de pastor, ou missionário, ou serve em outros ministérios, encorajo você a não permitir que as necessidades da igreja comprometam a saúde do seu casamento!

Um cuidado que devemos ter é de não tornar o ministério e as coisas do ministério o foco central da nossa existência. Por vezes, eu era movida por atividades e tarefas, sempre tentando preencher meu tempo fazendo alguma coisa, algumas vezes até mesmo me sobrecarregando. E, quando não tinha nada para fazer, parecia que estava fazendo algo errado. Pode acontecer de sermos movidos por atividades. Eu tenho aprendido que não é porque existe uma necessidade que eu deva supri-la. Tenho aprendido a fazer perguntas como: Será que eu preciso responder com um sim agora? Ou deve ser outra pessoa? Creio que Deus tem prazer em nos usar, mas nem sempre seremos nós. Ore para que o Senhor mostre onde você pode se envolver. Ame a igreja de Cristo à qual vocês servem, seja sensível às necessidades dela, tenha coragem para exortar e corrigir, mas não se preocupe em somente suprir e ocupar cargos. Ore também para que o Senhor os ajude a discernir o tempo e viver sabiamente, de modo que o nome de Cristo seja glorificado. Aproveite ao máximo cada oportunidade e observe os princípios eternos e imutáveis das Escrituras.

> Tenham cuidado com a maneira como vocês vivem; que não seja como insensatos, mas como sábios, aproveitando ao máximo cada oportunidade, porque os dias são maus. Portanto, não sejam insensatos, mas procurem compreender qual é a vontade do Senhor (Efésios 5:15-17).

Cuidar do nosso casamento é andar com sabedoria, discernindo o tempo. Cuidamos do nosso casamento quando desenvolvemos uma comunicação sincera e respeitosa com nosso cônjuge. Considero a comunicação um dos pilares do casamento. A dimensão das nossas palavras muitas vezes não é avaliada. Com os lábios, construímos ou destruímos; edificamos e damos ânimo ou desanimamos e diminuímos. Podemos até ter razão, mas, se o que dissermos não for dito em amor, na hora certa e da maneira certa, tudo perde o sentido.

> Semelhantemente, a língua é um pequeno órgão do corpo, mas se vangloria de grandes coisas. Vejam como um grande bosque é incendiado por uma simples fagulha. Assim também, a língua é um fogo; é um mundo de iniquidade. Colocada entre os membros do nosso corpo, contamina a pessoa por inteiro, incendeia todo o curso de sua vida, sendo ela mesma incendiada pelo inferno (Tiago 3:5-6).

Quando nos sentimos ameaçados ou ofendidos, sabemos exatamente o que dizer para ferir e atacar. Com pessoas que não temos muita intimidade até escolhemos bem as palavras, mas, com as pessoas mais íntimas, sabemos qual palavra pode ferir e tocar o fundo do coração. Sabemos exatamente o que falar e, por vezes, somos maldosos quando queremos machucar nosso cônjuge. Mesmo sem usar armas de fogo, podemos ferir, bastam nossos lábios. Tiago nos fala sobre sermos prontos para ouvir, tardios para falar e nos irar. Às vezes, não pecamos pelo que falamos, mas em como falamos. Paulo nos alerta a falar a verdade em amor (cf. Efésios 4:15). Desenvolver uma comunicação que gere harmonia ao casamento exigirá muito mais amor e graça. Paulo também nos fala que não deve sair nenhuma palavra torpe da nossa boca, apenas a que for útil para edificar o outro, conforme a necessidade, para conceder graça aos que ouvem (cf. Efésios 4:29).

Ainda pensando sobre comunicação, um outro aspecto importante é a apreciação mútua, o hábito de elogiar seu cônjuge. Estamos facilmente prontas para criticar e apontar as falhas do nosso marido, até mesmo publicamente, o que deprecia a imagem dele. Desenvolver uma comunicação saudável é elogiar em vez de depreciar. Canso de escutar os maridos serem cozinhados em rodas de mulheres amargas e frustradas com seus casamentos. Mesmo que você conheça todas as falhas de seu marido, não tem o direito de expô-las para que ele seja ridicularizado. Ainda que seja difícil e desafiador, treine elogiar seu cônjuge de modo sincero, revelando sua apreciação. Mesmo que não tenha apreciação, essa é uma área que pode ser desenvolvida. Lembre-se de quais foram as características de seu cônjuge que a atraíram quando se conheceram.

O Senhor usa a fraqueza de nosso cônjuge para nos ajudar a crescer e para despertar em nós áreas que precisam ser trabalhadas e moldadas. Paulo nos adverte a viver uma vida santa. Como é desafiador ser santas dentro do lar, com ações, palavras e, inclusive, pensamentos. A Bíblia reforça: "Esforcem-se para viver em paz com todos e para serem santos; sem santidade ninguém verá o Senhor" (Hebreus 12:14). "Assim como é santo aquele que os chamou, sejam santos vocês também em tudo o que fizerem, pois está escrito: 'Sejam santos, porque eu sou santo'" (1Pedro 1:15-16). Ele nos tem dado tudo de que precisamos para viver uma vida piedosa, sem desculpa para continuar no pecado sob a falácia de que somos assim mesmo. Quando fomos salvas pelo Senhor, ele também nos capacitou a viver

A relação com o próximo

com dignidade, sendo santas e amadas, tendo uma vida piedosa que reflete o que Cristo conquistou por nós na cruz.

Em casa, costumamos dizer que o casamento não cria problemas, apenas os revela. Se somos egoístas, conseguimos nos esconder no namoro e noivado, mas será impossível não se mostrar no casamento. Se somos orgulhosos, mentirosos, manipuladores, no casamento apenas vamos revelar a verdade. O propósito do Senhor não é que nos conformamos em ser assim, ele quer nos transformar naquilo que nos chamou para ser (cf. Efésios 4:22-24).

Uma outra área muito importante no casamento é a sexualidade.

Assim como em tudo, o objetivo final da intimidade conjugal é a glória de Deus (cf. Colossenses 3:23). Deus criou o sexo e disse que era bom. No decorrer da história, vemos o inimigo tentar perverter a criação divina. É impressionante como, no mundo atual, a sexualidade se tornou tão banal. Larissa Ferraro, em seu livro *Mulheres e sexo*, fala sobre esta influência da sexualidade em nossa cultura.

> Sensualidade, múltiplos parceiros sexuais, prostituição, exposição de partes do corpo que deveriam ser de acesso apenas dos cônjuges, tudo isso é exibido e exaltado. A maior parte da programação da TV revela uma cultura mergulhada em sensualidade e sexualidade distorcida.[3]

A cultura foi sexualizada praticamente em todos os sentidos. Até em alguns desenhos infantis podemos ver contornos de sexualidade. Não existe mais idade, grupo, lugar; podemos ver essa marca da sexualidade em comercial, anúncio, filme, série, *outdoor*. Eu me pergunto se nós, como cristãos, temos percebido toda essa influência. De que modo temos abordado esse assunto nas nossas igrejas? Tenho a impressão de que se fala de sexo em todo lugar, menos na igreja.

---

[3] Larissa Ferraro Bezerra. *Mulheres e sexo: Mentiras que escravizam e verdades bíblicas que libertam* (Eusébio: Editora Peregrino, 2019), p. 29.

No livro *Com toda Pureza*, de Tim Chester, ele aborda uma questão um tanto quanto delicada, mostrando como a sexualidade distorcida também está presente dentro da igreja:

> Uma pesquisa recente apontou que 50% dos homens cristãos e 20% das mulheres cristãs são "viciados em pornografia". A revista Christianity Today relatou que um líder evangélico, cético em relação aos resultados da pesquisa, fez um levantamento entre os homens de sua congregação. Então, descobriu que 60% tinham visto pornografia no último ano e 25% nos últimos trinta dias [...] Outra pesquisa mostrou que 33% dos líderes eclesiásticos e 36% de seus membros visitaram um site de sexo explícito no último ano. Uma pesquisa na internet conduzida por Rick Warren, da Igreja Saddleback nos Estados Unidos, revelou que 30% de seis mil pastores haviam visto pornografia na internet nos últimos trinta dias. Novamente, as mesmas proporções: um em cada três.[4]

Eu gostaria de poder dizer que a questão de pornografia é um problema estritamente masculino, mas não é. Com as mulheres, o consumo é diferente, pois são muito mais propensas a preferir os romances, ficção erótica ou seções eróticas em romances. Enquanto os homens são orientados visualmente, as mulheres são fascinadas por literatura erótica, fotos, revistas, filmes e séries de televisão, o que pode levar a um padrão escravizador e a um ciclo vicioso de pensamentos que distraem a imaginação.

Realmente os dados são alarmantes quando pensamos que essa é a realidade de muitos dos líderes à frente do povo de Deus. Isso me faz refletir que alguma coisa anda bem errada no que diz respeito à intimidade conjugal, à sexualidade. Como casal precisamos olhar para a realidade com sinceridade e clareza, com humildade e temor,

---

4   Tim Chester. *Com toda pureza: livres da pornografia e da masturbação* (São José dos Campos: Editora Fiel, 2020, versão Kindle), p. 15.

reconhecendo o que precisamos tratar. Há algum tempo, havia um número limitado de conteúdo, matérias, estudos e livros sobre o assunto. Hoje temos muitos bons materiais, com teologia bíblica, aos quais podemos recorrer, além da própria e suficiente Escritura Sagrada, que nos provê tudo de que necessitamos.

Qual seria nosso papel como esposas? O que é necessário para manter a saúde do nosso relacionamento sexual com nosso esposo?

Em primeiro lugar, devemos resgatar o modelo bíblico de sexualidade saudável, ao ver o sexo como e para os propósitos que Deus o criou: "A triste realidade é que temos sido doutrinadas pela cultura e não pela Bíblia. Isso significa que as coisas que acreditamos sobre sexo vêm de novelas, séries de TV, filmes, revistas e de um ambiente sensual que está em quase toda parte em nosso país", diz Larissa Ferraro.[5]

Para ter uma visão correta acerca do sexo, precisamos olhar para ele na perspectiva das Escrituras, não da cultura. Talvez você pense que estou tentando ser muito santa e tenho visão irrealista, mas tenho aprendido que não podemos seguir o Senhor em uma vida de santidade e continuar da mesma forma de antes do nosso encontro com ele. Não podemos selecionar em quais as áreas da vida daremos ou não liberdade ao Espírito. Se somos de Cristo, toda nossa vida precisa ser vivida por ele (cf. Colossenses 3:23).

Em segundo lugar, precisamos entender que cuidamos e motivamos nosso marido ao desenvolver uma vida sexual intencional. Sabemos que homem e mulher são diferentes em muitos aspectos. Algumas esposas podem não se sentir tão animadas a uma vida sexual ativa quanto os homens. No entanto, isso não pode se transformar em uma desculpa para o egoísmo e desânimo. Gary Thomas, em seu livro *Influência sagrada*, escreve sobre a intencionalidade que as esposas deveriam ter para que ambos desfrutem de satisfação sexual:

---

[5] Larissa Ferraro Bezerra, 2019, p. 29.

A maioria das mulheres quer mais envolvimento emocional de seu marido, mas os maridos não conseguem se conectar emocionalmente com uma mulher se suas necessidades não estão sendo atendidas. Portanto, se uma mulher deseja mais conexão emocional, precisa oferecer a conexão sexual.[6]

O relacionamento sexual promove a intimidade que os dois desejam, não apenas bem-estar, mas real interação. Um homem satisfeito sexualmente é motivado a se conectar emocional, espiritual e fisicamente com a esposa e vice-versa, o que o levará a satisfazer sua esposa em sua necessidade de conexão emocional. Quero destacar que não se trata de ceder sexo para evitar problemas; o relacionamento sexual foi a "cola" que Deus providenciou para que o casal tivesse intimidade. Qualquer mulher que tenha dificuldade nessa área deve procurar compreender o que está acontecendo. As causas são diversas e podem ser problemas de saúde — inclusive envolvendo oscilações hormonais —, conflitos externos, problemas familiares, cansaço etc. Entender a razão do desânimo pode ajudar na busca de soluções. Quando cuidamos da vida sexual, somos atentas e intencionais, evitamos que as raposinhas de Cantares fiquem à espreita, procurando por oportunidades de destruir seu jardim. Em 1Coríntios 7:3-5, somos advertidas em relação ao cuidado que deve se ter com a questão sexual, que, quando não observada, coloca o casal em zona de perigo, à disposição de Satanás; tanto mulheres como homens devem ser sensíveis às necessidades um do outro.

Passamos por fases em que o marido precisa compreender que a esposa não está em condição de saúde, emocional, física; outras vezes, a mulher terá relacionamento íntimo com seu marido, mesmo não estando muito animada. É preciso desenvolver sensibilidade um com o outro e observar a saúde do casamento. Em todos os casos, o sexo exigirá um esforço do casal para manter a intimidade. Naturalmente, somos egoístas

---

[6] Gary Thomas. *Influência sagrada: como Deus usa as esposas para moldar as almas de seus maridos* (Curitiba: Esperança, 2014), p. 96.

e buscamos a satisfação própria, mas buscar a sexualidade saudável, fundamentada nas Escrituras, é buscar o bem maior, a satisfação e alegria do outro.

Que sejamos intencionais em buscar ao Senhor juntamente ao nosso cônjuge. Que compreendamos nosso chamado como esposa; seja pelo auxílio, seja pela submissão ao marido, façamos tudo como para o Senhor. Que nossas palavras reflitam um coração santo; Que nossa sexualidade seja firmada no que Deus diz sobre ela. Que o Senhor nos ajude a ser guardiãs do nosso casamento, a ser intencionais em nossas ações, vivendo e buscando diligentemente agradar ao nosso Deus e o glorificar em todos os sentidos.

Puerpério e primeiros meses de maternidade

>> Luciane Stahlhoefer

Durante toda a minha caminhada de fé com Cristo, algumas coisas no ministério permaneceram as mesmas, mas outras mudaram, por exemplo: eu sirvo no ministério de louvor desde a adolescência e, mesmo quando morei fora do país, essa foi a forma como Deus me usou lá. Contudo, outros ministérios fizeram parte de algum momento da minha vida e hoje não atuo mais neles.

No início da nossa caminhada ministerial, recém-casados, meu esposo e eu investimos muito do nosso tempo e energia com adolescentes, jovens e casais jovens. Ficávamos até tarde da noite e topávamos várias aventuras. Nossa agenda noturna era bastante movimentada na igreja, pois naturalmente nos identificamos mais com as pessoas que estão na mesma fase da vida que nós. Creio que Deus nos usa por meio da fase da vida em que estamos e apesar da fase da vida em que estamos. E isso nos faz lembrar de que vivemos em uma comunidade e que podemos e devemos ouvir outras pessoas que estão em diferentes fases da vida.

Uma das fases mais desafiadoras para mim, entretanto, foi a do início do maternar. Quando a Ana Luisa nasceu, em 2011, eu imaginava que todas as coisas do ministério deveriam permanecer iguais. Não me sentia, perante Deus, livre para deixar algumas funções. Eu deveria ser mãe e continuar fazendo tudo que já fazia antes, da mesma maneira e com igual intensidade. Isso me sobrecarregou e me levou a eleger prioridades incorretas. Eu não deixei minha filha de lado, nem meu marido ou os afazeres da casa para servir no ministério, mas, como quis carregar tudo ao mesmo tempo, acabei exigindo de mim mais do que eu poderia dar naquele momento.

Deus mudou tudo isso com nossa ida para a Alemanha em 2012. A Ana estava com oito meses. De um dia para o outro, deixei de ser a missionária "hiperativa" na igreja para ser "somente" mãe e esposa. Lembro-me de uma amiga que, poucos meses após ter bebê, já estava integralmente de volta ao ministério, pois, como disse seu marido, ela não servia para "ficar parada". Por que achamos que ser mãe é ficar parada, se a única coisa que você não faz sendo mãe em tempo integral é justamente ficar parada?

Eu demorei quase dois anos para aprender a língua alemã. No começo eu não entendia muito do que falavam nos cultos, pequenos grupos, encontros de mães. Depois, quando eu entendia, falava pouco. Nem sempre conseguimos expressar em outra língua aquilo que está no nosso coração. Assim, tive de aprender a ouvir muito mais do que falar. Foi nesse tempo de espera que Deus moldou as prioridades da minha vida e me fez entender que em primeiro lugar está ele.

Não é muito fácil entender que seu primeiro ministério é sua família quando vocês são os pastores. No entanto, é preciso lembrar-se de que Paulo, ao apresentar as qualificações de um obreiro, afirmou: "Deve liderar bem a própria família e ter filhos que o respeitem e lhe obedeçam" (1Timóteo 3:4, NVT). Se nós deixarmos que Deus nos use em cada uma dessas fases da vida, seremos surpreendidas por ele. Eu jamais imaginava que poderia dar aulas de português para alemães ou liderar um grupo de mães de bebês contando histórias em alemão para os pequenos. Deus é surpreendente, e o serviço no ministério vai muito além do que imaginamos. Deus é tremendamente criativo.

Quando retornamos ao Brasil, uma nova fase se iniciou. Éramos quatro com a chegada do Isaac, ainda na Alemanha. Assumimos novamente o pastoreio de uma igreja. Como seria essa nova etapa? Muitas perguntas vieram. Seria com a mesma intensidade de antes? Quais seriam as prioridades? Logo também Deus nos presenteou com a chegada do Samuel, justamente quando eu estava assumindo o desafio de coordenar o departamento nacional de mulheres da nossa igreja. Como eu já havia vivido uma sobrecarga anteriormente, decidi embarcar nesse novo desafio de maneira gradativa, respeitando meus limites e principalmente não "queimando etapas" da vida. Eu creio que esta é a vontade de Deus para nós, que tenhamos discernimento para respeitar os nossos limites.

A essa altura Deus já havia me feito perceber que o foco das coisas na minha vida e no meu ministério haviam mudado e isso era muito bom. O servir a Deus deve ser de modo integral, todos os dias e em todo o tempo, não somente na igreja, não somente na minha casa ou no trabalho. Servir não acontece apenas em um momento da nossa vida ou em um lugar, mas é o nosso viver. Vivemos para servir ao Senhor, que é nosso Salvador e Redentor.

Dessa forma, no retorno ao Brasil e depois de ter o meu terceiro filho, Deus colocou em meu coração o desejo de servir mulheres também como doula, acompanhando-as na gestação, no parto e pós-parto. Com esse trabalho, auxílio mulheres com informações sobre a gestação, como cuidar-se nesse momento, como aproveitá-lo da melhor forma, preparando-as para o parto e pós-parto, para que possam ter seus filhos de maneira humanizada e amorosa. Busco levar a elas carinho e um olhar especial para esse momento tão lindo na vida de cada mulher parturiente, para que tenham um puerpério consciente e consigam ser cuidadas por uma rede de apoio.

Conselhos para a mulher gestante em ministério

Na gestação passamos por três trimestres. No primeiro trimestre da gestação, ocorrem diversas alterações hormonais devido à adaptação do embrião ao útero e ao desenvolvimento dos primeiros órgãos. Essas mudanças podem resultar em cansaço excessivo, enjoos e sensibilidade emocional para a gestante. Já no segundo trimestre, os órgãos do bebê amadurecem e muitos dos sintomas do primeiro trimestre são aliviados. No terceiro trimestre, o bebê ocupa grande parte do espaço interno e os órgãos precisam se reorganizar. Isso faz que a mãe se sinta novamente mais cansada, devido à compressão do pulmão. Além disso, as idas frequentes ao banheiro ocorrem, por causa da pressão sobre a bexiga, e problemas intestinais podem surgir. As noites podem ser de insônia graças aos hormônios presentes no final da gestação.[7]

O segundo trimestre é quando, geralmente, a gestante se sente mais disposta e ativa. Esse é o melhor período para se preparar para a pausa que ocorrerá depois. Aproveite esse tempo para pensar quem serão as pessoas que farão parte de sua rede de apoio, que estarão ao seu lado. Por exemplo, é hora de pensar quem poderia auxiliá-la com o filho mais velho quando você estiver dando à luz, ou quem poderia preparar algumas refeições para você e seu marido não terem de se preocupar com isso nos primeiros dias do bebê. É o tempo também de preparar quem irá substitui-la em seu trabalho ou quem estará por um tempo em seu lugar no ministério que você exerce.

Talvez seja o tempo de se despedir de alguns ministérios da igreja local para que Deus lhe mostre outros. Ore a Deus por isso, não deixe isso para o final da gestação, quando temos de lidar com os desconfortos, as consultas menos espaçadas, as noites de insônia e a inquietação em relação ao parto, que, por muitas vezes, pesam em nosso coração.

Se você é uma gestante de primeira viagem ou mãe por adoção, talvez não consiga exatamente mensurar o que a espera do outro lado da linha. Lembre-se de que todo maternar é lindo e desafiador.

---

[7] Recomendo este livro para compreender as fases da gestação e auxiliar na escolha da via de parto: Simone Grilo Diniz; Ana Cristina Duarte. *Parto normal ou cesárea?: o que toda mulher deve saber e todo homem também* (São Paulo: Editora UNESP), 2004.

Por isso não gosto da frase que tantos repetem, que, quando "nasce uma mãe, nasce uma culpa". Diante das frustrações que encontramos no caminho, essa frase pouco ajuda.

Quando nasce uma mãe, nascem sim os desafios, as novas prioridades e o repensar de ideias, além de muito aprendizado. Este é o ponto central: o aprendizado. Deus está moldando você nesse momento como um vaso na mão do oleiro. E ele molda também seu ministério na família. Você está aprendendo a maternar, e isso envolve muitos desafios, desapegos, erros, acertos, paciência, leitura e constância em buscar ao Senhor. Nessa fase da vida você está aprendendo a amar e cuidar de seus filhos e precisa fazer isso sob a palavra de Deus e em fidelidade a ele.

O puerpério

Sempre digo às gestantes que acompanho que precisamos nos preparar para o puerpério tanto quanto ou mais do que para o parto. Enquanto o parto dura algumas horas, o puerpério dura dias ou meses, e os filhos são para sempre.

Essa mudança total da rotina, que acontece de um dia para o outro, requer doação intensa a uma outra pessoa que vai depender de você para viver. Isso é desafiador e também cansativo. Precisamos aprender a viver esse tempo do puerpério no momento certo, aceitar a pausa como necessária. Se não vivermos o puerpério no momento que ele precisa ser vivido, a "conta" virá mais tarde. Muitas mulheres no ministério não conseguem se dar esse tempo, retomam suas atividades precocemente, e isso pode ser prejudicial para si mesmas, para a família e, adivinhe, para o próprio ministério. Assim como uma empresa, por lei, deve respeitar os meses de licença-maternidade, a mulher em ministério deve ter direito de desfrutar do tempo necessário para se adaptar à nova realidade de vida, sem medo, por exemplo, de ser substituída em sua função ministerial.

Durante a gestação recebemos muitos hormônios e são quase dez meses nessa crescente. Agora, durante o puerpério, em um período curto o corpo voltará à carga hormonal quase que normal, claro que não totalmente, devido à amamentação. Além disso, ocorre a volta do útero e de todos os órgãos que se reorganizam dentro do corpo. Isso tudo, conjugado à privação de sono e à falta de descanso adequado, é muito impactante para o nosso físico e afeta as emoções e o psicológico. Por isso, é muito importante também construir uma rede de apoio ainda durante a gestação, para ter um período pós-parto mais leve e saudável. Poderão fazer parte desta rede: o marido, os pais, sogros, amigos e irmãos da igreja, por exemplo.

A igreja deveria se preocupar em fazer parte da rede de apoio às recém-mães da comunidade. Ela pode fazer isso ao descobrir se as mães têm quem as ajude a lavar as roupas da família, a fazer faxina na casa, a passear com o filho mais velho. Pode se propor a levar comidas prontas para as primeiras semanas ou ainda um bolo, para que essas mulheres cansadas e impossibilitadas de sair de casa possam ter um momento delicioso de café.

Este é o ministério que muitas vezes, como igreja, negligenciamos: o apoio à mãe "recém-nascida". Muitas vezes, nos preocupamos em dar de presente mais uma roupa para o seu bebê, mas, talvez, o que ela mais precisa é de ouvidos prontos a ouvir e de um coração de prontidão para servir, para que ela consiga ter momentos de descanso. As estatísticas revelam que o número de mães que têm depressão pós-parto são muito baixos entre mulheres que conseguem ter um parto respeitoso e uma rede de apoio adequada.[8] E, mesmo que você, enquanto mulher no ministério, não tenha recebido esse apoio quando precisou, que tal criar uma nova cultura na igreja para que outras mulheres não precisem passar por essa estação tão sozinhas?

---

[8] Juliane Cunha Araujo, Karoline Santos da Silva, Ednara Carla Barreto Santos, Max Oliveira Menezes. Rede de apoio e risco para depressão pós-parto em puérperas de baixo risco. In: *Anais do 2º Congresso Internacional de Enfermagem. Desafios contemporâneos para sustentabilidade e equidade em saúde*. 2019.

Sentimo-nos, muitas vezes, cobradas nesse período por não sermos "produtivas", o que é irreal. Por vezes, agimos como se alguém estivesse na janela de nossa casa olhando para dentro e dizendo que você não pode descansar e parar. Ou então nos orgulhamos erroneamente em ser aquela que voltou mais rápido e antes do término da licença-maternidade ao campo de trabalho. Julgamos, por vezes, ser a única no mundo cujo trabalho "não dá para parar". Permitir-se viver esse momento para conhecer seu filho, entender sua nova rotina, amar a nova fase e se reencontrar são fundamentais para entender o novo ministério de sua vida, a maternidade.

Mãe em ministério

Servir em um ministério na igreja quando nossos filhos são pequenos não é uma tarefa impossível. Talvez você sinta o chamado agora para outro ministério ou precise servir em outras áreas da igreja em que o horário e os dias se adequem melhor à nova realidade familiar, à rotina das crianças. Não podemos deixar que o servir no ministério nos distancie do cuidado de nossa própria família, que Deus nos deu para amar e cuidar. Isso não significa que estamos colocando a nossa família em primeiro lugar e Deus em segundo plano. Pelo contrário, por meio do cuidado com nossa família, servimos a Deus. Dessa maneira, mostramos aos nossos filhos que somos pais que amam a Deus e zelam pela família.

Quando minha filha mais velha ainda era pequena, eu tive a oportunidade de participar e depois também servir em um ministério para o qual nunca havia sido chamada antes. Na Alemanha há um trabalho já bem consolidado nas igrejas e que até faz parte da própria cultura do país, são grupos de mães com crianças de zero a três anos que se reúnem para um momento de musicalização e contação de histórias. Tudo é bem pensado para os pequenos e para que tenham interação com as mães, avós ou cuidadores. Depois desse momento, lanchamos juntas o que cada uma traz de sua casa, e as mães podem tomar um café e trocar experiências sobre a maternidade enquanto as crianças brincam. Esse lugar foi e é para mim um grupo de apoio à maternidade.

Ao chegarmos aqui no Brasil, introduzimos essa ideia na igreja onde servimos e foi uma bênção. Outras igrejas também iniciaram o ministério que chamamos de Engatinhar Juntos. É sobre isso que falo quando ressalto que Deus, por vezes, nos conduzirá a novos ministérios e serviremos no Reino dele de maneiras que nem imaginamos. Precisamos deixar que ele fale ao nosso coração.

Ter um tempo de qualidade para leitura da Palavra e oração quando os filhos são pequenos também é um desafio que exige disciplina e reorganização. Talvez você precise se levantar mais cedo que todos da casa. Ou, quem sabe, participar de algum grupo da comunidade onde você está somente com seu marido ou sozinha. Esse é o momento de reabastecer. Precisamos encontrar maneiras no dia a dia para colocar o Senhor Deus como prioridade, pois geralmente participamos apenas de programações da igreja em que possamos estar todos juntos, em família. Isso também é muito importante, mas precisamos ter um momento nosso e no qual nos concentramos por inteiro.

Eu tenho participado e colaborado no grupo de mulheres e de oração da igreja, o que me proporciona momentos "sozinha", sem os filhos e o marido junto. Mas também tenho cultivado o hábito de levantar todos os dias mais cedo do que os demais da minha família para ter um momento de leitura da Bíblia, oração e devocional. Outro momento que gosto muito de aproveitar para ouvir a Palavra é enquanto cozinho. Eu costumo ouvir a leitura da Bíblia utilizando uma assistente virtual. Precisamos encontrar esses momentos dentro da nossa rotina e priorizá-los como o bem mais precioso que temos. Somente gastamos tempo das nossas 24 horas com aquilo que é importante para nós. Pense nisso!

Para que possamos servir ao Senhor no ministério com fidelidade e sabedoria, devemos buscar relacionamento diário com ele, assim como buscamos um relacionamento diário com a nossa família.

E, para sermos mães que agem com sabedoria, paciência, justiça, temperança, ânimo e compaixão, precisamos buscar ao Senhor em primeiro lugar e procurar boas literaturas e cursos que nos ajudem na tarefa de maternar.

Sim, maternidade não é *feeling*; você não nasce sabendo ser mãe e educar crianças. Você precisa pesquisar, estudar, se informar. E tudo isso exige tempo, planejamento e dedicação. A cada nova fase de nossa vida e de nossos filhos, assim como nas diversas estações de cada um, teremos desafios e aprendizados que o Senhor proporcionará. Encare isso não como um peso ou fardo, mas como uma oportunidade que o Senhor tem lhe dado para confiar mais ainda nele e crescer como mãe no seu primeiro ministério, com sua família, e nos ministérios que ele lhe mostrará para além da sua casa.

O cuidado dos filhos

>> Camila Gin

O relacionamento saudável com os filhos começa com um relacionamento sincero com Deus. Eu não poderia começar a falar do cuidado no relacionamento com os filhos sem hierarquizar as prioridades da mulher que teme ao Senhor e deseja ter a vida centrada em Cristo, porque o cuidado começa com a ordem. Quando Deus tirou seu povo do Egito para que o servisse no deserto, estabeleceu uma ordem para o culto, outra para comer o maná, mais uma para a ocupação da Terra Prometida. Enfim, o cuidado de Deus para conosco é estabelecido de maneira ordenada. O que acontece desordenadamente não vai bem nem cumpre o seu propósito.

Se você quer cumprir seu propósito no lar e no ministério, comece estabelecendo as prioridades, de acordo com a indicação dada pelo Senhor, norteando suas decisões pela Palavra de Deus:

1. Amar a Deus acima de tudo, inclusive da família: "Respondeu-lhe Jesus: 'Ame o Senhor, o seu Deus, de todo o seu coração, de

toda a sua alma e de todo o seu entendimento'". Este é o primeiro e maior mandamento. E o segundo é semelhante a ele: "Ame o seu próximo como a si mesmo'" (Mateus 22:37-39).

2. Cuidar da família antes de tudo, inclusive do ministério: "Pois, se alguém não sabe governar sua própria família, como poderá cuidar da igreja de Deus?" (1Timóteo 3:5).

3. Exercer o ministério com excelência, inclusive no lar: "[...] Sejam sempre dedicados à obra do Senhor, pois vocês sabem que, no Senhor, o trabalho de vocês não será inútil" (1Coríntios 15:58).

4. "A família é seu primeiro ministério, mas não é o único"; li essa frase em um *post* no Instagram da querida Juliana Negri. E que verdade latente para as mães que erguem a bandeira da "mãe em tempo integral", como eu erguia! Não podemos negligenciar nosso chamado, achando que "administrar bem o lar" é nosso único ministério. Se Deus nos confiou um ministério (além do lar), precisamos aprender a conciliar maternidade e ministério! "Cada um exerça o dom que recebeu para servir os outros, administrando fielmente a graça de Deus em suas múltiplas formas" (1Pedro 4:10).

É importante estabelecermos as prioridades ordenadas para a nossa vida, para que vivamos em equilíbrio, e para que nem a nossa alma nem o nosso corpo venha a adoecer, evitando o esgotamento emocional e físico. O desequilíbrio entre nossos papéis sociais acontece porque não priorizamos as tarefas que Deus nos deu.

Sempre que andava esgotada e sem ânimo para realizar as tarefas simples do meu dia a dia, eu notava que estava invertendo as minhas prioridades. E isso não aconteceu uma única vez, mas várias. Escrevo isso para que você, querida companheira de ministério, entenda que é fácil inverter a ordem das nossas prioridades. Às vezes, acontece por causa da agenda apertada, de um filho doente, de um grande evento na igreja, ou uma mudança de cidade ou de país...

Em um desses episódios de esgotamento físico e mental, li um devocional que me fez entender o porquê, ano após ano, eu me deparava com essa situação. Ele dizia: "Não deixe que o título de esposa de pastor a impeça de fazer aquilo que Deus está te pedindo, ou que esse título a impeça de **abrir mão daquilo que Deus não quer que você faça naquele momento**"[9] (grifo na citação).

Eu finalmente aprendi a perguntar ao Senhor: "O que vamos fazer juntos hoje?" Parar de fazer coisas que Deus não colocou em minhas mãos para fazer aliviou tanto a minha bagagem que passei a ser muito mais produtiva nas áreas em que Deus desejava me usar; o esgotamento e o cansaço deram lugar à produtividade e à criatividade. Passei a servir minha família e minha igreja com mais entusiasmo e leveza. De fato, algo precisava ser mudado, e a transformação precisava começar em mim.

Um relacionamento sincero com o Senhor, no qual nada ocupa o lugar dele, transforma a maternidade. Não podemos ser mães melhores se não nutrirmos um relacionamento com o Pai. Enquanto você nutre seu relacionamento com o Senhor, tenha certeza de que ele a aperfeiçoa em todas as áreas, inclusive na maternidade (v. Filipenses 1:6).

O nosso cuidado com os filhos também não pode tirar o lugar de Deus. O nosso relacionamento com Deus pode e deve continuar sendo nutrido quando nos tornamos mães. Além disso, precisamos incluir nossos filhos, ensinando-os a terem uma vida devocional (cf. Deuteronômio 6). Como o exemplo é a melhor forma de influenciar nossos filhos, procure ler a Bíblia com eles, orem juntos, cantem e expressem gratidão. Não deixe que o cuidado com os filhos seja excessivo a ponto de tirar você do lugar de adoração.

Certa vez, ouvi que o hábito de falar com Deus muda nossa forma de falar com as pessoas. É totalmente verdade. Quanto mais nos relacionamos com ele, mais direcionamos nosso olhar e nossas

---

9   Juliana Negri (org.). *Uma Jornada de Encorajamento: Devocionais diários para mulheres no ministério* (Belo Horizonte: Editora RTM, 2022).

atitudes para as coisas eternas. Quanto mais falamos com ele, mais impulsionamos as pessoas para o amor e o cuidado divinos. Quanto maior nosso contato com Deus, mais queremos que os outros o conheçam. Quanto mais falamos com Deus, mais falamos com os outros sobre ele. Nenhum relacionamento estará em risco quando falarmos mais sobre Deus e menos sobre nós mesmas, quando formos mais guiadas pelo Espírito Santo do que por nossas emoções.

Do que os filhos realmente precisam

Como podemos suprir as demandas reais dos nossos filhos em meio às demandas ministeriais?

Acredito que filhos de mulheres em ministério têm necessidades específicas, não por privilégio ou algo do tipo, longe disso, mas porque estão em situação incomum e vivenciam situações totalmente diferentes de seus amigos. Assim como nós buscamos no Senhor forças para suportar situações que somente quem está no ministério sofre, nossos filhos também precisam encontrar em nós refúgio para enfrentar situações que somente eles vivenciam. Nossos filhos precisam:

1. DE MÃES QUE CUIDAM BEM DE SI MESMAS:

Em 1Timóteo 4:16 somos advertidas pelo apóstolo Paulo: "Atente bem para a sua própria vida e para a doutrina, perseverando nesses deveres, pois, agindo assim, você salvará tanto a você mesmo quanto aos que o ouvem." Devemos nos atentar primeiramente para nossa própria vida em sua totalidade (corpo, alma e espírito — cuidado físico, emocional e espiritual); ainda que confiemos no bom trabalho que o Senhor tem feito em nos aperfeiçoar a cada dia, devemos fazer aquilo que está ao nosso alcance. Paulo adverte seu jovem obreiro a cuidar bem de si, pois sabe que o coração de quem lidera está mais inclinado pelo cuidado do próximo, não por desdém da própria vida, mas pela responsabilidade ministerial que pesa sobre seus ombros. O que dizer de nós mães em ministério? Que carregamos o cuidado pelos filhos e também pelo ministério? A nossa tendência é colocar os nossos cuidados pessoais em último lugar. Mas a verdade exposta nesse versículo é que jamais poderemos cuidar de nossos filhos ou nossos liderados sem antes cuidar de nós mesmas e da doutrina, a Palavra de Deus. Não poderemos levar salvação para os que nos rodeiam sem antes ter experimentado dela; não poderemos levar libertação aos cativos sem ser libertas; não poderemos nos levantar para ensinar se não nos sentarmos para aprender. E, para finalizar, Paulo enfatiza que cuidando primeiramente de nós e da doutrina, contribuiremos para a salvação daqueles que nos ouvem. É aquela *máxima* que muitas já devem ter ouvido: A palavra convence, mas o exemplo arrasta!

2. DE MÃES QUE GUARDEM O SEU CORAÇÃO:

"Acima de tudo, guarde o seu coração, pois dele depende toda a sua vida" (Provérbios 4:23). Nesse texto, a palavra coração no original hebraico (*lêb*) refere-se às nossas emoções, pensamentos e vontades. Aqui a palavra guardar (*nâtsar*) traz sentido de vigiar, observar, preservar.[10] O conselho do sábio Salomão é para cuidarmos do que pensamos e do que sentimos, pois de tais coisas dependem TODA a nossa vida; ou seja, nossas palavras e nossas atitudes refletirão o que estiver em nosso coração. Precisamos guardar (proteger) nosso coração (emoções), para que não venhamos tomar decisões permanentes (atitudes) firmadas em emoções passageiras, e sim firmadas nas verdades eternas. A Bíblia diz que "O coração é mais enganoso que qualquer outra coisa [...]"(Jeremias 17:9). Novamente a palavra usada para traduzir a palavra coração é do hebraico, *lêb*. Quando falamos ao estar irritadas, falamos coisas que podem machucar, apenas para desabafar. Quando tomamos atitudes enquanto estamos cansadas, podemos agir erroneamente apenas para aliviar o nosso cansaço, e, com certeza, nos arrependeremos dos nossos atos firmados em um coração enganoso. Na maioria das vezes, estamos "descarregando

---

[10] R. Laird Harris; Gleason L. Archer Jr.; Bruce K. Waltke. *Dicionário internacional de teologia do Antigo Testamento* (São Paulo: Vida Nova, 1998), p. 765.

essas emoções" de cansaço e irritabilidade em nossos filhos automaticamente, sem perceber, prejudicando assim nosso relacionamento com eles. Sempre que seu coração estiver tomado por uma forte emoção, não reaja nem fale, ore silenciosamente como o salmista: "Coloca, Senhor, uma guarda à minha boca; vigia a porta de meus lábios. Não permitas que o meu coração se volte para o mal, nem que eu me envolva em práticas perversas com os malfeitores [...]" (Salmos 141:3-4).

Como não é possível evitar emoções, podemos refletir sobre como controlá-las com equilíbrio emocional:

1. Identifique as emoções presentes (agradáveis ou não);

2. Observe se são novas ou se já existiam e apenas se intensificaram;

3. Verifique a intensidade ou frequência (quantas vezes por semana você fica irritada/cansada? A emoção é leve, moderada ou intensa?);

4. Valide as emoções;

5. Observe os comportamentos que surgem com as emoções (positivos ou negativos).

Essas reflexões ajudam a ter mais equilíbrio emocional para lidar com várias situações: "A resposta calma desvia a fúria, mas a palavra ríspida desperta a ira" (Provérbios 15:1). Diante dos comportamentos desafiadores dos filhos, a primeira atitude deve ser se autoavaliar para saber se temos condições de lidar com o problema naquele momento. ESCOLHA COMO AGIR. Elimine as reações automáticas que tinha antes de alcançar o equilíbrio emocional. Você precisa agir com razão e emoção, não apenas com uma delas. Se você não estiver equilibrada emocionalmente, afaste-se por um instante e respire fundo; inspirar e expirar devagar é importante, pois, ao mudar os padrões de respiração, permitimos também mudar o estado emocional com oxigenação cerebral.

Reflita, no dia a dia, sobre quais comportamentos dos filhos são mais desafiadores ou despertam emoções desagradáveis em você, respondendo:

- Como você age diante desses comportamentos e emoções?

- Como você gostaria de agir?

- Quais atitudes você pode ter para alcançar o comportamento desejado?

3. DE MÃES QUE NÃO IRRITEM SEUS FILHOS:

"Pais, não irritem seus filhos, para que eles não se desanimem" (Colossenses 3:21). Mas de que forma estaríamos irritando nossos filhos? Nesse texto, irritar é o mesmo que provocar a ira. Podemos fazer isso ao ser severas e rigorosas demais, seja com cobranças excessivas, ou até mesmo cobranças indevidas. Muitas vezes, a criança ou adolescente ainda não tem a capacidade cognitiva para agir da maneira como queremos que ajam. Ao cobrarmos algo que nossos filhos não têm a maturação cerebral necessária para tal, estamos despertando a ira no coração deles. A advertência bíblica é que não podemos cobrar dos nossos filhos um comportamento que eles ainda não tiveram a oportunidade de aprender, seja por falta de maturidade, seja por falta de ensinamento de nossa parte. A falta de paciência do adulto em ensinar é um dos principais fatores que levam os filhos à irritação.

4. DE MÃES QUE OFEREÇAM ORIENTAÇÃO, SUPERVISÃO E ENCORAJAMENTO:

Os filhos precisam dessas coisas nessa mesma ordem, com início na infância e até a vida adulta. A infância é o momento de oferecer orientação; nós dizemos onde está o certo e o errado de acordo com o que lemos na Palavra de Deus, e aprendemos com a nossa própria experiência de vida. A adolescência é o momento em que supervisionamos as escolhas que nossos filhos fazem, é necessário dar espaço para eles perceberem seus erros e aprenderem com eles. Continuamos orientando, mas agora deixando que eles vejam que também podem errar ao tomar suas próprias decisões. Se a infância é plantio, a adolescência é colheita. Em uma fase ensinamos e em outra colhemos os frutos dos nossos ensinamentos. A fase adulta é o momento de encorajá-los, em todas as áreas da vida, a construírem a própria família, a seguirem a vocação ministerial, a profissão escolhida e a não desanimarem dos seus projetos, sabendo que sempre poderão contar com nossa orientação e supervisão, que estiveram presentes nas fases anteriores.

5. DE MÃES QUE DÃO O DIREITO DE ESCOLHA (ÀS VEZES):

Se você é como a maioria das mulheres em ministério, seus filhos estão longe de escapar dos compromissos preparados para eles. A verdade é que contamos com a presença e a ajuda deles em nossas atividades e realmente queremos que eles se sintam honrados em servirem ao nosso lado. Será que alcançamos o objetivo? Antes de incluí-los em qualquer atividade — coral, teatro, obras sociais etc. —, é importante conversar com eles e saber se realmente querem participar. Às vezes, achamos que nossos filhos não têm de querer nada ou têm de ajudar em tudo. Acabamos não levando em consideração as aptidões e a vocação deles. Se realmente queremos que eles sintam que o ministério é um privilégio, não um fardo, precisamos perguntar de quais atividades eles se sentem mais encorajados a participar. Muitas vezes, nós os forçamos a participar de algo apenas para ser exemplo para os demais; não nos damos conta de que sequer perguntamos, como faríamos com outra criança.

Nossos filhos vão amar o ministério quando sentirem que fazem algo importante, não apenas para agradar os pais ou ser exemplo. Deixe seu filho escolher de quais atividades participar sem deixar de encorajá-lo se houver negativa por vergonha ou timidez.

6. DE MÃES QUE LHES CONCEDAM TEMPO LIVRE:

Temos muitas atividades: atendemos a ligações a qualquer hora, cancelamos passeios e interrompemos refeições para atender os membros, não temos horário definido de trabalho, estamos disponíveis

A relação com o próximo

24 horas por dia e sete dias por semana. Nossos filhos, porém, não precisam sofrer as renúncias do nosso chamado. Renunciamos porque Deus nos deu graça para tal e também por sermos adultos e entendermos. Nossos filhos não têm maturidade para entender essas questões, então não tente mostrar-lhes as renúncias que você precisa sofrer em prol do chamado ministerial. Eles precisam desfrutar da infância e adolescência como qualquer outra pessoa.

7. De mães que permitam que seus filhos sejam imperfeitos:

Entendo que a cobrança por perfeição muitas vezes não é dos pais, mas das pessoas ao redor, que são muitas. Não podemos reforçar esse discurso, mas precisamos mostrar a nossos filhos que somos compassivos e longânimos com seus erros, assim como somos com o erro dos outros. A cobrança excessiva pode sufocá-los e desanimá-los (você se lembra do que falamos no tópico 3?), a exigência exagerada na infância e adolescência deixa uma marca no cérebro adulto, pois a pessoa nunca se acha suficiente ou competente o bastante, porque tem como base as ideias incutidas nos primeiros anos de vida. Se essa cobrança vem de outras pessoas, converse com seus filhos e explique que eles não precisam corresponder às expectativas de pessoas que não acrescentam em nada na sua vida e que estão apenas como espectadores, para apontar-lhes o erro. Mas, se a cobrança excessiva vem de nós, os próprios pais, rompa com esse ciclo. Mesmo que você tenha errado na infância dos seus filhos por falta de conhecimento, pode reparar essas lacunas chamando seus filhos para conversar e pedir perdão para eles. Esse diálogo de arrependimento é libertador tanto para você como para seus filhos!

8. De mães que sejam o exemplo:

Nossos filhos precisam que sejamos exemplo a todo tempo. As crianças e os adolescentes buscam referências, ou seja, aprendem a fazer algo copiando alguém. A verdade é que eles serão muito parecidos conosco. Se desejamos mudar algo em nossos filhos, precisamos mudar primeiro em nós, porque é bem provável que eles estejam seguindo o nosso exemplo. Tenha convicção da sua capacidade de transmitir-lhes fé genuína, a ponto de amarem o ministério.

9. DE MÃES FIRMES E AMOROSAS:

Da mesma forma como nossos filhos precisam ser compreendidos em seus erros, também precisam ser corrigidos com firmeza. Compreender que eles são falhos e podem errar não significa falta de correção. Seja firme, mas não dura. Cumpra com as consequências que você definiu, mas de modo equilibrado. Firmeza é expressão de amor, não de crueldade. Não deixe de corrigir seus filhos, pois a Bíblia diz que a criança entregue a si mesma envergonha sua mãe (cf. Provérbios 29:15).

Nossos filhos sentem nosso amor por meio do cuidado que dedicamos a eles. Seja qual for a linguagem do amor de seus filhos, ela sempre vai passar pelo cuidado. Os momentos de correção e disciplina devem ser encerrados com um caloroso abraço, demonstrando assim que não há espaço para ressentimentos quando nos preocupamos em não ofendê-los, e sim em instruí-los em amor e em verdade.

10. DE MÃES QUE INVISTAM TEMPO NO RELACIONAMENTO COM OS FILHOS:

Eles crescem mais rápido do que podemos acompanhar, mesmo dentro de uma rotina "normal" na qual a mãe está sempre presente para colocá-los para dormir e contar a sua história favorita, em vez de estar em uma reunião da igreja ou estudando um sermão. Às vezes, as renúncias que fazemos em prol do ministério vão incluir nosso tempo com os filhos, não temos como evitar; o que precisamos entender é que isso é apenas a vida acontecendo. Se você tomou o cuidado de incluir seus filhos na sua rotina, durante outros momentos do dia, não se culpe por se ausentar por algumas horas para cumprir o seu ministério fora do lar. Invista mais na qualidade do que na quantidade de tempo. Quanto estamos presentes por inteiro, sem interrupções (aconselho até mesmo "esquecer" o celular), esse tempo rende muito! Experimente tirar dez minutos do seu dia, apenas para estar presente, sem programações de passeios, de tarefas, de listas a cumprir... Apenas esteja presente para fazer o que seu filho estiver fazendo. Apenas sente-se e veja a vida do seu filho acontecendo naquele instante. Você vai parar de ter a sensação de que eles "cresceram e você nem percebeu". Aliás, precisamos parar de difundir esse discurso de que não temos tempo para ver nossos filhos crescerem. Temos muitas demandas, sim, mas sempre temos tempo para o que é prioridade em nossa vida. Terceirize tarefas, não pessoas. Delegue funções, não obrigações. Cumpra uma agenda flexível em que seus filhos sejam parceiros no ministério, não empecilhos.

Mantendo um relacionamento saudável com os filhos na infância

Uma das formas de manter um relacionamento saudável com nossos filhos que estão na fase da infância é aprendendo a lidar com as birras. Lembre-se de que a infância é a fase da instrução. Pois bem, quando temos as informações necessárias para lidar com situações que causam estresse, elas se tornam oportunidades de amadurecimento tanto para as mães quanto para os filhos.

Como agir no momento da birra?

As crises de choro, popularmente chamadas birras, são a manifestação de estados físicos ou emocionais, ou seja, é um momento de crise emocional. É preciso ter em mente que o cérebro de uma criança durante a primeira infância não se desenvolveu completamente, mas engana-se quem acha que a birra ocorre apenas em bebês ou crianças; alguns adolescentes e adultos também passam por elas.

Uma das áreas desenvolvidas durante os primeiros anos de vida é o neocórtex (parte superior do cérebro), o responsável por capacidades imprescindíveis para a autonomia de um indivíduo, ou seja, para lidar sozinho com alguma situação. O neocórtex envolve capacidades como o pensamento analítico (pensar antes de agir), a reflexão (pensar no que fez), a imaginação, a solução de problemas (encontrar uma saída) e o planejamento.

Para lidar com uma crise emocional de um jeito coerente, a criança precisaria aprender todas as habilidades citadas com o cérebro ainda "incompleto". É como uma casa em construção, na qual falta uma escada para acessar o andar superior do cérebro. Sem o auxílio dessa parte para racionalizar e se acalmar, o resultado é a criança hiper agitada, com altos níveis de substâncias químicas associadas ao estresse (cortisol) percorrendo o corpo (principalmente braços e pernas) e o cérebro. Na criança, a birra ocorre quando o cérebro está hiperagitado ou hiperestimulado, ou seja, sob excesso de estímulos no ambiente ou em situações altamente estressantes. Essas manifestações são como resposta a algo que está fora da rotina (fome, sede, dor, cansaço, sono) ou que incomoda a criança de alguma maneira (desconforto físico ou emocional, como aborrecimento, frustração, tristeza, tédio, angústia, medo).

Em relação às birras, siga cinco passos. Primeiro, previna: evite sair da rotina; quando a criança estiver cansada, com fome, ou desconfortável, a birra será inevitável. Se for necessário sair da rotina, seja compreensiva com a criança e flexibilize. Se for a hora de dormir, por exemplo, ofereça colo, aconchego. Se for a hora de comer, alimente-a com o que estiver disponível. Se for a hora de brincar, faça uma pausa para brincar com ela. Faça combinados e antecipe o comportamento esperado: "Nós vamos ao mercado, mas não vamos comprar doces hoje" ou "Você só poderá escolher um doce."

Segundo, mantenha a calma. É difícil, eu sei, mas não se deixe levar pela emoção do momento. Quanto mais calma você ficar, melhor controle você terá da situação. Terceiro, nomeie a emoção e redirecione. Como a criança ainda não sabe nomear as emoções ou, devido ao estresse, não consegue fazê-lo, você precisa ajudá-la. Fale calmamente: "Você está *triste* porque não pode ir ao parque agora; eu sei que é ruim, mas combinamos de ir apenas ao mercado. Vamos ao parque no sábado.

Você quer brincar de esconde-esconde quando chegar em casa?" Além de nomear o que a criança está sentindo, você deve redirecioná-la para dar lugar a outra emoção. Nunca diga: "Pare de chorar agora", pois ela precisa expressar a emoção, mostre acolhimento com abraço, ou colo, mas sem ceder. Assim você demonstra que ela pode confiar em você para expressar o que sente, mas que não pode fazer o que quer pelo fato de estar chorando.

Quarto, corrija o comportamento quando a criança estiver calma; agitação e choro impedirão que a correção tenha efeito satisfatório. Corrija o mau comportamento com as emoções reguladas para ter mais eficácia, como: "Você lembra que, na casa da sua tia, você jogou o brinquedo na parede quando estava com raiva? Quando a gente sente raiva, não pode bater nas coisas nem nas pessoas. Você pode pedir ajuda para a mamãe, ou contar até dez, ou sair de onde estava para brincar com outra coisa."

Quinto, cumpra o combinado: depois de ensinar o comportamento esperado, fale qual será a consequência do mau comportamento e cumpra, como: "Se você jogar o brinquedo na parede novamente, ficará sem ele por cinco dias." Você realmente deve cumprir o que falou. A criança precisa saber que atitudes têm consequências. Se a criança se comportar mal em público, avise que a consequência será voltar para casa e ficar sem o próximo passeio.

Mantendo um relacionamento saudável com os filhos na adolescência

A comunicação é extremamente importante para manter um bom relacionamento com os filhos adolescentes. Eles já não vão mais querer seguir apenas as nossas instruções, pois terão outras pessoas os influenciando: amigos, professores, líderes ministeriais e muitos influenciadores digitais. Nessa etapa do desenvolvimento, com o cérebro um pouco mais amadurecido com as experiências da fase anterior, eles já querem tomar suas próprias decisões, escolhem o que vestir, o que comer, escolhem amigos... Na fase adulta terão de lidar com muitas escolhas, por isso é importante que façam esse "treino" na adolescência, sob a supervisão dos pais.

Os filhos adolescentes podem ser ótimos companheiros e ajudadores em nosso ministério, por isso, exercer uma autoridade sadia é fundamental para ter o respeito e a admiração deles.

Sete ações para resgatar a autoridade

Deus nos instituiu como autoridade sobre os nossos filhos quando disse que os filhos devem ser obedientes aos pais (cf. Efésios 6). Quando deixamos de cumprir esse papel, somos desobedientes ao Senhor e deixamos uma lacuna para a desordem no lar. Meu desejo é que você consiga ter autoridade sem ser autoritária. Para isso, listei sete ações práticas para ajudá-la. Não tente desenvolver todas de uma vez, conquiste um pouco a cada dia; o segredo é a constância.

1. Demonstre segurança e orientação. Quando der uma ordem, esteja convicta de que essa ordem é a melhor para os seus filhos. Você seguiria a ordem de alguém que está inseguro? Ou que não consegue tomar decisões em momentos de crise? Se você estiver inseguro e "oscilando" em algumas decisões, seus filhos vão perceber. Mostre que vale a pena eles darem ouvidos ao que você diz, porque sabe orientá-los da melhor forma possível.

2. Mostre o certo e o errado. Sempre mostre as duas formas de fazer a mesma coisa, de maneira sábia (certa) e de maneira imprudente (errada). Os filhos precisam saber a diferença entre cada maneira, bem como as suas consequências. Isso vai ajudá-los no processo das escolhas que precisarão fazer ao longo de toda a vida.

3. Exerça cuidado. Quando demonstramos cuidado, a autoridade é estabelecida imediatamente. Qualquer um que preze por seus bens irá cercá-los de cuidados para não perdê-los.

Da mesma forma acontece com nossos filhos. Quando eles sentem que estamos cuidando e zelando, entendem que a melhor opção é se submeter à autoridade dos pais.

4. Ensine habilidades aos seus filhos para cultivar tempo juntos e para despertar suas aptidões, seja no esporte, seja na música ou na culinária... A admiração dos filhos cresce ao passo que lhes ensinamos algo novo.

5. Demonstre controle emocional. Uma pessoa sem controle emocional dificilmente será vista como autoridade por seus filhos. É preciso aprender para ensinar.

6. Mostre o quanto vale a pena os filhos a ouvirem. Sempre que seus filhos seguirem suas orientações, reforce como foi bom eles seguirem seus conselhos, faça-os enxergar o bem que fizeram e como a atitude deles foi relevante. Isso reforçará a sua autoridade e influência.

7. Esteja presente de maneira intencional. Olhe nos olhos, peça favores com ternura, da mesma forma que pediria a um estranho, não converse com seus filhos dividindo a atenção deles com o celular ou com qualquer outra coisa.

Se você tem falhado em exercer autoridade com seus filhos, quero convidá-la a fazer uma análise das suas atitudes, e identificar em quais desses sete pontos você precisa melhorar.

As dez melhores coisas para ensinar aos seus filhos (em qualquer idade)

1. Como Deus nos ama independentemente das coisas que fizermos; fazemos coisas boas porque já fomos salvos, não para ser salvos. "Porque Deus tanto amou o mundo que deu o seu Filho Unigênito, para que todo o que nele crer não pereça, mas tenha a vida eterna" (João 3:16).

2. Como lidar com as frustrações: "Sei o que é passar necessidade e sei o que é ter fartura. Aprendi o segredo de viver contente em toda e qualquer situação, seja bem alimentado, seja com fome, tendo muito, ou passando necessidade" (Filipenses 4:12).

3. Como expressar seus desejos e suas necessidades: "Peçam, e será dado; busquem, e encontrarão; batam, e a porta será aberta" (Mateus 7:7).

4. Como tratar as pessoas: "Um novo mandamento lhes dou: Amem-se uns aos outros. Como eu os amei, vocês devem amar-se uns aos outros. Com isso todos saberão que vocês são meus discípulos, se vocês se amarem uns aos outros" (João 13:34-35).

5. Como contribuir para a harmonia familiar e social: "Façam tudo sem queixas nem discussões, para que venham a tornar-se puros e irrepreensíveis, filhos de Deus inculpáveis no meio de uma geração corrompida e depravada, na qual vocês brilham como estrelas no universo" (Filipenses 2:14-15).

6. Como admitir seus erros e mudar de atitude: "Portanto, confessem os seus pecados uns aos outros e orem uns pelos outros para serem curados. A oração de um justo é poderosa e eficaz" (Tiago 5:16).

7. Como cuidar das suas emoções: "'Tudo me é permitido', mas nem tudo convém. 'Tudo me é permitido', mas eu não deixarei que nada domine" (1Coríntios 6:12).

8. Como superar os obstáculos da vida: "Não fui eu que ordenei a você? Seja forte e corajoso! Não se apavore, nem se desanime, pois o Senhor, o seu Deus, estará com você por onde você andar" (Josué 1:9).

9. Como ser bem-sucedido na vida: "Filhos, obedeçam a seus pais no Senhor, pois isso é justo. 'Honra teu pai e tua mãe' — este é o primeiro mandamento com promessa — 'para que tudo te corra bem e tenhas longa vida sobre a terra'" (Efésios 6:1-3).

10. Como a disciplina produzirá paz em sua vida: "Nenhuma disciplina parece ser motivo de alegria no momento, mas sim de tristeza. Mais tarde, porém, produz fruto de justiça e paz para aqueles que por ela foram exercitados" (Hebreus 12:11).

As melhores coisas para ensinar aos nossos filhos estão dentro da Palavra de Deus. O caminho para um relacionamento saudável em qualquer fase da vida dos nossos filhos é seguir as Escrituras. O melhor momento para nos arrependermos do mal que fizemos (ainda que sem intenção) é agora. O segredo de termos sucesso tanto no relacionamento com os filhos quanto no ministério é não desistir.

Mesmo que você olhe para seus filhos hoje, já crescidos, jovens e até mesmo casados e formando a própria família, e sinta arrependimento por decisões precipitadas, por palavras duras ditas ou palavras amorosas que deixaram de ser proferidas, não desista de mudar, achando que não é tempo para isso. Você pode e deve mudar. Se o Espírito Santo está falando ao seu coração para fazer algo, faça sem hesitar. Sempre há tempo de tocar o coração dos nossos filhos confessando nossos erros e buscando compreensão. Se você não pode mudar algo que já está feito, fale para eles como você gostaria de ter agido diferente. Seus filhos precisam saber que você também é imperfeita, mas precisam saber principalmente que o arrependimento genuíno é sempre um caminho pavimentado direto para a alegria da comunhão. Por fim, não desista de construir um bom relacionamento com seus filhos, sejam eles crianças, jovens ou adultos. Em tudo o que não depender de você, dependa unicamente de Deus!

Amizades

>> JULIANA NEGRI

O consagrado autor cristão C. S. Lewis, em seu livro *Os quatro amores*, apresenta a amizade como "o menos biológico de nossos amores. Tanto o indivíduo como a comunidade podem sobreviver sem ela."[11] Talvez esse seja um dos motivos pelo qual, em uma sociedade utilitarista, a amizade não seja tão valorizada.

Outro motivo é o medo do sofrimento. Certa vez ouvi de alguém: "Sempre haverá o risco de um amigo trair você, ainda assim, é melhor compartilhar a vida." Eu concordo; deixar de desfrutar de boas amizades porque elas podem eventualmente feri-lo é provavelmente uma reação a experiências passadas, e é válida. Contudo, privar-se de compartilhar a vida com outras pessoas por esse medo é uma prisão que, em si mesma, fere tanto quanto ou até mais. Mas existe ainda uma razão, talvez a campeã entre quem não tem nenhum bloqueio emocional e, ainda assim, não investe em amigos: a falta de tempo.

Enquanto mulheres em ministério, é fácil fazermos apenas o que deve ser feito: discipulado, evangelização, mentoria de futuros líderes, aconselhamentos e tantas outras formas de se relacionar com as pessoas, mas, muitas vezes, em uma postura de certa superioridade, "Eu ensino e você aprende", o que não é necessariamente errado, mas não pode ser confundido com amizade. É comum que se conviva com muitas pessoas sem permitir que elas entrem de fato em nosso coração. Relacionamentos intencionais se tornam parte do trabalho, e, por isso, mesmo quando se está rodeada por pessoas próximas, o sentimento de solidão é frequente.

Quer saber que lugar os amigos ocupam em sua vida? Observe sua conta bancária e a agenda. Amizades verdadeiras, em alguma instância, irão afetar essas duas áreas, assim como tudo o que se

---

[11] C. S. Lewis. *Os quatro amores* (Rio de Janeiro: Thomas Nelson, 2017), p. 49-50.

considera importante. A vantagem é que as boas amizades costumam valer o investimento e o retorno é muito mais valoroso e satisfatório.

> [...] amizade é de vital importância porque é transformadora, tanto para nós quanto para nossos amigos. Isso é fundamental, porque qualquer forma de ministério, serviço ou empreendimento que valha a pena perseguir requer apoio e companheirismo. Não pode ser realizado de forma isolada. A amizade é essencial para nos preparar para a tarefa.[12]

Ao ler o livro de Gênesis, vê-se que uma das primeiras palavras de Deus ali registradas é "Não é bom que o homem esteja só" (2:18). Deus havia confiado uma missão ao homem: cultivar o jardim. Havia lhe ensinado como fazê-lo: obedecendo ao direcionamento do Senhor. E, depois, providenciou-lhe companhia. Deus já se relacionava com Adão, poderia ter decidido que isso seria suficiente, mas, em sua soberania, ele criou o ser humano para viver em família e em comunidade. Essa amizade individual com Deus, na verdade, é uma fonte que deve transbordar sobre outras pessoas.

A Bíblia também conta que, em seu tempo na terra, Jesus investiu em muitas amizades. Quer fossem os discípulos, como João — que se reclinava em seu peito, quer fosse Marta, tão dedicada, Maria que chorou aos seus pés, ou Lázaro — que o levou às lágrimas também. Antes mesmo de iniciar seu ministério, aos trinta anos, Jesus tinha amigos. E suas conversas provavelmente não eram apenas sobre assuntos espirituais; acredito que ele conversava sobre o trabalho do pai, as sapequices dos irmãos, suas brincadeiras favoritas, sobre os visitantes do vilarejo e tantos outros assuntos comuns. Acho muito pouco provável que alguém naturalmente amável como ele não vivesse cercado de pessoas mesmo antes que ouvissem as suas pregações.

---

[12] Alister McGrath. *Conversando com C. S. Lewis* (São Paulo: Editora Planeta, 2014), p. 42-48.

Jesus não era amigo apenas dos menos favorecidos, não era aquele que resolvia todos os problemas e se sentia valorizado por isso. Ele também não era amigo apenas daqueles que poderiam suprir suas necessidades emocionais, apoiar seu trabalho, ou lhe dar projeção. Na verdade, os fariseus até o chamavam de "amigo de pecadores" (cf. Mateus 1:19). Mas é claro que isso não significa que ele tinha a mesma intimidade com todos.

Algumas coisas ele falava para a multidão, outras para os discípulos, e outras, ainda, escolhia bem com quem compartilhar, como o fez no Getsêmani com Pedro, Tiago e João (cf. Mateus 26:36-46). Jesus nos ensina a desenvolver amizades com diferentes propósitos, diferentes níveis de comprometimento e confiança. O Mestre também ensinou com a vida que, nos momentos de maior necessidade, poucos ou talvez nenhum amigo esteja lá. "Tome diariamente a sua cruz e siga-me" (cf. Lucas 9:23) é um chamado individual. Ele sabia inclusive que, além de abandoná-lo, muitos o trairiam. Ainda assim, ele os amou e compartilhou cada dia da vida na terra com seus amigos. O Reino de Cristo é um reino de amigos dele, que são amigos entre si.

As amizades da mulher em ministério

Em relação a quem devem ser nossos amigos como mulheres em ministério, temos de ser cuidadosas com a tendência de nos fechar na "bolha" de relacionamentos da igreja local, por mais que nossa vida muitas vezes gire em torno dela. Tendo Jesus como exemplo, precisamos criar oportunidades de estar em meio àqueles que ainda não o conhecem, mas com um detalhe: fazendo a diferença que ele fez.

E como fazemos isso? Com a sabedoria do alto, sem negociar valores, sem invejar maus caminhos, sem vergonha (ou preguiça) de compartilhar o evangelho. Se não estivermos entre eles, como os conduziremos a Deus? Entretanto, precisamos cuidar também para não ter amigos apenas de fora, pessoas que não nasceram de novo e não têm entendimento espiritual. O pensamento de que não encontraremos amigas na nossa própria igreja porque estão sob a nossa liderança e não deveríamos mostrar vulnerabilidades a elas é nocivo. Cada igreja deve buscar se tornar uma comunidade segura para seus membros. Somos todos falhos e humanos, mas, se a mulher em ministério não encontrar sequer uma amiga no ambiente em que serve, ela provavelmente adoeceu emocionalmente.

Jesus também nos ensina que existem amigos e amigos. Há aqueles com quem festejamos, e há aqueles com quem choramos. Há os que aprendem de nós e aqueles que nos ensinam, às vezes na mesma pessoa. Há os que são intensamente bem-intencionados, mas não exatamente confiáveis, e há aqueles que podem até falhar, mas cuja lealdade é verdadeira.

Jesus não conseguia dedicar a todos o mesmo tempo e energia, afinal, assim como você e eu, enquanto viveu na terra, ele tinha as limitações de qualquer ser humano. Mas os discípulos estiveram com ele do início ao fim de seu ministério e se tornaram aqueles que chamarei de *amigos de fé*. Pessoas que caminham junto, compartilhando a fé em direção ao cumprimento do nosso propósito. Que nos ajudam a crescer, que nos chamam de lado quando necessário, para corrigir, encorajar, consolar; alguém para quem podemos ligar (ou enviar uma mensagem) e pedir oração em um dia difícil. Amigos que caminham conosco quando tudo dá certo e quando tudo dá errado, com quem podemos ter um compromisso mútuo de lealdade e amor. Uma verdadeira aliança.

Lembro-me da primeira vez em que uma amiga, a despeito das cinco horas de diferença de fuso, perguntou se poderia me ligar para orar comigo depois de eu compartilhar um momento muito difícil por mensagem. Na sua oração ouvi as palavras do próprio Deus para mim, uma amiga de fé que simplesmente se importou verdadeiramente.

Acrescento aqui um alerta. É fundamental que amizades assim aconteçam entre pessoas do mesmo gênero, especialmente quando se trata de mulheres casadas. Qualquer amizade entre pessoas de sexo diferente pode se tornar um laço. A probabilidade de um dos dois, ou mesmo ambos, confundirem sentimentos é muito grande. Complemento que, no nosso tempo, até mesmo entre mulheres é necessário vigiar caso se perceba que a intensidade e intimidade têm tomado proporções que possam comprometer outros relacionamentos. Amizades que envolvem intimidade, confiança, cumplicidade são um presente de Deus e, justamente por isso, o Inimigo fará o possível para deturpá-la, roubá-la e destruí-la.

Aprendemos com Jesus a reconhecer quem são esses parceiros de caminhada e a investir nessas amizades, mas também aprendemos com ele a reconhecer quem são os verdadeiros. Jesus conhecia o caráter e as intenções de Judas, por exemplo. No Novo Testamento, vê-se que a palavra original utilizada para se referir a amigo é *philos*, que significa amigo. "Ninguém tem maior amor do que aquele que dá a sua vida pelos seus amigos [*philon*]" (João 15:13).

Jesus, porém, não era ingênuo. Ele não era aquela pessoa ingênua que sempre vê apenas o suposto lado bonito dos outros; ele era justo, não manipulável. No exato momento da traição, ao chamar Judas de amigo — como se lê em muitas traduções — "Amigo, o que o traz?" (cf. Mateus 26:50), o termo usado não é *philos*, mas *hetairos*. Segundo Strong, ela estaria mais associada a uma expressão distante, interesseira da amizade.[13] Estaria Jesus, amorosa e firmemente, relembrando Judas que deveria ser um amigo, enquanto mostrava já estar ciente de suas verdadeiras intenções? Parece-me que, até o último momento, Jesus estava disposto a perdoar Judas, se ele desistisse da traição. Contudo, para a própria desgraça, essa não foi a decisão do discípulo. Assim como aconteceu com Jesus, acontecerá comigo e com você. Não foque seus olhos nesses, não lamente sua partida e não se esqueça de que os verdadeiros amigos permanecem.

---

[13] STRONG em Bible Hub. Disponível em: https://biblehub.com/greek/2083.htm. Acesso em: 18 jul. 2023.

Os Inklings

Talvez você já tenha ouvido que C. S. Lewis, mencionado anteriormente, e o autor de *O Senhor dos Anéis* J. R. R. Tolkien, juntamente a outros renomados intelectuais, faziam parte de um grupo de amigos leais, os Inklings. O grupo era formado apenas por homens muito talentosos com dois interesses em comum: cristianismo e literatura. Eles criaram uma comunidade onde o comprometimento e a comunhão fortaleciam *a cada indivíduo, ao mesmo tempo que ao grupo.*

Para Lewis, a comunhão e lealdade entre amigos tornariam as pessoas mais humildes, pois seriam constantemente confrontadas por aquilo que admiram uns nos outros. Ao mesmo tempo, essa relação de amizade seria como um espelho: quem tem amigos admiráveis tem algo de admirável também em si. É possível identificar três elementos que possibilitaram aos Inklings se tornassem essa forte comunidade de amigos:

Tempo juntos. Os participantes desse grupo se encontravam assiduamente duas vezes por semana: uma para desfrutarem da companhia um do outro e "jogar conversa fora"; outra para discutir sobre suas obras literárias.

Cooperação. Eles se tornaram um dos mais conceituados grupos literários da história, e isso se deve ao fato de terem liberdade para criticar, no sentido de avaliar e julgar uns aos outros. Eles confiavam nas opiniões e na amizade genuína que buscava o bem um dos outros e seus projetos compartilhados. Esse grupo se tornou um catalisador para cada um de seus participantes e para as suas obras individuais. Para eles, um círculo de amigos poderia compensar as faltas de um indivíduo e aumentar seus pontos fortes.

Confiança. Por respeitarem e admirarem uns aos outros, sentiam que podiam compartilhar muito sobre as situações da vida e projetos pessoais. Mas essas amizades nem sempre foram perfeitas e livres de frustrações. Sabe-se, por exemplo, que houve um grande conflito quando, depois de muitos anos de proximidade, Lewis foi acusado por Tolkien de ter utilizado suas ideias de *O Senhor dos Anéis* em *As Crônicas de Nárnia.*

Alister Mcgrath, ao escrever sobre as amizades de CS Lewis,[14] sugere que as seguintes perguntas devam ser respondidas:

1. Como meus amigos me influenciam?
2. Que tarefas tenho de enfrentar que exigem uma comunidade de apoio?
3. Como apoiar meus amigos?
4. Dedico tempo e energia suficientes para cultivar amizades verdadeiras?
5. A amizade é um fim ou um meio para mim?

O movimento Mulheres de Fé

O *Mulheres de Fé*[15] é um movimento de unidade, cuidado e encorajamento para mulheres em ministério que Deus me deu privilégio de iniciar. E a forma como ele gerou esse movimento lindo em meu coração foi por meio da minha própria necessidade. Rick Warren diz que sua dor mais profunda pode se tornar seu ministério,[16] e não são poucas as vezes em que isso acontece de fato.

A vida em ministério sempre fez parte da minha família. Conheci e aprendi a amar a Jesus e a igreja, servindo nas áreas que tinham necessidade ou onde eu possuía alguma habilidade. Aos sete anos fui batizada. Aos treze, dava aula para crianças menores na escola bíblica dominical (EBD), podendo inclusive escolher materiais de apoio. Lembro-me de ter escolhido o livro *O Peregrino*; minha irmã mais nova fazia parte da classe e ainda se lembra. Aos catorze, fazia parte da liderança de adolescentes batistas da capital; com dezesseis, tornei-me discipuladora e ministra de louvor; com

---

[14] Alister McGrath, 2014, p. 42-48.

[15] Conheça mais sobre o movimento Mulheres de Fé no Instagram @mulheres.defee.

[16] Rick Warren. Guia-me. Disponível em: https://guiame.com.br/gospel/mundo-cristao/sua--dor-mais-profunda-pode-dar-origem-ao-seu-maior-ministerio-diz-rick-warren.html. Acesso em: 15 jul. 2023.

dezoito, fazia parte da equipe de liderança dos adolescentes de uma igreja grande. Nesse mesmo ano iniciei a faculdade de teologia. Aos 21, já casada, tornei-me esposa de pastor.

Sendo uma pessoa que vive cada fase intensamente, na maioria das vezes, estive imersa na realidade do presente, investindo tempo, recursos e pensamentos naquelas pessoas que faziam parte do que eu estava vivendo no momento. Entretanto, hoje percebo que, de certa forma, havia negligenciado amizades antigas e pensava não ter tempo para investir em relacionamentos intencionais com pessoas de outro contexto que pudessem me aconselhar, mentorear, orar comigo e por mim.

Foi quando Deus nos conduziu por um deserto: meu esposo teve um *burnout*, perdemos um bebê durante a gestação e enfrentamos doenças na família. Somente então percebi a falta que fazia caminhar com outras mulheres que entendessem os dilemas da vida em meio à vocação ministerial. E até busquei ajuda, busquei me aproximar de mulheres que admirava e confiava, mas eu não havia priorizado aquelas amizades nem alimentado os vínculos.

Em meio à dor da solidão, naquele lugar desolado e solitário, o Senhor me ensinou a depender somente dele. Quando eu não via ninguém, ele continuava me vendo, provendo, e revelando algo novo de si. Mas essa experiência também me mostrou que muitas outras mulheres poderiam estar passando por situações parecidas. Haveria alguma forma de chegar antes? De não cuidar da mulher de maneira reativa, quando já está no limite da esperança? Ou haveria um cuidado ativo, preventivo?

Entendi, então, que deveria dar o primeiro passo. Convidei duas amigas, também esposas de pastor (ministério que exercia antes de vir para o campo transcultural) e mães de filhos pequenos, para caminharmos juntas, compartilhando, encorajando e intercedendo umas pelas outras, e assim surgiu o Mulheres de Fé. Entendemos que Deus estava nos chamando para ser como uma voz, trazendo à luz os dilemas vividos por mulheres que têm o privilégio e o desafio de conciliar com as outras demandas da vida a vocação ministerial.

Assim como para servir essas mulheres por meio do cuidado mútuo, ativo e integral. A questão era: Como?

Foram meses de busca pela direção do Senhor, conversas, planejamentos e pequenos passos. Nenhuma de nós era conhecida ou desenvolvia um papel de influência que facilitasse esse processo. Mas Deus ama chamar anônimos, assim, apenas o seu nome é evidenciado. A visão, o convite e a obra são dele. Ele é digno.

Para alcançar outras mulheres, iniciamos uma conta no Instagram e organizamos um pequeno devocionário focado inicialmente nas esposas de pastores. Alguns desses devocionais foram disponibilizados como plano de leitura no aplicativo YouVersion. Poucos meses depois, Deus nos abençoou com a publicação do livro *Uma jornada de encorajamento*, escrito por mais de cinquenta mulheres em ministério, de diferentes denominações e espalhadas pelo mundo.

Em busca constante pela direção do Pai, a visão foi tomando forma e, junto a ela, veio a provisão. Lembro-me de palavras como a de Neemias, que, ao ser questionado pelo rei, tinha o plano organizado e sabia do que precisava para executá-lo; de Isaías 40, que mostra o cuidado de Deus e a centralidade da sua Palavra. Lembro do chamado de Pedro e de quando o Senhor comissionou Gideão, mostrando-lhe que os soldados que o acompanhariam na batalha seriam escolhidos segundo os critérios divinos.

Conforme o Senhor trazia a direção, em minha limitação, mas com temor e alegria, eu dava passos. E a cada novo passo de fé, ele me surpreendia com os recursos. A começar pelas mulheres maravilhosas que já amei desde o começo. Uma equipe completamente trazida pelo Senhor, que arregaça as mangas, enriquece a perspectiva e tem feito as coisas acontecerem.

O primeiro grupo de oração cresceu e se multiplicou, surgiram:

- Mulheres de Fé On-line (MFOs): encontros virtuais focados em conectar, compartilhar e interceder. Enquanto escrevo este texto, quase um ano após a primeira capacitação para facilitadoras, somos quinze MFO.

- Mulheres de Fé Leitoras (MFL): um clube de leitura com mais de cem participantes, no qual buscamos selecionar livros com profundidade bíblico-teológica que contribuam para o crescimento da mulher em ministério nas áreas de conhecimento bíblico, vida familiar e serviço ministerial.

- *Podcast* Mulheres de Fé: no qual compartilhamos temas do dia a dia da mulher em ministério, assim como nossas impressões das leituras realizadas no MFL.

- Site Mulheres de Fé: ainda em lançamento.

Há ainda algumas surpresas — como a publicação deste livro. E quem me conhece sabe o quanto estou me segurando para não escrever alguns dos grandes sonhos que temos aqui. Tudo pela graça soberana e maravilhosa dele, que nos redimiu e nos comissionou. Ele, que é especialista em fazer que "todas as coisas cooperem para o bem daqueles que amam a Deus" (cf. Romanos 8:28, ARA).

No Mulheres de Fé, nós ensinamos a importância da unidade e da amizade leal, do cuidado mútuo, da intercessão comprometida e do encorajamento bíblico. Acreditamos que, quando caminhamos juntas, compartilhando as alegrias e os desafios da missão, nos tornamos mais alegres e perseverantes. Mulheres fortes geram famílias fortes, que geram ministérios fortes para a glória de Deus.

Toda mulher em ministério precisa:

Como mulheres em ministério, temos muito a ganhar se nos unirmos em uma comunidade que visa ao Reino, compartilhando a caminhada como verdadeiras amigas de fé, buscando incluir nesse círculo de amizades:

A) Alguém que a desafie a crescer (colegas em ministério, alguém que admira);

B) Alguém a quem possa servir (que talvez se inspire em você);

c) Alguém que ainda precise evangelizar e discipular;

D) Alguém em quem verdadeiramente confie para confessar pecados e ser encorajado biblicamente;

E) Alguém com quem tomar um café, bater papo, rir, passear ou simplesmente "fazer nada" juntas.

Acrescento também alguns conselhos para aquelas que desejam encontrar novas amigas ou fortalecer o vínculo com as amigas que já possuem:

1. Ore pedindo que Deus lhe mostre mulheres que se identificarão com você e seu momento de vida.

2. Não tenha pessoas específicas em mente, talvez elas já estejam batalhando para manter as amizades atuais e não estejam abertas para novas. Não é pessoal. A busca por uma amizade específica pode se tornar uma idolatria, cuidado! Também não force entrar em panelinhas, procure por aquelas que também estão em busca de novas amizades.

3. Tenha como princípio que dar é melhor que receber. Doe-se e encontre alegria nisso, não no que receberá em troca.

4. O ministério traz limitações, especialmente em relação aos horários. Você provavelmente não conseguirá fazer parte de todos os encontros do seu grupo de amigas. Explique isso para elas a fim de que compreendam. E, quanto a você, não se frustre nem se sinta deixada de lado, continue se esforçando para participar quando puder.

5. Vulnerabilidade: é necessário sair do pedestal e ser "gente como a gente". No entanto, tenha *cuidado* ao compartilhar traumas, pecados etc. Não sangre em tanque de tubarões. Vulnerabilidade é para ser compartilhada em ambientes seguros.

6. **Mostrando graça!** Por que muitas vezes nos sentimos mais à vontade nos abrindo com estranhos ou pessoas distantes? Por medo do julgamento.

7. **Entenda os ciclos.** Nem todas as amizades permanecem por longos anos. Amizades terminam, às vezes, por situações que quebram o relacionamento (e o coração), às vezes, simplesmente por incompatibilidade de fase de vida. Amizades que foram essenciais em determinados momentos podem não mais fazer sentido. Entender isso é muito difícil para aqueles amigos leais, mas faz parte do amadurecimento. Se não houve nenhum evento traumático, deve-se manter a porta aberta, considerando que, em outra fase, aquela amizade pode ainda caber.

8. **Confie em quem é confiável.** Quando há quebra de confiança, é importante lembrar que Deus nos ensina a perdoar, isso não significa permanecer ao lado nem confiar de novo.

9. **Respeite a individualidade de suas amigas, assim como a sua.** Não dê espaço para inveja, ego, necessidade de sobressair. Alegre-se verdadeiramente com o crescimento das outras. Exercite-se nessa virtude constantemente.

10. **Divirta-se de todas as formas saudáveis possíveis com suas amigas!** Seja intencional ao planejar momentos gostosos juntas. Desfrute intensamente desse lindo presente que Deus lhe deu!

A relação com a igreja

Igreja local
>> Kelly Piragine Sonda

Quando nasci, meu pai já era pastor de uma Igreja Batista em São Paulo. Aos quatro anos de idade, nós nos mudamos para Curitiba, seguindo um chamado de Deus para pastoreio da Primeira Igreja Batista de Curitiba. Nos corredores dessa igreja, cresci brincando de pega-pega ao final dos cultos, comendo pizza de milho na cantina e, quase todo domingo, fechando as portas do templo. Nunca foi pesado estar ali, pelo contrário, sempre me senti em casa.

Fomos acolhidos por famílias queridas que levavam meu irmão e a mim para passear no zoológico, lanchar no McDonald's ou passar as tardes de domingo em sua casa. Cresci amando a igreja de Cristo, tanto o local quanto as pessoas. Em 2023, depois de 35 anos de pastoreio local, meu pai entregou o cargo para a igreja viver um novo momento de liderança, e, assim, encerrou-se um ciclo em minha vida de filha do pastor da igreja em que congrego até hoje.

Em 2009, eu me casei com meu colega de turma da faculdade teológica e conheci outra face do ministério como esposa de pastor. Nosso ministério sempre foi voltado para a igreja local, buscando servir na comunidade em que Deus nos colocou. Se dissesse que não houve desafios, eu estaria mentindo. Muitas são as bênçãos do envolvimento direto ou indireto no ministério, mas muitas são as lutas também. Nesta caminhada, aprendi com o exemplo dos meus pais, com a sabedoria que o Senhor lhes concedeu. Aprendi com meu marido lições preciosas de discipulado e da arte de formar líderes. Também aprendi lições, por vezes doloridas, em meu secreto com o Pai. De todas essas frentes de aprendizado, compreendi que há três instrumentos essenciais na nossa caminhada de liderança: óculos, poltrona e bacia. Deixe-me explicar cada um deles.

Óculos

Se você é líder e está de alguma forma envolvida no ministério, é porque ama a Deus e quer trabalhar para a propagação do Reino com todas as suas forças. Algo queima em seu coração e você deseja fazer o melhor para o Senhor.

Houve uma mulher que abriu a porta de sua casa para Jesus. Ali ele se sentia confortável e gostava de estar. Ela era hospitaleira, buscava fazer o melhor em tudo: cozinhava as melhores comidas, usava as melhores louças, fazia as melhores sobremesas. A casa dela devia ser cheirosa e impecável. Mas ela estava "ansiosa e afadigada com muitas coisas" (Lucas 10:41, ARC) O nome dela era Marta, e ela permitiu que seus óculos ficassem embaçados pelos diversos afazeres. Distraída, não conseguia desfrutar da presença de Jesus.

A relação com a igreja

Na caminhada do ministério, não é difícil de isso acontecer conosco. Reuniões, eventos, aconselhamentos, retiros, cantinas, pequenos grupos, escola bíblica e tantas outras atividades. Ficamos atarefadas e fatigadas. Nossas lentes começam a ficar empoeiradas da correria da vida e passamos a acreditar que trabalhamos *para* Deus, não mais *com* ele. Começamos a tomar decisões sem consultá-lo, uma vez que já temos experiência e sabemos como a igreja funciona. A melhor parte, escolhida por Maria, de estar aos pés de Jesus, começa a ficar em segundo plano.

Podemos caminhar com os óculos sujos por algum tempo, mas chega o momento em que eles ficam tão tomados pela poeira que andamos como cegos crendo que ainda enxergamos. Vazias, o ministério se torna pesado, nos sobrecarrega e cansa. Quando cremos poder realizar a obra por nossa própria força e deixamos de convidá--lo para nos guiar, mostrar o que devemos fazer e dar as estratégias divinas para a obra, caminhamos sem fôlego. Nossos óculos, agora embaçados, nos tornam pessoas críticas e amarguradas.

Gostaria de dizer que nunca vivi dessa maneira, mas não seria verdade. Tive um período de muitas responsabilidades em minha vida. Eu trabalhava, e meu filho mais velho, Nicolas, estava com três anos; durante meu mestrado em teoria literária, engravidei do meu segundo filho, Henrique. Como não tinha tempo para escrever a dissertação, acordava todos os dias às três horas da manhã. Sentava-me quietinha na cozinha para não acordar ninguém e escrevia até às seis; em seguida, eu me arrumava e saía correndo para o trabalho. Confesso que diminuí muitas atividades na igreja, mas continuava envolvida na obra.

Permiti que as milhares de distrações ofuscassem meus óculos e comecei a crer que realizava tudo por minhas forças. Pensava precisar apenas me organizar para, assim, conseguir dar conta de tudo. Defendi minha dissertação em 29 de março e, em 8 de maio, o Henrique nasceu. Quatro meses depois, meu marido entrou em depressão. Visitamos diversos médicos, tentamos diversos medicamentos e tratamentos, mas nada mudava o quadro. Enfrentamos uma grande luta que durou mais de um ano e meio, durante a qual Deus começou a limpar meus óculos.

Eu me via sozinha, todos os dias, para cuidar dos meus dois filhos, enfrentar as noites sem dormir e a exaustão do meu corpo. Nas madrugadas, comecei a me sentar no sofá da sala com a Bíblia e livros cristãos em mãos até que, um dia, em meio a lágrimas, eu somente conseguia agradecer a Deus por tamanha provação. Ainda que doesse em cada parte do meu corpo, passei a enxergar novamente. Ali, encontrei o Senhor todas as noites, e ele passou a ministrar ao meu obstinado coração. Fez-me entender que, antes de qualquer coisa, ele desejava ter um relacionamento comigo; eu não precisava *fazer*, apenas *ser*. Tão perto dele, a vida divina transbordava em mim, em minhas palavras e atitudes. Entendi que muito serviço sem Deus não tem valor e pouco com ele era capaz de se multiplicar em cestos e mais cestos de pães e peixes.

Vivi um inverno intenso e longo, mas o Pai me deu raízes novamente, para que minha árvore voltasse a frutificar. Creio que Satanás nos tenta com o pecado, mas, por vezes, encontra Josés nesta terra, pessoas íntegras que não querem se corromper. Então, lança um truque antigo que demoramos a reconhecer, as distrações. Marta preparava uma refeição para Jesus, fazia algo nobre e provavelmente queria entregar o melhor ao Filho de Deus. Cozinhar não era e nunca foi pecado, mas, naquele momento, era o que a impedia de desfrutar da doce presença de Jesus, de beber da sabedoria e de sentir o amor.

Quando nos dispomos a servir a Deus, problemas começam a surgir. Membros da igreja começam a brigar, emergências vêm de toda parte, recebemos ligações com pedidos urgentes de atendimento e nós nos sentimos como apagadores de fogo, sem nada de útil a fazer, mas correndo o dia todo. Em vez de tentar solucionar tudo, podemos entrar no secreto e entregar as distrações a Deus, pedir que ele opere e traga solução. Dessa forma, a armadilha das distrações de Satanás cai por terra, e devolvemos o foco a Cristo.

É no secreto que, todos os dias, devemos tirar nossos óculos e limpá-los na presença do Pai, reconhecendo que não é por nossa força, mas pela graça e pelo Espírito que a obra será feita. Nenhum dia deve se passar sem essa limpeza, porque, a cada noite, antes de dormir, nossos óculos estarão levemente empoeirados com as aflições do dia. Se deixarmos a poeira acumular, precisaremos passar semanas, meses ou anos esfregando-os para que voltem a ser translúcidos e nos permitam enxergar claramente de novo.

"Maria escolheu a boa parte, e esta não lhe será tirada" diz o texto de Lucas 10:42. Os óculos de Maria estavam limpos porque tudo o que ela enxergava era Jesus. Com os óculos limpos, estaremos prostradas aos pés de Jesus, e o trabalho no ministério será leve e prazeroso porque não é sobre mim nem sobre você, nem mesmo sobre algum membro da igreja. É e sempre foi sobre ele.

Poltrona

Em minha casa, tenho algumas cadeiras simples, um tanto duras, e uma poltrona larga e macia. Sempre que uma visita chega, logo lhe ofereço a poltrona e sento-me na cadeira. Quero que ela se sinta bem em minha casa, confortável no melhor lugar. Ao fazer isso, honro a vida do meu convidado e mostro que ele é importante para mim.

O princípio da honra é essencial na igreja local. Honrar é ter em alta conta, valorizar, enxergar o que a pessoa tem de melhor. Já desonrar é tratar como medíocre e sem valor. Enquanto a honra eleva, a desonra destrói. Depois de ser tentado por Satanás, Jesus foi a Nazaré, a cidade em que havia crescido, e começou a ensinar na sinagoga. Todos ficaram admirados "com as palavras de graça que saíam de seus lábios" (cf. Lucas 4:22) e, ao mesmo tempo, perguntavam se aquele não era o filho de José. Era como se perguntassem se aquele não era o menino que corria pelas ruas da cidade quando pequeno, filho de um simples carpinteiro, um menino como qualquer outro.

Seria possível que essa pessoa excepcional diante de seus olhos naquele momento estivesse o tempo inteiro ao lado deles sem que nunca a tivessem notado? Em que momento ele havia se tornado alguém especial, capaz de curar e fazer milagres? Não era possível! Ele era alguém comum, como todos os outros. Essa deve ter sido a conclusão a que chegaram para explicar a atitude do povo: "Levantaram-se, expulsaram-no da cidade e o levaram até o topo da colina sobre a qual fora construída a cidade, a fim de atirá-lo precipício abaixo. Mas Jesus passou por entre eles e retirou-se" (Lucas 4:28-30).

Um ano depois, Jesus retorna à sua cidade, em uma atitude, creio eu, de graça, concedendo aos nazarenos uma nova oportunidade de ouvir e crer em suas palavras, receber seus sinais e maravilhas. Dessa vez eles não o expulsam, mas o ignoram. Jesus explica: "Só em sua própria terra, entre seus parentes e em sua própria casa, é que um profeta não tem honra" (Marcos 6:4). Contudo, o mais triste é o versículo seguinte: "E não *pôde* fazer ali nenhum milagre, exceto impor as mãos sobre alguns doentes e curá-los" (Marcos 6:5). Naquela cidade, Jesus foi impedido de realizar milagres. Com certeza, muitos precisavam da intervenção divina, mas a desonra e a incredulidade foram barreiras levantadas e bloqueadoras do toque de Cristo sobre a vida daquelas pessoas. Jesus já havia transformado a água em vinho, curado cegos, ressuscitado a filha de Jairo, expulsado demônios, acalmado a tempestade e, embora o povo de Nazaré tivesse ouvido falar de todos esses feitos, não os experimentou.

Se queremos receber as bênçãos de Deus, precisamos trilhar o caminho da honra. Honre seus pais e seu marido. Honre os pastores e líderes colocados em sua vida. Honre as autoridades da sua cidade. É importante destacar que honra é diferente de respeito. Em seu livro *Ego no altar*, Craig Groeschel explica:

A relação com a igreja

Você poderia pensar: Não vou honrar essa pessoa porque ela não merece. Ela não é digna de honra. Acontece que não é assim que funciona. Você está confundindo honra com respeito. Respeito é coisa que se faz por merecer. Honra é coisa que se dá. Uma distinção crucial. Você deveria honrar as pessoas apenas pela posição em que Deus as põe em sua vida. Devemos horar de graça. [...] Quando você opta por honrar (as pessoas) antes que vivam de maneira honrosa, a própria honra com que você as presenteou as eleva, a ponto de começarem a viver de fato honradamente.[1]

A honra eleva e conduz pelo caminho das bênçãos, enquanto a desonra destrói e impede o agir de Deus. A honra faz que a pessoa se torne quem Deus quer que ela seja, enquanto a desonra a carregará para um caminho de destruição. Talvez você discorde da maneira de trabalhar do seu líder e pense que outra estratégia surtiria mais efeito. Você pode até ter razão, mas, no mundo espiritual, a insubmissão faz que, assim como Jesus se retirou daquela cidade, ele se retire dos seus projetos, permitindo que você ande com suas próprias forças. Ao praticar honra, você abre as portas para que Deus caminhe contigo em cada função e, com ele, ainda que tenhamos apenas cinco pães e dois peixinhos, cestos e cestos se encherão de bênçãos.

Honre seus líderes saindo do meio da fofoca e não os criticando diante dos outros, honre seus líderes valorizando suas ideias e trabalhando com eles no mesmo propósito e de todo coração. Não os deixe sentar-se nas cadeiras duras e desconfortáveis. Ofereça-lhes a poltrona macia! Lembre-se de que, na posição de liderança, somos sempre o exemplo. Quando você começar a tratar os outros, ainda que sejam seus liderados, com honra, eles desejarão tratá-lo da mesma maneira. Faça a sua parte e deixe o restante com Deus.

---

[1] Craig Groeschel. *Ego no altar: transforme-se em quem Deus diz que você é* (São Paulo: Vida, 2014), p. 109.

Bacia

Eram cinco horas da manhã. O palácio estava vazio, e o único barulho que se podia ouvir era o tique-taque do pequeno, mas nada silencioso, relógio da sala. Pé ante pé, o rei levantou-se, arrumou-se e desceu até a cozinha, abriu a geladeira, separou alguns alimentos e iniciou a busca por utensílios — pratos, copos e talheres. Parecia mais fácil encontrar o inimigo camuflado na selva do que achar tudo de que precisava naquela cozinha. Era a primeira vez que preparava uma refeição desde que se tornara rei.

Cortou frutas, separou pães, pegou frios e geleias da geladeira, fez panquecas e café e ajeitou tudo sobre a mesa. A melhor louça foi escolhida e talheres de prata foram selecionados. O rei foi ao jardim, colheu algumas margaridas e colocou-as em um vaso no centro da mesa. Em seguida, subiu ao seu quarto para ler enquanto aguardava a chegada dos convidados.

Às sete horas, eles começaram a chegar. O rei não ouviu barulho algum; por isso, continuou em seu aposento. Um a um, começaram a entrar no palácio: cozinheiros, copeiros, mordomos, camareiros e auxiliares de limpeza. Todos começaram a se desesperar. Eles haviam se esquecido de algum evento importante. Quem seria o convidado? Quem havia arrumado a mesa e preparado a comida? Com certeza seriam despedidos. Outros serventes já deviam ter sido contratados.

Alguns começaram a chorar; outros, a discutir. Quem era o culpado? Quem havia se esquecido de informar sobre o evento. Então, o rei, envolto em sua leitura, ouviu uma barulheira vindo da cozinha. Correndo, desceu animado e encontrou um caos. Logo entendeu o que estava acontecendo e levou um a um até a mesa, sentou-os nas cadeiras, pegou um pano, um bule e começou a servir o café. Logo, os copeiros se levantaram e disseram: "De forma alguma, rei, este é o nosso trabalho." Mas o rei mandou-os sentar-se e continuou servindo. Ao fim do café, explicou: "Meu trabalho é servir a minha nação e o meu povo. Vocês são a minha nação e o meu povo, mas são vocês que me servem todos os dias. Acabo esquecendo qual é o meu trabalho e o meu propósito. Vim para servir!"

É isso que Jesus também nos ensina quando lava os pés dos discípulos. Viemos para servir. Servimos em primeiro lugar ao Rei dos reis e, depois, à igreja, a noiva de Cristo, na pessoa dos seus membros. Se pregamos, é em serviço, para que as pessoas vejam não a nós, mas ao Senhor. Se ensinamos, não é para que percebam nossa sabedoria, mas sim a sabedoria divina demonstrada na Palavra de Deus. Se fazemos um evento, podemos ser os que varrem o chão e limpam as mesas, demonstrando que não há trabalho melhor ou pior, apenas o trabalho feito com coração grato a Deus ou não. Se aconselhamos e pastoreamos pessoas com amor, para depois vê-las falando mal de nós pelos corredores, lembramos que fizemos isso como oferta de aroma agradável a Deus, não a pessoas falhas e propensas a criticar.

Jesus, o Rei dos reis, pegou uma bacia e uma toalha e fez o trabalho que apenas um escravo faria: lavou os pés dos discípulos, carregados da poeira das ruas. Mas ele não precisava lavar o corpo todo, como Pedro sugere, apenas os pés, o que significa que recebemos a salvação apenas uma vez. Somos lavados do pecado e nosso nome é escrito no Livro da vida, mas nossos pés continuam a se contaminar com a sujeira deste mundo. Permitimos que a poeira e a fuligem das estradas grudem em nossa pele enquanto caminhamos, principalmente o orgulho, que é a raiz de todos os pecados, lentamente endureça a sola dos nossos pés, tornando-nos insensíveis às verdades de Deus e ao quebrantamento em nossa vida. Como descreve Andrew Murray, em seu livro *Humildade, a beleza da santidade*: "a humildade é o único solo no qual a graça se enraíza; a falta de humildade é a suficiente explicação de todo defeito e fracasso".[2]

Antes de partir, Jesus não apenas fala sobre humildade e serviço, mas nos mostra, com atitude, o que essas duas coisas significam. A bacia é o objeto que devemos ter em mente quando trabalhamos

---

[2]   Andrew Murray. *Humildade, a beleza da santidade* (Curitiba: Publicações Pão Diário, 2019), p. 18.

na igreja local. Cada tarefa, grande ou pequena, deve ser feita com humildade, lembrando que servimos como adoração a Deus. Quando sabemos quem somos em Cristo, não nos preocupamos com nossa posição, não buscamos o palco, mas servimos onde ele nos coloca, seja limpando um banheiro em um retiro, seja pregando em uma conferência. Servimos com alegria, servimos porque ele nos serviu, servimos porque entendemos que andamos com uma bacia nas mãos e uma toalha na cintura, prontos para a obra para a qual ele nos enviar.

A humildade é o resultado do coração que entende sua insignificância e, ao mesmo tempo, compreende a grandeza de Deus. Nas palavras de Andrew Murray: "Humildade não é algo que apresentamos para Deus ou que ele concede; *é simplesmente o senso do completo nada ser que vem quando vemos como Deus é verdadeiramente tudo, e no qual damos caminho a Deus para ser tudo*".[3]

No trabalho na igreja local, vamos nos deparar, muitas vezes, com a disputa de egos. Pessoas brigarão por poder, alguns escolherão o caminho da rebelião, da fofoca e da difamação. Nós, porém, a exemplo de Cristo, devemos enfrentar todas essas questões com a bacia, lavando os pés até mesmo dos que estão prontos a nos trair, pois Jesus não deixou Judas de fora da cerimônia. Se obedecermos a Cristo e aos seus ensinamentos, ele próprio julgará nossas causas. Mas, se andarmos em orgulho, andamos sozinhos e podemos ter certeza da queda.

Óculos, poltrona e bacia, três objetos simples que podem nos lembrar de importantes verdades bíblicas. Três objetos que devemos carregar na mente e no coração todos os dias, sabendo que, se os utilizarmos, teremos a certeza de um ministério cheio da unção de Deus, desenvolvido pela força do Espírito, não da carne, um ministério que agrada ao coração do Pai.

---

[3] Andrew Murray, 2019, p. 18.

Ministério com mulheres

>> PAOLA MUEHLBAUER

Comecei a estudar teologia em 2016, com o intuito de me preparar para o ministério pastoral da minha igreja. O que parecia muito claro para mim se transformou, ao longo do curso, em uma nova visão sobre o Reino de Deus e sobre o serviço. Antes de refletir sobre a realidade e os desafios do ministério com mulheres, quero compartilhar um pouco do processo de como o Senhor abriu meus olhos para enxergar a importância desse departamento.

Ao cursar uma faculdade de período integral, surgiu a necessidade de captar recursos financeiros para que meu esposo e eu pudéssemos nos manter no seminário. Sempre tive uma perspectiva muito empreendedora de me lançar em novos projetos que pudessem me fornecer renda extra. Nesse caso, além das ofertas recebidas, tive a oportunidade de colocar em prática minha paixão por maquiagem e me tornar maquiadora. Fiz um curso de capacitação, comprei alguns materiais e ofereci meus serviços em um salão da cidade em que eu estudava. Para minha surpresa, logo comecei a encher minha agenda e a exercer essa atividade aos finais de semana. Eu maquiava mulheres para as mais diversas finalidades: formaturas, casamentos, ensaios fotográficos etc.

Imagino que você já tenha ido a algum salão de beleza, não é mesmo? Se eu perguntasse qual é a palavra que vem a sua mente ao pensar nesse local, o que responderia? Penso que muitas mulheres responderiam "Fofoca"! Essa é a famosa reputação dos salões. Eu me questionava o porquê dessa fama. Penso que, para muitos, o motivo se resume ao preconceito, ou quem sabe a uma constatação de que o ambiente onde várias mulheres se reúnem se torna sinônimo de muita conversa.

Infelizmente, ao conviver mais de perto com a rotina e os bastidores de um salão, pude constatar a veracidade da relação entre fofoca e ambiente feminino. Lembro-me do quanto me incomodava e do quanto pedi ao Senhor para ser luz nessa profissão e ambiente. Tive de lidar com sentimentos de futilidade: "Será que meu serviço neste espaço condiz com aquilo que Deus me chamou para fazer? Será que meu serviço promove a vida e os princípios que eu valorizo ou apenas o ego e a futilidade humana? A fofoca e os olhares maldosos?"

Não tente imaginar as reflexões que esse trabalho me trouxe, pois foram muitas. Posso dizer que, nesse ambiente adverso a minhas crenças, meus princípios e valores, foi onde Deus despertou meus olhos para perceber realidades importantes para o trabalho com mulheres e suas necessidades.

Primeiro, entendi que tudo o que eu fizesse, independentemente do ambiente de trabalho ou de sua reputação, poderia ser luz e fazer diferença. Eu me comprometi a não me envolver com fofocas alheias com clientes e colegas de trabalho, mas preciso confessar que, por muitas vezes, no desejo de agradar e pertencer ao lugar, caí na tentação de não refrear meus pensamentos e palavras. Contudo, também pude experimentar muita graça de Deus ao me dar sabedoria para transformar a cadeira de maquiagem em um verdadeiro lugar de confissão.

A maior riqueza que encontrei nessa atividade aconteceu quando entendi que eu podia fazer muito mais do que maquiar, que a maquiagem poderia ser a porta de entrada ao coração dilacerado e solitário das pessoas que se sentavam em minha cadeira. Quantas histórias pude ouvir e quantas vidas pude colocar na presença de Deus por meio de minhas orações e, às vezes, até por meio de uma palavra.

O tempo passava e o desejo por fazer algo mais impregnava o meu coração. Acredito que a maquiagem tem o poder de aumentar a autoestima e de dar à mulher a sensação de autonomia, empoderamento e beleza. Se eu fosse apenas maquiadora, talvez entendesse que a maquiagem por si só tem grande potencial transformador. Quantas mulheres se olhavam no espelho com os olhos brilhando e o coração grato, o que sempre me motivou, mas, ao mesmo tempo, me incomodou.

Maquiagem transforma. Esconde olheiras, realça os olhos e destaca nossos traços. Algumas mulheres chegavam a dizer ao se olhar no espelho: "Quem é esta?" A maquiagem tem esse poder e essa função. Ao mesmo tempo em que eu valorizava aquela transformação, como cristã, sabia que aquela sensação também era passageira. O que seria daquela mulher sentada em minha cadeira ao chegar em casa e tirar a maquiagem? O que ela diria e pensaria de si mesma ao olhar-se no espelho e perceber que a transformação não era duradoura nem permanente?

Esses questionamentos me levaram a amadurecer meu chamado para trabalhar com mulheres, despertaram em mim o desejo por transformar vidas para além das aparências, de modo integral e duradouro. Uma transformação de dentro para fora, na qual a maquiagem fosse apenas um acessório que complementa, mas não gera mudança permanente e verdadeira.

Antes de continuar, preciso que você saiba que não sou contra investir na aparência e caprichar nos cuidados. Creio, sim, que o cuidar do nosso físico, também por meio da maquiagem, nos traz e proporciona bons momentos e autoadmiração. Contudo, sei que, sem a compreensão de que a transformação vai além das aparências, a maquiagem facilmente se torna um deus de nossa autoestima.

A verdadeira transformação que as mulheres necessitam não acontece na superficialidade, nem mesmo em um curto espaço de tempo em um salão de beleza; antes, tem origem no mais profundo do ser. Precisamos tornar algo velho em novo (cf. Apocalipse 21:3), regenerar o quebrado e dar nova vida aos cansados. Essa transformação somente pode ser produzida por aquele que é capaz de criar vida do caos (cf. Gênesis 1:1-2) e nos sonda por inteiro (cf. Salmos 139:1), nos chama das trevas para sua maravilhosa luz (cf. 1Pedro 2:9).

Ao me relacionar com as mais diversas personalidades, de dentro e de fora da igreja, meus olhos se abriram para a necessidade de ministérios de cura, libertação e edificação da mulher. Atualmente, meu ministério se concentra em capacitar mulheres a exercerem sua liderança dentro e fora da igreja. Minha experiência no salão não me trouxe apenas uma direção ministerial, mas um questionamento em relação a como exercemos o ministério na igreja. É isso que compartilharei a seguir.

Ministério de mulheres: salão de beleza ou casa de recuperação?

Quando olho para o comércio da minha cidade, preciso reconhecer que espaços exclusivos para mulheres não faltam! Existem os salões de beleza e de estética, academias e até mesmo clubes de atividades específicas para esse público. Da mesma forma, ao olhar para o cenário das igrejas, percebo que é muito comum encontrar um grupo exclusivo para elas.

Lembro-me, como se fosse hoje, das tardes para mulheres de que eu participava com minha mãe na minha infância. Para mim, era um evento muito aguardado: o dia do mês em que eu podia faltar na escola e participar com minha mãe de uma tarde só para mulheres. Eu me arrumava, caprichava no vestido para estar com outras mulheres bem arrumadas naquele salão de eventos. Eu tinha por volta de seis anos de idade, e o que mais me marcou foi o momento do brinde no saco. Durante o café e o tempo de conversas, havia um grande saco vermelho que passava entre as mesas. O intuito da brincadeira era retirar algum brinde às cegas. Eu ficava ansiosa e com muita expectativa de retirar algo que pudesse usar! Todavia, normalmente, me decepcionava com os presentes, como, por exemplo, um pano de prato e logo pensava: "Ah, mas isto não serve para mim!"

Com essa ilustração de minha infância, percebo que o ministério de mulheres talvez não tenha mudado muito. Ao longo do meu crescimento, em muitos momentos, infelizmente pensei: "Ah, isto não serve para mim!", ou saí sem resposta para os meus

A relação com a igreja

dilemas ou sem acolhimento para minhas dores. Penso ser esta uma das maiores lacunas dos trabalhos com mulheres: permanecemos superficiais no estudo da Palavra e sua real aplicação para nossa vida e para os desafios do dia a dia. Nesse sentido, você e eu precisamos questionar em que nosso ministério feminino difere de um salão de beleza.

Antes de responder a essa pergunta, preciso abrir meu coração e lhe dizer que muitos dos grupos que frequentei e para os quais ministrei se pareciam com a reputação de um salão: um ambiente hostil e de fofocas, no qual uma quer aparecer mais do que a outra, provar seus atributos e qualidades. Percebi que, em muitos momentos, mulheres se maquiavam de moralidade e bons costumes sem dar espaço para a realidade mais obscura da alma — me incluo entre elas. Ministério de mulheres, grupo de mulheres, círculo de oração, tarde da mulher, não importa o nome dado em sua igreja, ele não deve ser um salão. Nossa real intenção não deve ser maquiar a vida diante da outra. Não deveríamos precisar maquiar nossos pecados por medo do que falarão, ou da fofoca depois do encontro disfarçada de um motivo de oração. Não deveríamos precisar nos entreter apenas com cafés, boas obras, cartões e mensagens bonitas.

Muito mais do que um salão, nossos grupos de mulheres precisam ser um ambiente de cara limpa, seguro e familiar, no qual removemos a maquiagem diante de Deus e umas das outras. Não deveríamos sentir necessidade de provar nosso valor, mas permitir que o Senhor nos transforme por completo, não apenas para uma reunião. O grupo de mulheres deveria ser o lugar onde se removem maquiagens e se revelam verdades; onde a transformação não acaba ao chegar em casa, não se estraga com chuva nem lágrimas; onde a mudança não é percebida apenas no espelho, mas no reflexo de nossos pensamentos e práticas diárias.

A real resposta para a pergunta do que nos diferencia de um salão não deveria estar no lugar, mas no seu impacto. Elisabeth Elliot disse que ser mulher não a torna um tipo diferente de cristã, mas ser cristã a torna um tipo diferente de mulher.[4] Diferente em casa, diferente no espelho e até mesmo no salão. Somente podemos ser esse tipo diferente de mulher quando a Palavra penetra em nossa vida e revela as manchas do pecado. Sei que, para muitas, a maquiagem pode existir para cobrir as manchas do sol, mas somente o sangue de Cristo é capaz de cobrir e apagar a multidão de pecados.

Nossos encontros de mulheres devem ser como uma casa de recuperação na qual nos reunimos para fortalecer nosso compromisso de fé e reconhecer nossas fraquezas, sem esconder nossos medos, incertezas e defeitos. Ali nos reunimos não por causa de um café, mas para fortalecer a fé. Um lugar do qual saímos incomodadas e desafiadas a ir além do que os olhos podem ver, com estudo aprofundado da Palavra no lugar de brindes que sejam apenas mensagens vazias, desconectadas de nossa vida, ou que apenas floreiam o feminino. Lugar de se demaquilar diante da Palavra e ser transformada de dentro para fora.

Penso que você, assim como eu, já se frustrou ou talvez esteja frustrada com os trabalhos para mulheres de sua igreja. Eventualmente, os encontros de seu grupo têm sido como os meus panos de prato inúteis. Talvez você ainda não tenha conseguido encontrar profundidade no grupo que frequenta ou com as mulheres que lidera. E, se você, por um acaso, tiver percebido que seu grupo mais se parece com um salão do que com uma casa em recuperação, quero lançar um novo olhar sobre sua percepção. Sei o quão difícil, desafiador e frustrante pode ser trabalhar com mulheres que querem apenas o "salão", mas não importa o lugar, Deus vai usar você para ir além de maquiagens e panos de prato. Eu sempre soube que a maquiagem não poderia transformar por completo a vida da mulher sentada na minha cadeira, mas foi ali que o meu ministério começou e eu aprendi a ter um olhar para a integralidade da vida.

---

[4] Elisabeth Elliot. *Deixe-me ser mulher: lições à minha filha sobre o significado de feminilidade* (São José dos Campos: Editora Fiel, 2021), p. 77.

Querida irmã, seja forte e corajosa. A Palavra não volta vazia e é o Senhor quem abre os olhos, é ele quem nos capacita e nos usa no seu transformar de salões em verdadeiras casas de oração!

Família atípica

>> DANIELE GOTARDO VELOSO

Este capítulo tem como proposta trazer um breve conhecimento a respeito das realidades de famílias atípicas e da pessoa atípica, além de uma reflexão sobre o ambiente de uma igreja local como ambiente de rede de apoio para estas pessoas e famílias, assim como o cuidado pastoral importante para tais.

Atualidade da pessoa atípica no Brasil

Em 2022, o IBGE (Instituto Brasileiro de Geografia e Estatística) realizou o último censo demográfico; e embora ainda não tenhamos dados conclusivos da pesquisa com relação à população de pessoas com deficiência no Brasil, o instituto divulgou um material, com base em uma pesquisa realizada em 2019. A pesquisa aponta que cerca de 17,2 milhões de brasileiros apresentam algum tipo de deficiência, e, dentre as apresentadas, os dados indicam que 2,5 milhões de pessoas têm deficiência mental. Essa estatística não faz separação entre transtornos mentais, deficiências intelectuais ou qualquer outro tipo de neurodivergência. Portanto, o indicador do censo não pode ser desprezado, visto que informa um número elevado de pessoas com deficiências mentais. Estas, infelizmente, ainda se encontram à margem da sociedade e bem distante de serem acolhidas, devido à ausência de preparo e qualificação em seu atendimento.

O autor Lepre traz a definição sobre o desenvolvimento típico e atípico do ser humano também para o entendimento do âmbito familiar. Tendo a compreensão de família típica como aquela que possui na sua dinâmica familiar o desenvolvimento humano nas proporções cognitivas e orgânicas sem intercorrências, e a atípica com alguma forma a deficiência.

A pessoa neurodivergente de acordo com Lepre, é caracterizada por um desenvolvimento atípico, ou seja, seu neurodesenvolvimento apresenta atrasos e/ou prejuízos em relação às pessoas com a mesma faixa etária, contudo tais condições não permanecem apenas na infância, mas permanecem ao longo do desenvolvimento humano. São pessoas subjetivas, de acordo com seu histórico cultural e sua condição neurológica, o que impõe particularidades na funcionalidade desses indivíduos, impacta nos aspectos sociais, comportamentais e educacionais. Dito isso, faz-se necessário desenvolver a formação do processo de significação na vida do indivíduo, que requer o uso das vias sensoriais, uma vez que pessoas atípicas conseguem obter os vínculos associativos formados pela memória de todos os sentidos (olfatória, tátil-cinestésico, paladar, visual e auditivo).

O trabalho direcionado às pessoas com neurodiversidades no contexto de comunidades eclesiásticas é, ainda, incipiente. Esse campo é percebido no âmbito ministerial como uma atividade de natureza inovadora, visto que aos poucos vem conquistando espaço no ambiente eclesiástico, embora nem todas as comunidades eclesiásticas estejam abertas e preparadas para esse tipo de atendimento específico, e um dos motivos é o de não saber como incluí-los e, principalmente, e como desenvolver o ensino bíblico.

Observa-se que o que tem impedido das famílias atípicas e pessoas com neurodivergências (deficiência intelectual, transtorno no espectro do autismo, transtorno em defict de atenção e hiperatividade, altas habilidades/superdotação e genialidades, entre tantas outras neurodivergências) de chegarem às comunidades de fé são duas grandes situações. A primeira é a má interpretação teológica, que vincula a deficiência e qualquer outro tipo de sofrimento humano ao pecado e à falta de fé (esse assunto merece discussão em outro momento); e a segunda é o desconhecimento das pessoas sobre o assunto, que gera afastamento e, por conseguinte, famílias atípicas não são convidadas para pertencer a uma comunidade de fé.

O documento elaborado pelo IBGE em 2022, intitulado *Pessoas com deficiência e as desigualdades sociais no Brasil*, mostra os dados com relação a estudos, trabalho, moradia, renda. Para quem vive o atípico todos os dias, esses dados não são novidade, e o mesmo pode acontecer em outras áreas, como lazer, cultura, turismo e até no âmbito religioso. Os acessos são limitantes, a compreensão da sociedade e, em um primeiro momento, até da própria família, ao receber um diagnóstico, são agravantes para as famílias atípicas e, por isso, muitas delas passam muito tempo relutantes. Há, também, muitas mães solo, devido ao abandono paterno. Em várias famílias, um dos responsáveis fica impossibilitado de trabalhar, pois a pessoa atípica precisa de um cuidado maior, o que gera a vulnerabilidade social. Compreendemos que a vida com Cristo gera uma transformação integral no indivíduo e vemos, por isso, o quão importante e necessário é que famílias atípicas encontrem acolhimento e pertencimento em um espaço eclesiástico.[5]

Infelizmente, ainda observamos a ausência de acolhimento de famílias atípicas nas comunidades eclesiásticas, visto que as especificidades em que se encontram essas famílias não anulam sua necessidade de conhecer o plano de Deus. De acordo com a verdade revelada, todos necessitam da salvação em Cristo, conforme aponta Romanos 3:23, onde lemos que todos pecaram e, por isso, estão longe da vontade de Deus.

O indivíduo atípico apresenta uma condição neurológica divergente de um indivíduo típico, contudo, não é essa condição da neurodivergência que faz acontecer um processo de exclusão, nem mesmo sua limitação biológica. São, porém, as relações sociais ou a falta delas, desde a aceitação até o pertencimento de um grupo social,

---

[5] A compreensão da autora sobre religiosidade e espiritualidade está baseada na cosmovisão cristã.

iniciando dentro da própria família e partindo para outros pontos de relacionamentos sociais.

Pessoas atípicas se comunicam e interagem de diversas maneiras, por diversas vias sensoriais, fazendo-se necessário, assim, o estímulo de todas as vias sensoriais, utilizando como ferramenta os significantes, mas não deixando de respeitar a singularidade de cada indivíduo. Desse modo, a utilização das funções sensoriais na formação dos conceitos e no desenvolvimento do pensamento e da linguagem torna-se essencial para a apropriação do signo linguístico, uma vez que pode ser associada aos órgãos sociais, que também estão representados por órgãos dos sentidos humanos. Acontece que, muitas vezes, nos prendemos a poucas linguagens, como a fala/audição (linguagem oral), escrita (a punho) e leitura, sendo que existem tantos outros códigos de linguagens que o ser humano pode explorar para se compreender e ser compreendido, como por exemplo, as línguas de sinais, a comunicação alternativa ou até mesmo a digitação por meio de aparelhos eletrônicos.

Ressalto, porém, que a formação fica ainda mais difícil, quando os signos estão associados ao contexto da espiritualidade, por fazer uso de uma linguagem abstrata (justificação, pecado, santificação, graça, arrependimento, consciência, alma, espírito etc.). Essa abstração precisa produzir significados para que haja de fato não apenas a apropriação e compreensão dos códigos, mas do sentido que eles exercem na vida.

O atípico na igreja

De acordo com Zacarias Severa, a palavra igreja provém do grego *ekklesia*, que significa "chamar para fora".[6] Contudo, a igreja da

---

[6] Zacarias de Aguiar Severa. *Manual de Teologia Sistemática*. 5ª ed. (Curitiba: AD Santos Editora, 2012).

atualidade tem se fechado cada vez mais nas suas paredes e práticas litúrgicas.

Este material não tem o propósito de criticar a igreja (referindo-se às igrejas-locais), mas de trazer a reflexão do perfil de pessoas e famílias cada vez mais comuns de se encontrar e que, por vezes, não conseguem se encaixar nos parâmetros estabelecidos pela liturgia de culto.

Pensando nessa ideia, a inclusão de pessoas atípicas (de qualquer faixa etária) deve envolver a todos — comunidade eclesiástica, família da pessoa com deficiência e a própria pessoa com deficiência, buscando, inclusive, a conscientização e a relevância social e missionária que transmitem uma mensagem: a mensagem de salvação. Para tal, surge a intenção de torná-la compreensível a esse público, à medida que a sua apropriação possa trazer a novidade de vida e o desejo de ser parte do plano de Deus, a partir do testemunho de fé.

O ensino bíblico para a pessoa atípica é um desafio e não se configura no objetivo apenas da sua frequência ao culto público, mas com acomodações sensoriais adequadas, linguagens apropriadas e qualquer outro recurso adaptativo, para que o ato de ir à igreja, ou qualquer outra ação a ser desenvolvida no contexto cristão, não seja feito sem real compreensão. Ou seja, faz-se necessário realizar aplicações dos conteúdos bíblicos com o propósito de que o processo de apropriação de conceitos ganhe sentido na vida de cada participante.

A ideia de trabalhar o meio social com o eclesiástico possibilita expandir a visão da igreja para uma proposta de missão integral, que, segundo Timóteo Carriker, afirma que a consciência social e espiritual afinada asseguram voz a uma missiologia bíblica que relaciona essas duas esferas em vez de separá-las.[7] Além disso, a aprendizagem da Bíblia e da vivência do que é igreja para a pessoa atípica tem sido um processo de construção que ocorre por meio da socialização e interação relacional entre professores, a pessoa com deficiência (PcD) e sua família.

---

[7] Timóteo Carriker. *Proclamando boas novas* (Brasília: Editora Palavra, 2008).

Ao acreditar que a base para envolver as pessoas atípicas no entendimento da mensagem de salvação dada por Jesus Cristo vem por intermédio do amor pessoal a ser desenvolvido, isso implica pensar em ações e práticas de acolhimento e respeito, no sentido de que possam sentir a manifestação do amor por quem está mediando a Palavra de Deus. O entendimento a ser considerado sobre a manifestação do amor é oriundo de uma perspectiva bíblica, pois só assim é possível alcançar o entendimento do sentido a ser atribuído à palavra *amor*.

Raul Marino Junior afirma que, no Antigo Testamento, o coração é compreendido como as faculdades mentais humanas, ou seja, "os sentimentos, o intelecto, a vontade, os pensamentos, a vida interior, a personalidade e o meio natural dado por Deus para o conhecimento das coisas do espírito."[8] Sabemos hoje que todas essas intenções são provenientes do cérebro, não do coração, todavia, o coração ainda é um órgão do ser humano vinculado à afetividade, à empatia e ao amor, além de outros sentimentos que produzem e proporcionam bem-estar ao ser humano.

Vygotsky defende que o processo de apropriação de aptidões humanas se efetiva na relação entre objetos e fenômenos.[9] Por isso, o desenvolvimento de aptidões humanas precisa se relacionar com os fenômenos do mundo à sua volta, mediados pelas relações humanas, objetivando a presença da comunicação e aprendizagem acerca da atividade efetivada, por intermédio da palavra. A palavra é o objeto de materialização do pensamento expresso na linguagem.

Vygotsky também relata a respeito da mesma ideia de Leontiev, que trata do processo histórico-cultural. Isso deixa claro o quanto é importante a relação entre os indivíduos. Para o caso da criança com deficiência, faz-se necessário que ela seja, o quanto antes, estimulada

---

8   Raul Marino Júnior, 2005, p. 119.

9   Lev Semenovich Vigotsky. *A construção do pensamento e da linguagem* (São Paulo: Martins Fontes, 2000).

para aquisição e apropriação da sua relação com os objetos, conceitos e com o desenvolvimento de seu pensamento e da sua linguagem.

A singularidade de cada indivíduo se dá por aspectos orgânicos (biológicos), psicológicos, sociais e espirituais. Contudo, é importante salientar que não apenas os indivíduos sem deficiência são singulares, como também as pessoas com deficiência.

Dessa forma, é necessário observar como ocorre o desenvolvimento cognitivo e psicossocial da pessoa atípica, compreendendo o modo como ela percebe a vida e as relações intra e interpessoais. Não se descartam os processos de déficits cognitivo, físico e afetivo, porém, tentamos trabalhar apesar das condições humanas (em qualquer idade), visto que reconhecemos nos indivíduos atípicos a possibilidade de ação educativa, proporcionando desenvolvimento humano, além da vivência em sociedade com um grupo de uma igreja local qualquer.

Sabemos que, assim como nenhuma pessoa é igual à outra com suas conexões neurais e suas experiências relacionais, cada ser é único, inclusive as pessoas atípicas. Afinal, ela é pessoa e, por sua condição, não foge à regra. Dito isso, podemos afirmar que: primeiro, a pessoa atípica não está em uma subcategoria de pessoa, mas é um ser humano como os demais (parece uma alegação óbvia, mas às vezes é necessário relembrar); segundo, elas também apresentam tipos de relações que afetam positiva ou negativamente o seu desenvolvimento.

Portanto, pessoas atípicas devem ser consideradas no contexto das comunidades eclesiásticas, reconhecendo que, embora tenham condições de deficiência ou transtornos cognitivos, emocionais, dentre outras situações inerentes ao indivíduo, são pessoas que podem e desejam ser inseridas como parte da igreja, o que permite novamente pensar em ações e práticas includentes de acolhimento e pertencimento.

A igreja como rede de apoio

A intenção de pensar em ações e práticas includentes e acolhedoras vem da observação da autora, enquanto líder do ministério envolvendo pessoas com neurodiversidades, além do convívio íntimo com pessoas autistas, como o irmão e o marido, e entendendo a necessidade de as comunidades eclesiásticas conhecerem mais sobre o assunto. A igreja precisa abrir seus espaços para conhecimento, por meio da capacitação de equipes, formando pessoas com mentalidade de facilitadores de inclusão, agregando para a vida dos indivíduos que aceitam o desafio de incluir.

Até recentemente, as igrejas-locais não cogitavam um trabalho direcionado a pessoas com deficiência, pois seu trabalho, infelizmente, está direcionado a pessoas "ideais", ou seja, sem problemas físicos, cognitivos e emocionais. Entretanto, esse quadro vem mudando, devido às demandas da sociedade multifacetada e que têm em seu interior a diversidade como prática e realidade, o que provoca uma alteração na forma como as pessoas são percebidas e incluídas diante de suas múltiplas necessidades.

É defendido, aqui, a visão de que a comunidade eclesiástica é destinada para todos, porém muitos se sentem excluídos desse contexto ou mesmo não conseguem ver a comunidade eclesiástica como um local possível de ser frequentado, por causa das restrições de comportamento apresentadas ou mesmo pela deficiência em si. Reiteramos, no entanto, que uma comunidade eclesiástica que se importa com seus membros e sua comunidade deve atentar para qualquer tipo de público, sem exclusão, sendo iminente a necessidade do ministério específico para as pessoas com qualquer tipo de deficiência e suas famílias.

Norberto E. Rasch reflete sobre os motivos da exclusão de pessoas com deficiência da comunidade de fé e sobre como poderiam ser dados passos para a sua inclusão nesse ambiente. Ele afirma que essas pessoas fazem parte da "comunidade do silêncio", pois a comunidade, em geral, não quer enfrentar o problema, não quer encarar esse lado considerado débil, fraco. A comunidade do silêncio seria objeto apenas de compaixão. Esse tipo de atitude e a negação de falar sobre o problema acabam por levar, ainda mais, as pessoas com deficiência para essa comunidade do silêncio.[10]

Em vários ambientes se fala sobre inclusão e acessibilidade. São termos que estão em alta, devido ao senso de responsabilidade social que as instituições públicas, sendo elas de ordem governamental, privada e do terceiro setor, têm construído nos últimos anos. Quanto à instituição igreja percebemos que ela ainda está adormecida nesse aspecto e tem perdido um grande nicho de pessoas ainda não alcançadas pelo evangelho, desde aqueles que ainda não o conhecem, até aqueles que já tiveram uma vivência em comunidade eclesiástica, mas deixaram de fazer parte, pela questão da deficiência na família, tornando-se "desigrejados".

A igreja é um local de apoio, transformação, irmandade, e tantos outros aspectos positivos. E pode ser também uma rede de apoio para famílias atípicas, que, pelos motivos apresentados anteriormente e tantos outros, têm sofrido situações adversas. É necessário resgatar os atos de Jesus, que, ao aproximar-se de alguém em sofrimento, promovia a mudança.

Além de tudo, é também necessário considerar que as comunidades eclesiásticas que se servem de uma prática includente tendem a ser vistas como instituições relevantes pela sociedade.

Acredita-se que há possibilidades de ações e práticas ministeriais includentes que podem favorecer o processo de acolhimento da pessoa neurodiversa, bem como da família atípica, respeitando suas especificidades, ao mesmo tempo em que trabalha com suas potencialidades em comunidades eclesiásticas, praticando o amor fraternal.

---

[10] Norberto E. Rasch. *Exclusão e integração de pessoas portadoras de discapacidade na comunidade de fé.*

Não há tempo para citar tantas ações, deixarei apenas dois exemplos do que temos realizado na prática ministerial. Para o público jovem neurodivergente, é uma roda de conversa sobre suas dificuldades e enfrentamentos do dia a dia, a fim de auxiliar nestas dinâmicas com oração e a Palavra, sem julgamentos ou pré-julgamentos. Outra ação é um culto específico com pessoas com neurodiversidades, adaptações sensoriais acomodadas, como já citado em outro momento do capítulo, além de objetos sensoriais como tatames, bancos, bola de pilates para acomodação, o que visa tornar o ambiente de culto diferente dos demais cultos que costumamos frequentar.

A relação com a sociedade

Engajamento social

>> Débora Lizardo

Lembro que, desde pequena, o ministério de mulheres da igreja em que cresci me chamava atenção. As líderes pareciam ser referência não apenas para mim, mas eram como pilares da igreja. Não quero, de maneira alguma, desmerecer o trabalho duro dos homens, mas me parece que o olhar feminino traz sensibilidade, atenção aos detalhes, delicadeza e toque transformador a qualquer projeto. Não apenas isso, elas, ou melhor, nós costumamos perceber as necessidades dos menos favorecidos primeiro e parece-me que temos maior facilidade para exercer compaixão e pensar sobre as responsabilidades sociais sendo igreja.

Acredito que muito do que entendo por serviço, responsabilidade e trabalho social devo ao exemplo daquelas mulheres também.

Quando era mais nova, tive a oportunidade de trabalhar na capelania prisional e percebi que o maior número de voluntários era composto por mulheres, o que gerava preocupação nos líderes do trabalho, por causa da exposição sofrida naquele contexto. Eu julgava e julgo ainda ser uma preocupação bastante relevante, mas cabia a nós manter a postura que sabíamos de antemão que precisaríamos ter, assim como estar sensíveis ao Espírito Santo para executar a missão.

Naquele período, vi advogadas cristãs assumirem a responsabilidade de lutar pelo direito da comunidade carcerária feminina e masculina, por creches para que os filhos não fossem privados de sua mãe e para que fossem levadas à verdadeira liberdade em Cristo. Em outro momento, trabalhando em uma ONG de uma igreja, vi assistentes sociais se doarem para que crianças tivessem a oportunidade de frequentar o contraturno escolar e não vivessem em vulnerabilidade, à disposição do tráfico de drogas nos morros do Rio de Janeiro. Vi, em outra ocasião, outra assistente social que talvez nunca saiba do tamanho impacto que causou em minha vida e que, sem se importar com inconveniências, transformou os banheiros de uma Igreja Batista em lugar de dignidade, concedendo banho para que aqueles em situação de rua pudessem ter mais chance de buscarem um emprego. O trabalho social não é um chamado exclusivo das mulheres, mas o fato é que elas costumam ser mais sensíveis e atuantes no cuidado com os necessitados.

Há três anos fui contratada por uma associação da Igreja Batista em Curitiba como psicóloga para trabalhar em um de seus projetos. Ao estudar a filosofia, a missão e a visão daquela organização, percebi o desafio e privilégio à minha frente, servindo a Deus por meio do serviço às pessoas e da luta pelos direitos delas. Nem em meus melhores sonhos eu imaginaria que Deus me levaria a compartilhar da profissão que ele me deu para abençoar tantos que ele mesmo colocaria em meu caminho.

O meu trabalho é assistir pessoas em situação de vulnerabilidade social que fazem o uso de substâncias ilícitas. Dia após dia, percebo, junto dos meus colegas e irmãos de missão, que, embora muito do que podemos oferecer também seja garantido pelos equipamentos públicos de nossa cidade, temos a alegria de presenciar algo que o mundo não oferece: a graça de Deus. Nesses momentos, entendo na prática que, apesar de tantas políticas públicas, estatutos de defesa dos direitos que os órgãos assistenciais asseguram, Deus nos quer intimamente envolvidos e responsáveis pelas causas sociais.

Eu poderia discorrer por muitas páginas deste livro acerca das diversas experiências vividas no projeto. Diria quantas vezes me senti tão pequena e incapaz diante das dificuldades encontradas ali, como cuidar de mulheres usuárias gestantes, ou atuar no atendimento ao público masculino, que é maioria, e em tantas outras situações complexas e instigantes. Houve dias em que o cuidado e a capacitação do Senhor foram socorro bem presente, e como tem valido a pena persistir mesmo com obstáculos. Gosto de pensar que faço parte do exército de mulheres que se levantam para servir ao Senhor em favor dos menos privilegiados, desamparados e desesperançosos, daqueles para quem ninguém consegue ver um futuro promissor.

Jesus, nosso exemplo

Quando pensamos sobre a responsabilidade social no ministério, vemos que é resultado da nova vida concedida pelo Senhor e, sobretudo, daquilo que ele nos mostrou enquanto esteve entre nós. Ao examinar as Escrituras, vemos a incumbência que temos da visitação e da luta pelos direitos dos que estão à margem da sociedade: "aprendam a fazer o bem! Busquem a justiça, acabem com a opressão. Lutem pelos direitos do órfão, defendam a causa da viúva" (Isaías 1:17). Precisamos da sensibilidade que vem do Espírito para cumprir a missão em sua totalidade.

Certamente, Jesus foi nosso maior exemplo de um ministério que revelou o Reino e suas intenções. Ao andar por entre aqueles para quem havia vindo, curou, ensinou e presenciou as suas mazelas, compreendendo a integralidade humana e cumprindo a profecia daquele que se faria homem, andaria entre nós e sentiria nossas dores: "Certamente ele tomou sobre si as nossas enfermidades e sobre si levou as nossas doenças, contudo nós o consideramos castigado por Deus, por ele atingido e afligido" (Isaías 53:4).

Cristo deixou pegadas de servidão, foi levado até a morte de cruz, doou-se por aqueles que ainda seriam marcados por seu sacrifício e vida, o ato mais altruísta da história, ensinando-nos a fazer o mesmo: "Para isso vocês foram chamados, pois também Cristo sofreu no lugar de vocês, deixando exemplo, para que sigam os seus passos" (1Pedro 2:21).

Em seu livro *Os cristãos e os desafios contemporâneos*, Stott afirma que a Bíblia é radical ao afirmar que nossa responsabilidade é assegurar os direitos do nosso próximo, ainda que às custas dos nossos próprios direitos,[1] seguindo o exemplo deixado por nosso Senhor "[...] que, embora sendo Deus, não considerou que o ser igual a Deus era algo que devia apegar-se; mas esvaziou-se a si mesmo, vindo a ser servo, tornando-se semelhante aos homens" (Filipenses 2:6-7).

Responsabilidade social como consequência

Sabemos que não podemos, de modo algum, apenas viver nossa fé se não for ela acompanhada de boas obras, bem como as boas obras se tornam vazias quando não executadas com fé. Quando falamos de responsabilidade social, retomamos a consequência de sermos servos neste mundo, cuidando de tudo o que Deus nos deixou. Ao sermos transformados pelo precioso sangue de Jesus, nossa fé deve passar a viver a ação de uma vida que ama assim como foi amada.

Uma vida que serve ao Senhor, serve e luta por tudo aquilo que é importante para ele. O exemplo de Cristo, relatado na Bíblia

---

[1] John Stott. *Os cristãos e os desafios contemporâneos* (Viçosa: Editora Ultimato, 2014).

A relação com a sociedade

pelo apóstolo Mateus em seu livro, nos conta da sua missão de viver entre nós anunciando o Reino de Deus. Ele carregava na ação de seu ministério a tarefa de curar, ensinar, alimentar aquela multidão, chorar com os que choravam. Nós também somos a resposta para um mundo caído que carece não somente do alimento espiritual como também do físico.

A responsabilidade social é também um chamado. A missão de ir e fazer discípulos foi dada a cada um de nós. Nossa vida deve ser pautada pela intencionalidade de levar pessoas a Cristo, dado que cada uma delas possui carências distintas. Temos, então, a oportunidade de abençoar com as possibilidades de que dispomos. Podemos canalizar nossos dons e nossas áreas profissionais para abençoar o próximo, não apenas os que estão fora da igreja, mas também aqueles a quem o apóstolo Paulo chama de domésticos da fé em uma de suas cartas: "Portanto, enquanto temos oportunidade, façamos o bem a todos, especialmente aos da família da fé" (Gálatas 6:10).

A pandemia da covid-19 mostrou um cenário no qual nós, cristãos, ainda que não imunes às consequências de todo cenário que ela provocou, tivemos de prestar atenção nas dificuldades surgidas dentro e fora das igrejas. Na igreja onde congrego, a assistência social recebeu diariamente pedidos por ajuda. Inicialmente precisávamos socorrer com o alimento e, conforme os dias passavam e não havia estimativa do fim da pandemia, necessidades variadas surgiam, como ajuda para conseguir emprego, assistência psicológica, jurídica, entre tantas outras. Mais uma vez, como cristãos, precisávamos corresponder com a nossa responsabilidade social, que é sim um chamado a todos nós.

Desafio você a encontrar o seu lugar nessa missão. As necessidades são muitas, e você não poderá se engajar em todas. Precisamos de discernimento para saber qual o lugar certo. Muitos precisam da sua força, do seu olhar, da sua compaixão e do seu chamado. Talvez você seja a pessoa chamada por Deus para despertar a sua igreja, não nos esquecendo de como exortou o apóstolo Paulo: "pois os dons e o chamado de Deus são irrevogáveis" (Romanos 11:29).

Stott pontuou que o maior problema que uma mulher pode enfrentar ao desempenhar qualquer ofício é saber se sua liderança é consistente com aquilo que Jesus ensina sobre servir. Quando buscarmos orientação sobre nossa postura e sobre como executar aquilo para o qual fomos chamadas, perseguiremos as pegadas do Mestre e cumpriremos sua vontade. Deus nos quer como mulheres relevantes na igreja e na sociedade.

> Não despreze as coisas pequenas, os pequenos começos, um grupo pequeno, uma ação que por vezes beneficia poucas pessoas; continue sendo fiel no pouco, dê o melhor e aprenda com as coisas pequenas.[2]

Meu desejo profundo é que você, mulher, seja encorajada a aprender mais sobre o exemplo de Cristo, a reconhecer seu senhorio e tudo quanto ele deixou para que pudéssemos ser participantes da Grande Comissão. Somos especiais e capacitadas pelo nosso Deus para viver nosso ministério de modo eficiente e coerente, alcançando vidas e lutando por dignidade. Somos mulheres de oração, mas também fomos convocadas para a ação. Que você se sinta totalmente desafiada a buscar o seu lugar de serviço!

A relação com as redes sociais

>> NÍVEA BACARINI

As redes sociais conectam pessoas. Por meio delas, é possível criar amizades, vencer limitações de distância e interagir com quem está longe, promover um intercâmbio cultural com pessoas de diferentes culturas e nações, expandir relacionamentos profissionais, ter acesso a materiais de estudo, divulgar instantaneamente determinada mensagem, entre outros. Ao mesmo tempo que traz tantos benefícios,

---

[2] Costa Neto. *Amar e servir: A cultura do voluntariado* (São Paulo: Vida, 2018), p. 143.

A relação com a sociedade

também pode gerar grandes perigos. As mídias que começam promovendo vínculos sociais podem, sim, levar ao isolamento social. Como também podem causar problemas psicológicos e depressão, além de criar uma percepção distorcida da realidade e relacionamentos superficiais. Podem ainda levar à relatividade dos fundamentos éticos e morais, incitar o ódio, competições e brigas. Como cristãs, a nossa relação com as redes sociais deve ser uma jornada de equilíbrio, sabedoria e discernimento.

Ainda assim, o mundo está cada vez mais tecnológico, e o virtual está cada vez mais presente em todas as áreas. Estamos a apenas um clique de uma enxurrada de informações dispensadas na internet por todos os tipos de pessoas, inclusive por mim e por você. Informações pessoais, pontos de vista, opiniões, experiências e tantas coisas que acabamos compartilhando e, por vezes, nem percebemos o quanto podem repercutir.

Acredito demais no benefício das redes sociais e na colaboração da internet para a propagação do evangelho e para fazer que mulheres em ministério tenham a oportunidade de partilhar suas experiências e encontrar apoio para momentos tão particulares que vivem no dia a dia. É necessário, porém, alertar para a responsabilidade individual do que se consome e compartilha.

Tudo aquilo que consumimos tem um efeito sobre nós, seja positivo, seja negativo. É preciso lembrar disso também quando formos nós as criadoras de conteúdo, por vezes, compartilhando a própria vida. O comportamento cristão e, portanto, a vida com Cristo é muito simples. A mensagem contida no título e no conteúdo do livro *O que Jesus faria em seus passos?*, do pastor Charles Sheldon, do século XIX, apresenta o conteúdo de uma excelente sugestão de sempre seguir o que Cristo faria em nosso lugar se vivesse a mesma situação tanto no mundo real como no virtual.[3]

---

[3] Charles Sheldon. *O que Jesus faria em seus passos?* (Título original em inglês: *In His Steps*), publicado no século XIX. A edição brasileira foi publicada pela editora Hagnos, em 2009.

Em toda sua vida na terra, nosso Mestre focou em relacionamentos e esteve presente em festas e reuniões que o conectaram às pessoas de seu tempo. Acredito que, se ele vivesse no nosso tempo, estaria nas redes sociais, mas de maneira extremamente sábia. Precisamos cuidar daquilo que expomos sobre nossa opinião, convicção e vida íntima. Um cristão, sendo sábio assim como Jesus, precisa saber o que deve e o que não deve compartilhar.

Ao usar as redes sociais, percebo que é fundamental lembrar dos princípios fundamentais da minha fé. Jesus nos ensinou a amar o próximo como a nós mesmos, a tratar os outros com bondade e respeito. Portanto, procuro trazer esses valores para o mundo digital, lembrando-me de que cada interação online é uma oportunidade de manifestar o caráter de Cristo.

Quando pensamos nas redes como um espaço para exercer dons e talentos, é necessário lembrar que os dons são dados pelo Espírito para a edificação da igreja (cf. 1Coríntios 12:14) e, por isso, devemos questionar se o que postamos agrega valor e edifica, além da real intenção ao compartilhar algo pessoal ou um conteúdo cristão: "Assim, quer vocês comam, bebam ou façam qualquer outra coisa, façam tudo para a glória de Deus" (1Coríntios 10:31). Precisamos sempre pedir ao Espírito Santo a graça de ser testemunhas fiéis do amor do Pai, não apenas em frases legais compartilhadas nas redes sociais ou com amigos, mas em todas atitudes e intenções profundas do coração.

Enquanto mulheres em ministério, precisamos cuidar ainda mais das informações que disponibilizamos a nosso respeito, sobre o ministério em si e até sobre a igreja local. Alguns compartilhamentos podem nos marcar e até envergonhar o nome de Cristo. Quando pensamos na realidade de uma esposa de pastor, por exemplo, de maneira geral, ela é vista como mulher virtuosa, exemplo de serva, boa líder, humilde, alguém que oferece apoio emocional às pessoas, entre outros. Ela tem grande atuação na igreja e, por toda essa visibilidade, é necessário ter cuidado, pois, sem sabedoria, além de comprometer sua imagem, pode também prejudicar seu esposo e o trabalho

A relação com a sociedade

exercido por ele. É necessário também pontuar que muita confusão na internet não acontece apenas pela informação publicada, mas pela distorção dos leitores, por vezes mal-intencionados, que dão significado maldoso para algo compartilhado talvez ingenuamente.

A difusão do conhecimento está prevista nas Escrituras (cf. Daniel 12:4), e a simplificação da comunicação é um claro resultado do avanço científico nessa área. Não podemos nos apegar às ferramentas do passado e demonizar toda inovação. Contudo, devemos atentar para que nem os afazeres domésticos, nem as atividades profissionais, nem nossa devoção espiritual sofram com o excesso de tempo gasto nas redes sociais — Deus nos cobrará pelo tempo que não orarmos, lermos a Bíblia ou não fizermos o nosso trabalho por distração com os assuntos desta vida (cf. 2Timóteo 2:4).

Como avaliar se tenho sido sábia em minhas redes sociais? Em relação ao que consumo, tenho feito boas escolhas? Tenho dedicado tempo demais a elas?

Em relação às publicações, sugiro refletir sobre os dois princípios básicos apresentados a seguir que podem fazer toda a diferença.

O que compartilho será edificante?

Pense no que edificará. Tudo o que fazemos deve obedecer ao mandamento de amar a Deus e ao próximo. Questione se a informação aumentará o conhecimento, a fé ou o amor dos outros. Reflita se está apresentando corretamente os pontos de vista dos quais discorda e se está certa em relação aos fatos. Não se esqueça de se perguntar se o que escreve pode ser mal interpretado.

Algumas postagens públicas soarão diferentemente para quem nos conhece e para os demais. Em geral, é melhor não deixar comentários negativos. Se necessário, faça em particular. Em nosso local de trabalho, devemos lembrar que o email é uma ferramenta terrível por meio da qual fazer comentários negativos. Quando se trata de postagens públicas, pergunte se existem razões pelas quais você não é a melhor pessoa para falar sobre determinados assuntos.

Também devemos garantir que as possibilidades de comunicação virtual não se tornem pedra de tropeço para o pecado pelo olhar (por exemplo, sensualidade e pornografia) ou pelo ouvir (como fofocas). O salmista Davi exclamou: "Bendiga ao Senhor a minha alma! Bendiga ao Senhor todo o meu ser!" (Salmos 103:1). Analise o que diz o versículo: tudo o que há em mim deve abençoar, ou seja, testemunhar de Deus. Assim, com todo nosso ser, todas nossas ocupações e tudo o que temos, devemos dar testemunho do nosso Senhor, quer compartilhemos informações, quer dividamos desafios diários, conquistas da família ou ministério, quer apresentemos provações, milagres. Se curtimos, comentamos ou compartilhamos, devemos testemunhar.

Reconhecer a responsabilidade que temos ao compartilhar informações nas plataformas virtuais é um passo muito importante. Cada palavra escrita ou compartilhada pode ter um impacto significativo na vida dos outros, positivo ou negativo. Portanto, devemos considerar cuidadosamente o conteúdo que compartilhamos, questionando se ele será edificante para aqueles que o recebem. É importante lembrar que nosso objetivo principal deve ser amar a Deus e ao próximo, e nossas ações online devem refletir esse princípio fundamental.

O que compartilho é seguro?

Lembro-me de algo que aconteceu comigo em uma viagem missionária para o Chade, país árabe localizado no norte da África, onde mais da metade da população professa a religião islâmica e é governada por um regime militar. Quando estive lá, meu desejo era compartilhar o máximo de informações possíveis sobre os trabalhos realizados no país. Queria publicar fotos, testemunhos, vídeos. O meu objetivo era que as pessoas que me acompanhavam no Brasil pudessem ver a realidade e as necessidades de lá.

Eu tinha plena convicção de que mostrar aquele lugar e os trabalhos realizados com o povo poderia colaborar de uma forma muito significativa até mesmo para o financiamento dos projetos missionários.

A relação com a sociedade

Contudo, precisei entender que compartilhar aquelas informações colocaria em risco minha vida e comprometeria os trabalhos que estavam e estão sendo realizados por lá com tanto empenho, em meio a dificuldades e obstáculos. Um simples compartilhamento de foto poderia denunciar os projetos missionários que se consolidaram com muito cuidado.

Pedi discernimento a Deus, pois, ainda que não comprometesse meus princípios, e, apesar de as informações serem edificantes, seria egoísmo, imaturidade e negligência compartilhá-las. Você pode estar passando por isso também; talvez olhe para alguma situação ou notícia recebida e se sinta impelida a mostrar isso ao mundo, para promover a sensibilização ou alavancar um projeto de campo em determinada área.

Ao refletir sobre o que compartilhamos, é fundamental considerar se as informações são seguras. Podemos ter boas intenções ao divulgar eventos, experiências ou situações que testemunhamos, mas é importante avaliar se essas informações podem comprometer a nossa segurança ou a de outras pessoas. Às vezes, podemos estar lidando com contextos sensíveis, como áreas de conflito, regiões com restrições políticas ou comunidades vulneráveis. Nesses casos, é essencial ponderar sobre as possíveis consequências de compartilhar detalhes específicos que poderiam colocar em risco a continuidade de trabalhos importantes e a segurança de indivíduos envolvidos.

No relato da viagem missionária ao Chade, ficou evidente que o desejo de informar e mobilizar recursos para a obra missionária era nobre. No entanto, ao perceber a possibilidade de comprometer o trabalho árduo e meticuloso que estava sendo realizado, foi necessário exercer discernimento e sabedoria. Devemos buscar a orientação de Deus nessas situações, reconhecendo que, embora as informações possam ser edificantes e não violem nossos princípios, a divulgação irresponsável pode ser egoísta, imatura e negligente. A tecnologia é uma bênção poderosa, mas devemos utilizá-la com responsabilidade e moderação, lembrando sempre de preservar a segurança e o bem-estar das pessoas envolvidas, para que possamos agir com uma boa consciência diante de Deus e dos outros.

Desfrute da excelente ferramenta que é a tecnologia à nossa disposição, saiba usá-la para se conectar com mulheres distantes, estabelecer pontes, discipular, encorajar, confrontar, mas tudo com responsabilidade e moderação, para que possamos dizer como Paulo, que, fixando os olhos no Sinédrio, disse: "Meus irmãos, tenho cumprido meu dever para com Deus com toda a boa consciência, até o dia de hoje" (Atos 23:1).

Redes sociais como ferramenta missional

>> Larissa Brisola

Em 2016, Jesus me resgatou das trevas por meio das redes sociais. Estava vivendo uma situação difícil e, sentada na minha cama, senti-me desolada e desesperada, a ponto de questionar "Deus, será que eu nunca serei amada?" Foi então que, em meio ao desespero, ouvi a voz de Deus sussurrar: "Eu escolhi esperar." Imediatamente, peguei meu celular, abri o YouTube e digitei exatamente essas palavras. Foi assim que me deparei com um famoso canal sobre relacionamentos cristãos.

Naquela época, eu apenas frequentava a igreja na missa de Natal e carregava sérios preconceitos contra os cristãos. Entretanto, ao assistir aos vídeos daquele canal, algo aconteceu em meu coração de uma forma completamente única. Cada palavra tocou-me profundamente. Logo em seguida, assisti ao filme *Você acredita?*, no qual uma cena em particular me impactou grandemente. Nela, o pastor explica o significado da cruz de Cristo. Nesse instante, meus olhos se abriram e senti o toque do Espírito Santo em meu coração.

A consciência de que alguém havia morrido por mim por amor invadiu-me de maneira avassaladora, resultando em um turbilhão de lágrimas e soluços. Desde então, comecei a frequentar a Igreja Luterana e, posteriormente, decidi estudar teologia. Hoje, tenho a honra de servir como missionária em tempo integral, tudo graças à misericórdia infinita de Deus. Se hoje amo e sirvo a Jesus, é porque pessoas se esforçaram em disseminar o evangelho por meio da internet.

A missão da igreja de Jesus Cristo é ser sal e luz no mundo, isso implica que a comunidade não deve se isolar em uma bolha composta apenas por pessoas perfeitas. Pelo contrário, a igreja deve estar presente e atuante no mundo para ser ferramenta de salvação. Para alcançar esse objetivo, é necessário compreender o contexto cultural em que vivemos, especialmente onde as pessoas se encontram. E onde a maioria das pessoas está nos dias de hoje? Nas redes sociais! Essas plataformas representam um vasto campo missionário. Cada vez mais, as pessoas estão sendo apresentadas a Cristo e até mesmo adquirindo conhecimento de uma teologia saudável e eficaz por meio das redes sociais.

> A Igreja assume o desafio de desenvolver uma comunicação adequada aos nossos tempos. Por exemplo, hoje já não se trata de dirigir uma comunicação à sociedade, segundo o modelo de transmissão, mas uma comunicação a partir e entre os mundos sociais, seguindo um modelo de participação, colaboração, intercâmbio e diálogo, como percebemos no processo da internet e especificamente das redes sociais.[4]

Você pode usar as redes sociais de duas formas: como uma consumidora de conteúdo influenciada por ele, ou como criadora de conteúdo e influenciadora das pessoas que a seguem. Como mulheres em ministério, acredito que a segunda opção seja extremamente vantajosa para cumprirmos nossa missão. A seguir, apresento algumas orientações para utilizar essa ferramenta como parte do seu ministério:

1. PERMANEÇA COM JESUS

Se, por acaso, você começar a ganhar visibilidade, é provável que algumas pessoas chamem-na de "blogueirinha" ou "influenciadora" de modo pejorativo. No entanto, lembre-se de que você decidiu usar

---

[4] Joana T. Puntel. *A igreja a caminho na comunicação* (Porto Alegre: Teocomunicação, 2011), p. 238.

suas redes sociais não para si mesma, mas para espalhar a mensagem do evangelho. Mantenha o foco em sua missão e ignore os insultos. Lembre-se de que seus olhos devem estar fixos em Jesus. "Acaso busco eu agora a aprovação dos homens ou a de Deus? Ou estou tentando agradar a homens? Se eu ainda estivesse tentando agradar a homens, não seria servo de Cristo" (Gálatas 1:10).

2. GASTE SUA ENERGIA ONDE REALMENTE IMPORTA

Realize uma pesquisa sobre quais plataformas o seu público-alvo utiliza com mais frequência. É o Twitter, Instagram, YouTube ou Facebook? Escolha pelo menos duas redes para se familiarizar com métricas e para postar regularmente. Lembre-se de que quantidade não garante qualidade, por isso é vantajoso dedicar-se às redes sociais que você consegue gerenciar, fazendo o melhor que você pode com aquilo que tem!

Há aplicativos disponíveis que permitem o agendamento de publicações para serem postadas em dias diferentes (como o Facebook). Isso é extremamente útil, pois elimina a preocupação de criar e postar algo novo todos os dias.

3. NÃO CENTRALIZE TUDO EM VOCÊ

Somos um único corpo, mas desempenhamos diferentes funções. Quando tentamos assumir todas as responsabilidades, acabamos sobrecarregados e perdemos o foco. Na sua comunidade há pessoas que possuem um olhar apurado para fotos e vídeos? Pessoas naturalmente engajadas nas redes sociais? Se sim, peça ajuda e convide essas pessoas para caminharem junto a você. Lembre-se de que "Onde não existe conselho fracassam os bons planos, mas com a colaboração de muitos conselheiros há grande êxito" (Provérbios 15:22, KJA).

4. POSTE CONTEÚDOS REALMENTE INTERESSANTES

Se você administra o perfil da sua igreja, é importante considerar que as pessoas desejam ver fotos de outras pessoas desfrutando de momentos de conexão e comunhão, como refeições compartilhadas, retiros, testemunhos e adoração. Não se limite apenas a postar agendas e *folders* de eventos. Uma das necessidades fundamentais do ser humano é se conectar com os outros, por isso, é essencial lembrar da importância de publicar conteúdos que gerem essa conexão e interação. Uma ótima ideia é compartilhar seu dia a dia ou postar trechos de sermões, despertando curiosidade nas pessoas para assistir à pregação completa ou comparecer ao culto.

Nós somos seres visuais, quer você goste disso ou não, e muitas vezes fazemos escolhas baseadas na aparência. Atraímos por beleza e harmonia, como a capa de um livro. Por isso, mesmo que você tenha conteúdo de qualidade, se a arte não for atraente, perderá o efeito de atrair mais pessoas. Se você não sabe como produzir artes bonitas e modernas, recomendo utilizar o aplicativo Canva e usar seus *templates* prontos, que serão de grande valor.

Caso você esteja sem ideias para criar conteúdo, comece fazendo uma lista de perfis que considera interessantes e se inspire nos conteúdos que eles postam. À medida que você começa a criar, perceberá que as inspirações surgem pelo caminho, então, não hesite, apenas comece!

5. Ore e interaja com os seus seguidores

A criação de um público ou comunidade na internet é um processo que exige dedicação e disponibilidade para responder perguntas e interagir com os comentários recebidos em suas plataformas digitais. Clame, minha querida irmã, pela sabedoria divina ao responder e interagir com cada indivíduo que Deus lhe enviar. É importante oferecer suporte aos seguidores e, se necessário, criar um grupo próximo (WhatsApp, Zoom, Telegram), onde seja possível estabelecer um vínculo e identificação ainda mais forte com as pessoas.

Como embaixadora do reino dos céus na internet, você deve orar pelos seus seguidores, reservando um tempo em sua agenda para colocar a vida e necessidades deles diante de Deus. "Orem no Espírito em todas as ocasiões, com toda oração e súplica; tendo isso em mente, estejam atentos e perseverem na oração por todos os santos" (Efésios 6:18).

Querida leitora, quero lembrá-la de que a internet é apenas uma parte da sua vida e não deve se tornar o centro dela. Cristo instituiu sua igreja e sacrificou-se por ela, tornando essencial que você esteja conectada a uma comunidade local que afirme e apoie seus dons!

Embora a internet ofereça conteúdos valiosos, é importante discernir o que é realmente relevante do que é supérfluo. Lembre-se de que a comunidade online jamais poderá substituir o valor da comunidade local, onde a comunhão olho no olho e a convivência real são fundamentais para o crescimento espiritual e emocional. A internet pode ser uma ferramenta útil, mas não pode preencher a necessidade humana de conexão profunda e relações pessoais significativas. Que você possa encontrar o equilíbrio entre o mundo digital e o mundo real, buscando a verdadeira essência do evangelho por meio da comunhão com outros crentes em sua igreja local.

Desejo que o Senhor Jesus use sua vida e suas redes sociais para alcançar e despertar pessoas para o evangelho, assim como aconteceu comigo um dia. Que ele encha você de misericórdia, sabedoria e discernimento, ajudando-a a resistir às tentações da vaidade e permitindo que dê muitos frutos por seus esforços. Sabemos que nem tudo será fácil, mas lembre-se das palavras de Jesus: "[...] Neste mundo vocês terão aflições; contudo, tenham ânimo! Eu venci o mundo" (João 16:33).

A relação com os recursos

Finanças

>> FABIANA SILVESTRINI

Um texto de Apocalipse relata uma parte da visão do apóstolo João sobre o trono de Deus da seguinte forma:

> Toda vez que os seres viventes dão glória, honra e graças àquele que está assentado no trono e que vive para todo o sempre, os vinte e quatro anciãos se prostram diante daquele que está assentado no trono e adoram aquele que vive para sempre. Eles lançam suas coroas diante do trono, e dizem: "Tu, Senhor e Deus nosso, és digno de receber a glória, a honra e o poder, porque criaste todas as coisas, e por tua vontade elas existem e foram criadas" (Apocalipse 4:9-11).

Em várias outras passagens desse livro, o Senhor é reconhecido como o único digno de receber honra, glória, poder, majestade e de ser adorado por aqueles que assim o declaram. Entre nós, seus servos, não é diferente. Sabemos que a autoridade que temos para cumprir nosso ministério procede do Senhor. Sem ele, nada podemos fazer. Confessá-lo diante dos homens e adorá-lo em nosso coração e estilo de vida é a parte que nos cabe. Ele é descrito como o autor da vida (cf. Atos 3:15) e o dono do ouro e da prata (cf. Ageu 2:8). Sabemos que tudo o que temos vem dele, desde o ar que respiramos até os grandes feitos que ele nos permite realizar em seu nome.

Nesta parte, trataremos do nosso relacionamento com o Senhor em uma área de destaque nas Escrituras Sagradas, o dinheiro. Se você acha que falar em dinheiro enquanto comento sobre a majestade e soberania de Deus foge ao foco, saiba que "há na bíblia 500 versículos sobre oração, menos de 500 sobre fé, porém, mais de 2.350 sobre dinheiro e posses."[1]

Os recursos financeiros, aplicados corretamente, contribuem para a transformação de realidades e glorificam a Deus.

Existe uma íntima ligação entre a aplicação dos recursos financeiros e a glória do Senhor. Não parece apropriado concluir que, onde há muito dinheiro, as pessoas se perdem. Perdem-se aqueles que desenvolvem amor ao dinheiro, pois substituem o amor ao abençoador pela devoção à benção; idolatrando-a como a fonte e não o meio: "Do Senhor é a terra e tudo o que nela existe, o mundo e os que nele vivem" (Salmos 24:1).

O Deus provedor

> É o Senhor que faz crescer o pasto para o gado, e as plantas que o homem cultiva, para da terra tirar o alimento [...] O homem sai para o seu labor até o entardecer (Salmos 104:14,23).

---

[1] Howard Dayton. *O seu dinheiro: um guia bíblico para ganhar, gastar, economizar, investir, contribuir e livrar-se das dívidas* (Pompéia: Universidade da Família, 2015).

Salmos 104 é uma linda reflexão sobre o cuidado de Deus com a criação e a humanidade. Ele cuida de tudo e de todos. Embora o mal seja manifesto e inegável, Deus é incomparavelmente maior. Ele transforma o mal em bem, promove mudanças e coloca louvor nos lábios de pessoas agradecidas.

Certa vez, perguntei a um missionário o que significava, para ele, a afirmativa de Salmos 23:1: "O Senhor é o meu pastor; de nada terei falta." Ele me explicou que não falta nada do que realmente necessitamos. Aprendi, na prática, que ele sempre faz além da necessidade. Em relação ao ministério, posso afirmar que ele paga o que manda fazer. Ele é fiel e vai à frente daqueles que nele confiam.

Entretanto, as contradições e injustiças da vida se propõem a nos confundir por causa de perguntas para as quais não temos resposta.

De um lado, temos as sociedades de consumo, nas quais o ter se sobrepõe ao ser. Há um abismo entre as classes dominantes e as demais. E, como para toda oferta há uma demanda, a indústria da falsificação se encarrega de dar uma força para quem anseia parecer ter condição financeira melhor do que realmente tem. É como se as coisas fossem o parâmetro para se conferir valor às pessoas. Incentivo você a acessar o vídeo preparado pela Tides Foundation[2] que visa conscientizar as pessoas a deixarem de contribuir para o consumismo exagerado, que consome a energia humana e degrada o meio ambiente.

Os filhos de Deus não precisam consumir a vida em troca de bens para se manterem em determinada posição social.

Do outro lado, nos deparamos com um cenário desafiador. Um artigo publicado na revista *Strategy + Business* constatou haver quatro bilhões de pessoas entre os mais pobres do mundo.[3] Seja nas zonas rurais da Índia, seja na África ou em nosso país, nos grandes

---

[2] The Story of Stuff. Disponível em: https://www.storyofstuff.org/. Acesso em: 21 ago. 2023.

[3] Coimbatore Krishmanrao Prahalad; Stuart L. Hart (2002). *The Fortune at the bottom of the pyramid*. Strategy + Business, 26 (First Quarter): p. 2-14.

centros urbanos, há pessoas com necessidades básicas. Lembre-se disso quando reclamar da sua alimentação.

De que lado você está? E Deus, conforme sua percepção? Convém refletir sobre como utilizamos os recursos financeiros que o Senhor coloca à nossa disposição; lembrando que o Senhor providencia tudo de que precisamos. Na fartura ou na escassez, Deus, o Pai, é o nosso provedor e está à frente. Seja na ajuda humanitária que chega aos menos favorecidos ou na iniciativa dos irmãos da igreja que se dispõem a ser a mão estendida para ajudar o próximo.

Filhas e servas do Rei

Até aqui refletimos sobre a grandeza do Deus em quem confiamos, apesar das adversidades. Agora, convido você a pensar na sua identidade em Cristo. Somos filhas de Deus, bem como servas de Jesus, o que nos garante privilégios e responsabilidades em muitas áreas, como a financeira. Quem não cuida bem das finanças pessoais vive sob estresse constante. Pode, inclusive, vir a experimentar situações indesejáveis como baixa autoestima, depressão, síndrome do intestino irritável e outros problemas intestinais. "Fases de estresse significam energia emprestada — o ideal é não contrair muitas dívidas, e sim tentar fazer o máximo de economia [...] O estresse modifica, por assim dizer, o clima dentro do abdômen."[4]

Deve haver outras consequências. Mencionei apenas aquelas que enfrentei por longos anos. Meus pais me ensinaram a ser uma boa profissional para ganhar dinheiro, mas não a administrá-lo com sabedoria. Assim como eles, tive longos períodos de altos e baixos. Depois de convertida, eu me dediquei a estudar finanças pessoais, passei por prejuízos alheios à minha vontade e precisei enfrentar o endividamento. Mas pude aplicar o que aprendi e voltei a fazer reservas.

---

[4]   Giulia Enders. *O discreto charme do intestino: tudo sobre um órgão maravilhoso* (São Paulo: WMF Martins Fontes, 2017), p. 147.

A relação com os recursos

Quando vieram os problemas de saúde da minha mãe, as reservas foram fundamentais para reverter o quadro.

Quero deixar uma palavra em especial para quem está lendo este guia, serve ao Senhor Jesus com alegria, mas se entristece por não conseguir controlar bem suas finanças e está em sérios apuros: ore com o desejo sincero de pagar todos os seus compromissos, incluindo os impostos. É da vontade do Senhor que seus filhos não devam nada a ninguém a não ser amor (cf. Romanos 13:8).

Em relação aos impostos, seja sábia e faça sua parte. Se os governantes não fazem a parte deles, isso é com o Senhor. Não tente ser justa a seus próprios olhos. A Palavra é simples e direta: "[...] deem a César o que é de César e a Deus o que é de Deus" (Mateus 22:21). Acredito não ser necessário falar que a segunda parte do versículo se refere ao dízimo: "a Deus o que é de Deus." O dízimo deve ser o primeiro. Princípios são inegociáveis. Os valores e a lógica do mundo não devem ser os mesmos que os nossos. Ainda que qualquer um, na mesma situação, dê um jeitinho nas coisas para levar vantagem financeira, é importante lembrar que não somos qualquer um, mas filhas de Deus e servas do Rei.

Orçamento familiar

Na curadoria deste capítulo compartilhei a indicação de livros, métodos e *links* relacionados à educação financeira. Em alguns dos *links* há modelos de planilhas para controlar o orçamento mensal e projetado para os próximos doze meses. A empresa Microsoft, com o programa Excel, tem alguns modelos de orçamento pessoal ou familiar. O modelo de extrato de fluxo de caixa me pareceu o mais simples. São gratuitos para quem usa o Excel. Se preferir, um caderno para as anotações será suficiente. O melhor método é o que for mais prático para você.

Nas decisões de maior impacto no orçamento seria importante buscar conselho com pessoas cristãs, experientes e bem-sucedidas financeiramente. Naturalmente, não transferindo a responsabilidade para tais pessoas, mas considerando os conselhos recebidos antes da decisão final.

Como o título indica, o orçamento deve ser feito em família e o desafio é enorme. "Aprender a administrar o dinheiro deve ser parte da educação dos filhos. Quando os filhos chegam aos 12 anos têm idade suficiente para inteirar-se do orçamento da família."[5] Ao acompanhar os assuntos da economia doméstica, passarão a tomar conhecimento do valor do dinheiro na manutenção da casa. É um tema tão importante que merecia um capítulo inteiro. Deixo a sugestão de pesquisar a respeito. Há excelente material, no meio cristão, sobre educação financeira dos filhos, que começa antes dos filhos passarem a participar do orçamento familiar. Trata-se de uma mudança cultural. Procure tornar o momento agradável. Estabeleçam coisas legais que gostariam de fazer juntos com a economia planejada. Façam metas de curto e longo prazos. Comemore cada vitória alcançada.

Mesmo que a sua renda seja suficiente para cobrir as despesas, procure olhar o movimento financeiro ao longo do ano, projetando-o, pois perceberá mudanças interessantes a serem feitas, novos investimentos ou a realização de sonhos. Caso você considere sua renda reduzida demais, não reclame. Também é possível planejar. O seu provedor tem algo a dizer a respeito na parábola dos talentos: "[...] Muito bem, servo bom e fiel! Você foi fiel no pouco; eu o porei sobre o muito. Venha e participe da alegria do seu senhor!" (Mateus 25:23).

No orçamento, não pode faltar reserva financeira para imprevistos, pois eles surgem naturalmente ao longo do mês. Isso evitará empréstimos desnecessários. Empréstimos ou financiamentos podem até ser uma alternativa em situações de adquirir bens ou serviços que trarão novas rendas a médio e longo prazos. Avalie a real necessidade

---

[5] Howard Dayton, 2015, p. 137.

de contrair um empréstimo c, principalmente, se há condição de quitar o compromisso no prazo estabelecido, pois nos ensina o livro de sabedoria da Bíblia, Provérbios: "O rico domina sobre o pobre; quem toma emprestado é escravo de quem empresta" (22:7).

O personagem bíblico de inspiração na administração de recursos, tanto na fartura como na escassez, é José do Egito. O relato está em Gênesis 41. No contexto, como governador de todo o Egito, em um período de escassez em toda a terra, utilizou as reservas para atravessar a crise.

Dívidas

O endividamento é um tema comum em muitos países. Eu procurei vencer essa dificuldade. Afinal, como pode um cristão viver endividado? Descobri dados interessantes a esse respeito, pois não é uma situação incomum nas igrejas. Essa é uma área de opressão maligna, um vilão da alegria e destruidor de famílias. Não permita que o inimigo de nossa alma leve você a acreditar que sempre foi assim e não mudará. É mentira!

Há situações alheias às decisões pessoais de consumo e investimento. Estão relacionadas à economia do país ou economia global e causam impacto nas finanças pessoais. O que pode parecer apenas resultado de decisões impróprias pode ter sido resultado de outros fatores: perda involuntária da fonte de renda, divórcio, problemas de saúde na família, entre outros, que causam endividamento. No entanto, se você se acostumou ao consumismo, mude de atitude! Não se permita chegar ao ponto de passar a ter restrição cadastral.

Em termos práticos, procure negociar as dívidas de juros mais altos ou dar prioridade no seu pagamento. Antes de parcelar uma dívida, procure saber se terá condição de cumprir o acordo feito com o credor. Tente uma atividade remunerada extra, revise as despesas e reduza o que puder. Informe-se sobre os seus direitos no órgão de defesa do consumidor (PROCON) de sua cidade.

A educação financeira entrou para o currículo escolar no Brasil,[6] uma medida importante, pois, sem o preparo adequado, torna-se mais fácil ceder aos apelos de consumo e entrar em dívidas. Sabe aquelas promoções ou pressão de vendedores? As perguntas que não podem faltar, para fugir dessa armadilha, são: Você realmente precisa disto? Você tem como pagar por isto?

Minimalismo, a riqueza da vida simples

O minimalismo

> se refere a uma série de movimentos artísticos, culturais e científicos que percorreram diversos momentos do século XX e preocuparam-se em fazer uso de poucos elementos fundamentais como base de expressão [...] Em certa medida, os minimalistas se aproximam mais dos capitalistas clássicos descritos por Max Weber: capitalismo não é o problema para eles, mas sim esse capitalismo selvagem ancorado na ostentação e no desperdício.[7]

Um estilo de vida simples, dentro do padrão de cada um, é a forma apropriada de administrar as finanças pessoais. Não me refiro aqui a viver de privações, mas a deixar recursos financeiros e tempo para aproveitar melhor a vida em outros momentos.

Quando mudamos de residência ou de local de trabalho, nos damos conta de quantas coisas inúteis acumulamos por consumismo,

---

[6] Mariana Tokiarnia. *Educação Financeira chega ao ensino infantil e fundamental em 2020* (Agência Brasil, Brasília, 2019). Disponível em: https://agenciabrasil.ebc.com.br/educacao/noticia/2019-12/educacao-financeira-chega-ao-ensino-infantil-e-fundamental-em-2020. Acesso em: 21 ago. 2023.

[7] Laís Modelli. *O prazer do desapego: minimalistas defendem que ter menos coisas cria mais liberdade* (BBC News Brasil, São Paulo, 2017). Disponível em: https://www.bbc.com/portuguese/geral-41077549. Acesso em: 21 ago. 2023.

coisas desnecessárias para cuidar e limpar, tempo que poderia ser investido em atividades mais significativas. Valorize as pessoas a quem você ama, a família e os amigos, pois o tempo passa depressa e nós voamos, ensina o texto bíblico de Salmos 90:10.

Alguns pais, e esse foi o caso do meu, trabalharam duro para proporcionar a melhor educação aos filhos, qualidade de vida e privilégios que eles mesmos não tiveram em sua época. No entanto, deixam de dedicar tempo para acompanhar os filhos, participar e ser amigo. Na minha família, somente passamos a ter mais contato quando fomos trabalhar juntos na empresa familiar. Então, não era uma relação de pais e filhos. Os assuntos da empresa eram o ponto em comum. Um dia desses, estávamos conversando, e meu pai lamentou o fato. Cada dia é único e não sabemos o que o amanhã nos reserva.

A prosperidade do jeito de Deus

Nas mãos dos servos de Deus, os recursos financeiros promovem vida em abundância, por meio da transformação de realidades e gratidão ao Senhor. Com ética e temor do Senhor, trabalhar para ser bem-sucedido financeiramente pode representar ações que abençoarão a muitos. Um exemplo é o simples fato de um empregador que garante o pagamento dos salários justos de seus funcionários em dia e proporciona que famílias tenham condições financeiras de cumprir com seus compromissos.

Enfim, há inúmeras possibilidades para aqueles que se colocam à disposição do Senhor com tempo, dons e recursos financeiros. Se você não investe no Reino de Deus porque acha que seu pouco não fará diferença, é bem provável que não investirá quando tiver muito. O Senhor não precisa do nosso dinheiro, somente da nossa disposição. Jesus multiplicou o pouco e alimentou cinco mil homens, sem contar as mulheres e crianças (cf. Mateus 14:15-21).

Gestão do tempo

>> JADE SIMÕES

Um dos recursos mais importantes que temos na vida é o tempo. Vivemos na temporalidade, mas com o coração na eternidade. E, nesse movimento que é o tempo, somos transformadas e impactadas. Já fomos bebês, meninas, moças e agora mulheres. Nascemos e prosseguimos rumo ao processo de desaparecimento. Lembrar da rapidez dessa passagem pode nos deprimir ou nos motivar a usar o tempo que temos para algo que vale a pena, e é sobre essa segunda perspectiva que desejo conduzir nossa conversa sobre gestão de tempo. Ecoando o salmista, podemos declarar: Ensina-nos a contar os nossos dias, ensina-nos a tomar consciência de nós, de quem somos (cf. Salmos 90:12). Durante este sopro que é a vida, podemos experimentar o momento oportuno da ação de Deus (*kairós*), invadindo nosso limitado tempo (*chronos*) e dando sentido a ele. E só por isso já vale a pena existir!

Nós podemos decidir o que deve ou não permanecer na passagem do tempo. Por vezes, estamos exaustas, sobrecarregadas e frustradas numa constante luta contra o tempo e parecemos perder. Essa sensação de que o tempo escorre de nossas mãos como areia é angustiante, mas essa não é a maneira certa de enxergar, precisamos pôr as lentes da fé, para perceber o tempo como oportunidade, pois o nosso Criador nos dá o tempo suficiente para vivermos nosso propósito. Nesse entendimento de que somos mordomas do tempo que o nosso Senhor nos ofertou, precisamos desenvolver habilidades para melhor gerir esse precioso recurso e, além disso, fazê-lo prosperar em nossas mãos, produzindo frutos para a glória de Deus. Como mulheres em ministério, temos muitas missões diferentes durante o dia, mas podemos ter certeza de que a vida é mais do que equilibrar muitos papéis o tempo inteiro e, muitas vezes, sem realização ou satisfação. Podemos planejar uma vida nova, cheia de verdade, intensidade e profundidade.

O primeiro passo para gerir melhor nosso tempo é a organização que conduz ao planejamento eficaz. Planejar a vida não é contrário à fé. O que a palavra de Deus nos diz é que o planejamento faz parte de uma vida sábia. Somos também convocadas a assumir a responsabilidade de nossas ações e decisões: "Ao homem pertencem os planos do coração, mas do Senhor vem a resposta da língua. Todos os caminhos do homem lhe parecem puros, mas o Senhor avalia o espírito. Consagre ao Senhor tudo o que você faz, e os seus planos serão bem-sucedidos" (Provérbios 16:1-3).

Planejar é bom. Aquela que estuda antecipadamente o cenário se prepara para definir as melhores estratégias para atingir seus objetivos e realizar suas metas com êxito é sábia. Planejamento está relacionado com administração, é saber gerir tempo e programar ações futuras. Deus nos dá liberdade para fazer planos, mas não quer estar fora deles. Quando entregamos nossa vida ao Senhor, precisamos ter consciência de que é ele quem governa e não nós. O trabalho não impede a confiança em Deus. Na verdade, a força do nosso trabalho evidencia a nossa fé. Confiar e descansar em Deus não é sinônimo de inércia, é, na verdade, um movimento de trabalho direcionado por Deus.

Sempre que falamos de organização e produtividade precisamos entender que algo nos move em relação às motivações e aos alvos. É bem possível estarmos em busca de fazer mais e melhor, mesmo que seja para nossa família e para o Reino de Deus, para o engrandecimento do nosso nome, para que a admiração e o louvor venham em nossa direção. Não se assuste, essa é nossa inclinação natural e pecaminosa. Por esse motivo, precisamos de intencionalidade para buscar um modelo de produtividade fundamentado na graça de Deus e que deposita toda glória do que é executado no nome de Jesus, entendendo que por meio dele, nos movemos e existimos e que por ele, por meio dele e para ele são todas as coisas. Incluindo nosso café da manhã, nossos estudos, relacionamentos e o que mais estiver incluído em nossa existência.

Este entendimento do apóstolo Paulo sobre produtividade é um excelente modelo para nós: "Mas, pela graça de Deus, sou o que sou, e a sua graça para comigo não foi inútil; antes, trabalhei muito mais do que todos eles; contudo, não eu, mas a graça de Deus comigo" (1Coríntios 15:10). Entender que nós pregamos, cuidamos dos filhos, ajudamos amigos, hospedamos em nosso lar, auxiliamos o corpo de Cristo e trabalhamos bastante, mas é a graça de Deus em nós que nos dá força para realizar; o poder dele se aperfeiçoa em nossa fraqueza. É em nossas limitações que se manifestam o extraordinário e o miraculoso. E é pelo caos que encontramos em nossa agenda quase que diariamente, em meio aos imprevistos, desafios e às impossibilidades que experimentamos e podemos terminar o dia gratas porque reconhecemos que foi Deus, não nós.

Por vezes, pensamos que Deus não se importa tanto assim com nossa agenda, afinal, não abrimos mares ou fendemos rochas. Não abrigamos espias ou construímos arcas. Não levantamos espadas ou giramos uma pedrinha sequer numa funda. Mas, será que não? Pela fé em Cristo, também estamos gerando filhos, derrotando gigantes, alimentando famintos, desbravando terras desconhecidas e realizando coisas surpreendentes pela graça do Senhor em nós. Não despreze sua história e sua rotina, pois é nela que Deus se manifesta. E, se você olhar com as lentes certas, perceberá que o tempo em que vive é o melhor em que poderia viver. É nesta geração que você é chamada para andar pela fé e ser sustentada pela graça.

Agora, com a visão restaurada, vamos trabalhar nossa mordomia do tempo com sabedoria e aplicar cada princípio e dica prática dentro da nossa realidade.

Foco e organização: O primeiro passo para organizar nosso tempo é ter clareza sobre nossa prioridade e responder à pergunta: "Onde vou investir meu tempo?" Para isso, liste suas diferentes funções em ordem de prioridade e foque em seguir a sequência. Será impossível fazer tudo o que queremos ou achamos interessante; por isso, tenha sempre em mente seu propósito de vida para não sair abraçando toda oportunidade de afazeres. Escolha se envolver com aquilo que Deus a chamou para fazer, priorizando seu relacionamento com ele e servindo a família de Cristo, especialmente os da sua própria casa.

Separe momentos semanais de avaliação da rotina: em uma folha, descreva o seu dia com tudo o que costuma fazer em cada hora; seja o mais específica possível. Leia tudo com atenção e avalie se cada atividade está relacionada ao seu propósito, se você encontra e desfruta da companhia de Deus em cada uma delas. Veja espaços de tempo ociosos que podem ser mais bem aproveitados.

Experimente dividir seu dia em blocos de tempo. Por exemplo, você pode dividir sua manhã em seis blocos de uma hora e focar em uma atividade a cada hora: 6h – oração e leitura bíblica; 7h – café da manhã; 8h – exercícios físicos e banho; 9h – estudos; 10h – trabalho; 11h – preparo das refeições. Mesmo que você tenha cinco horas corridas do mesmo trabalho, tente organizar uma ordem para ele, com um foco específico a cada período. Dessa forma você gere o tempo de maneira inteligente e disciplinada e alcança uma produtividade satisfatória.

Quando a demanda de tarefas se avolumar e tiver a sensação de que "não vai dar conta", faça uso da famosa matriz de Eisenhower, que consiste em anotar suas demandas e separá-las. As que são urgentes e importantes devem ser realizadas sem demora; as que são urgentes, mas não importantes, podem ser delegadas para outra pessoa; as que não são urgentes, mas são importantes, programe para fazer em outro dia. E o que não é importante nem é urgente, simplesmente elimine de sua agenda.

Busque criar sua rede de apoio, conecte-se com pessoas. Buscar suporte é essencial para aliviar a sobrecarga e fortalecer sua capacidade de lidar com os múltiplos papéis que desempenha.

Aceitação e mão à obra: Aceite a fase da vida em que você está. Vivemos diferentes ciclos na passagem do tempo por nós, e nossa agenda não pode ser a mesma de sempre. É necessário se reorganizar e se adaptar a cada estação. Um filho nasce, você muda de emprego ou de país. Nada permanece sempre igual! A rotina ideal não é a que não sofre alterações, mas a que funciona de verdade para você.

Construa seu próprio método. Você pode pesquisar, ler livros, assistir a vídeos e fazer cursos sobre gestão de tempo, produtividade e planejamento. Você encontrará muita coisa útil, mas nem todas lhe servirão. Pois, mesmo todas tendo algo em comum, que é trabalhar no ministério, temos tantas especificidades que não dá para encaixar tudo em um molde só. Algumas de nós trabalham na área administrativa, financeira e de gestão e passam horas em um escritório com papeladas, enquanto outras estão nas ruas ou no templo rodeadas de pessoas. Outras estão em computadores servindo no campo digital, produzindo conteúdo ministerial em redes sociais. Muitas ministram estudos bíblicos, algumas para mulheres, outras para crianças. Algumas são solteiras; outras, casadas. Há quem não tenha filhos e outra pode ter três. Como podemos fazer uma agenda que sirva para todas? Simplesmente não dá. Vá testando e ajustando tudo o que você aprender.

Inteligência e especificidade: Especificidade é uma ferramenta essencial. Ela ajuda a combater pensamentos disfuncionais e extremistas no tudo ou nada. Construir uma agenda bem específica significa identificar sua prioridade de mudança. Não adianta dizer: "A partir de agora eu vou ser uma nova mulher." Avalie qual área verdadeiramente precisa desse renovo. Seria a vida profissional, o relacionamento com Deus ou a gestão do lar? Mesmo que você queira realmente mexer em todas as áreas e estas estejam totalmente caóticas, é provável que, mexendo no principal, no que é pedra angular, as outras coisas sigam o fluxo da mudança.

Ao definir que área da sua vida ou qual projeto deseja tocar, liste um passo a passo e trabalhe para o avanço do processo. Dividir em pequenas partes é uma excelente forma de alcançar algo grande. Pense neste exemplo: Você precisa de dez mil reais para um projeto e isso lhe parece muito dinheiro, então, você define uma data para sua meta, divide isso em etapas e verá que precisa de R$ 833,00 reais mensais, ou ainda, menos de R$ 28,00 reais por dia para alcançar seu objetivo em um ano. Esse método de quebrar algo muito grande em pedacinhos pode ser feito para escrever um livro, planejar os estudos, reformar a casa, cumprir metas de leitura, trabalho e muito mais! É com pequenos passos que fazemos coisas grandes. Nossa família, nosso ministério e tudo o que desenvolvemos é construído tijolinho por tijolinho. Não despreze os pequenos começos!

Disciplina e flexibilidade: Precisamos exercer a espera consciente e calma por nossas conquistas de mudanças de hábito e construção de agenda, entendendo que é um processo lento e difícil. Os primeiros dias ainda são regados com empolgação, mas, quando eles se vão, você precisa manter a rotina na força da disciplina. Seja exercitar o corpo, seja meditar, cozinhar para toda a semana, acordar mais cedo, tirar um projeto do papel ou qualquer outro objetivo, ele precisa ser feito com amor e diligência como para o Senhor e não a homens.

Entenda, por mais que você planeje bem sua rotina e seus horários, a vida ainda conta com a visita do caos de vez em quando, e, como ele é super inconveniente, chega sem avisar e bagunça tudo, além de nos estressar. Por isso, crie uma recepção para ele e, com sabedoria e flexibilidade, tome o controle da nova situação.

Aprenda a lidar com sua vulnerabilidade. Todas nós temos limites. Cuidado com a autocobrança e o perfeccionismo. Não se apoie na ideia de vida, família e ministério perfeitos, pois isso só roubará a satisfação e alegria em tudo o que o Senhor já lhe deu. Lembre-se de que em suas limitações e impossibilidades é que se manifesta o poder de Deus.

Força e saúde: Concentre-se em alinhar sua vida com o propósito que Deus tem para você, e pode acreditar que saúde faz parte disso. Sem saúde você não irá longe, terá dificuldades e grandes limitações. Com uma mente saudável, fértil e criativa, um corpo forte e resistente e um espírito vibrante, você fará grandes coisas. Desde que associei minha saúde ao cumprimento do meu propósito, tenho me cuidado mais e potencializado minha eficácia. Sugiro fortemente que você foque em uma boa saúde, sua agenda vai acompanhar.

Valorize o que é realmente importante. Nesse foco por produtividade, acabamos por valorizar muito mais uma reunião, palestra ou um evento que nos dê esse significado. Mas o dia em que lavamos o cabelo, preparamos refeições, trocamos fraldas e ligamos para uma amiga também é um dia produtivo, e cada tarefa que fazemos tem seu valor. Se não valorizarmos toda a vida que temos, vamos cair na armadilha de comparar a nossa rotina com o recorte do cotidiano dos outros a que temos acesso, que sempre parecerá mais empolgante, fácil e prazeroso que o nosso. O resultado disso é frustração.

Por isso, ande no seu ritmo e inclua o descanso na agenda. E, se não reconhecemos a importância das pausas, perdemos a produtividade de corpo e mente sadios e desonramos um mandamento. Não se dar pausas pode também apontar para uma falha no entendimento da teologia do descanso. O motivo de Jesus afirmar que ele é maior que o sábado é que o descanso não está em um dia na semana apenas, o descanso é uma pessoa. Para nós, o verdadeiro descanso é Cristo. Ele é o lugar e o dia certos. Nele encontramos vida verdadeira, repouso, estabilidade, amor e salvação. Em vez de carregar fardos pesados das nossas tantas missões, podemos aceitar o convite do nosso Senhor para tomar seu jugo, que é suave, e seu fardo, que é leve. Somente então encontraremos alegria na jornada.

E, quando a ansiedade por produtividade assolar, lembre-se de que o nosso valor não está naquilo que fazemos! Seremos mulheres cansadas e sobrecarregadas se acreditarmos que vamos ter mais amor e aceitação de Deus ou das pessoas pelo tanto de coisas boas que realizamos. Não caia nessa armadilha. No dia em que você executa cada tarefa da sua lista, você é uma filha amada de Deus. No dia em que tudo sai da ordem e da rotina ideal, você continua sendo a filha amada de Deus. Nada que você faça ou deixe de fazer tirará seu bem mais precioso, o amor de Deus. Celebre o milagre de cada dia, desfrute do seu cotidiano singular e especial como você e deixe Deus brilhar por meio de sua feminilidade.

O tempo de ser feliz, desfrutar da vida e das pessoas à nossa volta é o hoje. Podemos descansar na soberania daquele que é eternamente fiel, nos guiou no passado, nos sustenta no presente e tem o controle de nosso futuro. Que possamos deixar nossa marca no tempo que temos na terra. Que as futuras gerações possam testemunhar que vivemos bem os anos que nos foram concedidos e que, no fim de nossos dias, não haja arrependimentos do que deixamos de viver. Que toda a eternidade seja celebrada junto daquele que é Senhor do tempo.

Palavra final

>> Juliana Negri

Ser ovelha dele

Na introdução deste livro, compartilhei sobre dois chamados do Senhor que têm conduzido minha vida nos últimos anos: ser ovelha e pastora. Assim como fiz no início, gostaria de encerrar com testemunhos de minhas experiências mais intensas desde que entendi e passei a obedecer intencional e integralmente a esses chamados.

Enquanto ovelha, tenho visto de forma imensurável o cuidado do Bom Pastor. Contudo, quero pontuar dois episódios recentes em relação a minha área de maior preocupação: o cuidado dos meus filhos. Quando percebemos que o Lucca apresentava sinais claros de autismo e de necessidade de suporte além daquele que, enquanto pais, conseguimos oferecer, clamei ao Senhor firmada na promessa que recebi em Isaías 40.11.

Pedi que, segundo a perfeita vontade divina, não permitisse que ele fosse privado daquilo que precisava por estarmos em um campo missionário com algumas restrições.

A primeira necessidade era a de confirmar o diagnóstico que, segundo a neuropediatra que nos abençoou com o atendimento, aconteceria por meio de uma avaliação específica para autismo de alto funcionamento, aplicada apenas por pessoas habilitadas para tal. Sem saber como encontrar tal profissional, lembrei-me de um amigo do meu marido casado com uma psicóloga. Perguntei-lhe se conhecia algum profissional que aplicasse o teste, ainda que quase sem esperança de haver algum na pequena cidade que morávamos. Para minha surpresa, ela mesma era aquela pessoa; e mais, não teríamos custo algum.

Há pouco tempo também me deparei com a necessidade de apoio extra na parte educacional dele, que atualmente tem acontecido parcialmente em casa e parcialmente na escola do projeto onde servimos, que é pequena e escassa de recursos. Busquei a ajuda de amigos, profissionais brasileiros e do diretor daqui, que fora diretor de uma escola renomada. Providencialmente, ele me conectou com uma professora especializada em educação especial premiada por se destacar em sua área e que se disponibilizou a desenvolver um plano de estudos e avaliações adaptados para a necessidade do Lucca. Ele não somente está recebendo o que precisa, mas também o melhor.

Meu filho mais novo também tem sido cuidado com carinho pelo Senhor em suas necessidades, que são outras. Ele era muito apegado aos amiguinhos da cidade antiga e sofreu bastante quando mudamos, mas tem sido abençoado com novos amigos e com a vida no sítio espaçoso para se divertir e gastar toda energia que tem.

Assim como os meninos, meu marido e eu também temos visto a boa mão do Senhor cuidar e prover tudo de que precisamos. Existe coisa melhor do que ser ovelha de Cristo?

Pastorear como ele

Sobre o chamado para pastorear como Jesus e cuidar de quem está sob nossa liderança e de outros líderes, sem deixar de ter em mente que servos também são ovelhas, junto com o Matheus, tenho a oportunidade de vivê-la. Transmitimos a mensagem de forma prática àqueles que o Senhor traz para perto de nós, seja em curto ou longo prazo. Somos seres humanos limitados, mas, dentro das nossas possibilidades, oramos e nos empenhamos para que eles se sintam cuidados por intermédio de nós.

Deus costuma usar pessoas para responder orações. Ele suprirá as necessidades de seus filhos de qualquer forma, mas temos o privilégio de utilizar nossos recursos, seja tempo, seja dinheiro, habilidades ou até mesmo algo no nosso jeito de ser que pode fazer a diferença na vida de alguém.

Em Zacarias, porém, vemos que, mesmo ao exercer o cuidado pastoral, é possível fazê-lo de forma insensata:

> Porque levantarei nesta terra um pastor que não se preocupará com as ovelhas perdidas, nem procurará a que está solta, nem curará as machucadas, nem alimentará as sadias, mas comerá a carne das ovelhas mais gordas, arrancando as suas patas. Ai do pastor imprestável, que abandona o rebanho! (Zacarias 11:16-17a).

Que essa dura palavra sirva de encorajamento e exortação a cada uma de nós e que, ao exercer o cuidado, o façamos de forma sábia. Portanto, que nos preocupemos com as ovelhas perdidas, feridas e famintas sem, de forma alguma, tirar proveito delas.

Cuidado integral

Querida mulher em ministério, minha oração é que em cada página deste livro você tenha sido despertada para avaliar suas diferentes relações, observando quais delas precisam de um cuidado mais intencional, ao mesmo tempo que tenha se sentido equipada para dar os passos práticos necessários para esse cuidado ou pelo menos ter um ponto de partida.

Que a sua *relação com Deus* seja a fonte da qual todo o cuidado flui. Que ela seja sua prioridade, o propósito e a força para toda a sua vida e ministério. Que a sua devoção a Cristo a conduza à vida plena e eterna.

Que a relação consigo mesma também seja equilibrada, não de modo egoísta, mas como alguém que coloca a máscara de oxigênio em si primeiro para depois poder ajudar a outros. Que suas emoções, seu intelecto, seu coração e sua mente sejam sábios e conduzam você a boas decisões e a um dia a dia mais leve e feliz.

Que seu *corpo*, o templo em que Deus escolheu habitar, seja tratado com zelo, mas não comprometa a sua saúde em outras áreas. Que, ao equilibrar alimentação, atividades físicas e cuidados básicos com a aparência, você se sinta mais disposta e realizada, sendo grata pelas características naturais que Deus lhe deu e fazendo o que está a seu alcance para uma vida fisicamente saudável.

Que seus *relacionamentos* com aqueles que a cercam, especialmente sua família e amigos, tragam mais sentido e satisfação em cada etapa da sua jornada na terra. Eles são presentes de Deus para o seu breve período por aqui. São eles que devem ocupar um lugar especial em seu coração, sua agenda e carteira. Não deixe que o excesso de atividades roube de você o tempo precioso que tem com aqueles que a amam.

Que seus *recursos* sejam bem gerenciados e sejam também usados por Deus para conduzi-la ao cumprimento da missão que ele confiou a você.

Que cada testemunho, cada reflexão e cada ferramenta aqui compartilhados sejam relevantes e transformadores. Que a sua (e a minha) vida seja uma expressão deste versículo que amo:

[...] será como uma árvore plantada junto às águas e que estende as suas raízes para o ribeiro. Ela não temerá quando chegar o calor, porque as suas folhas estão sempre verdes; não ficará ansiosa no ano da seca nem deixará de dar fruto (Jeremias 17:8).

Cuide-se, viu?!
Com carinho, Ju

Sobre as autoras

A SEGUIR, VOCÊ ENCONTRARÁ UMA BREVE APRESENTAÇÃO de cada mulher em ministério que prontamente se dedicou à escrita deste livro. Mulheres que se doam ao chamado em tempo integral ou que atuam em outras áreas profissionais. Registro aqui meu *muito obrigada* a cada uma delas, por tornarem este livro possível e trazerem ferramentas de cuidado para tantas outras companheiras de jornada de forma bíblica, prática e encorajadora.

É importante pontuar que às autoras foi dada liberdade para abordarem o tema solicitado de acordo com sua experiência e perspectiva bíblica-teológica. Portanto, os posicionamentos aqui apresentados não necessariamente representam, em todos os aspectos, a compreensão das demais autoras sobre o mesmo assunto.

Juliana A.M. Negri (idealizadora e organizadora)

Autora dos textos: *Introdução; Igrejas e ministério; O conhecimento de Deus e da sua Palavra; Amizades; Palavra final.*

Casada há treze anos com o pastor Matheus Negri, é mãe de Lucca (8) e Pietro (5). Bacharel em Teologia, auxiliou o marido nos oito anos de ministério pastoral em Curitiba e atuou também como professora de ensino bíblico e capelã escolar. Desde 2018 serve com sua família na zona rural de East London, na África do Sul. Juliana também é fundadora do Movimento Mulheres de Fé, voltado para mulheres em ministério, organizadora e coautora do livro *Uma jornada de encorajamento: devocionais diárias para mulheres em ministério* (RTM), autora do livreto *Onde nasce a coragem: enfrente a crise com fé e inteligência emocional* (Amazon), e coautora de livros de devocionais como *Orando em família* (Esperança) e *Levando Deus a sério no casamento: guia de crescimento espiritual do casal* (JUMAP).
@julianategri_ @negrifamily @mulheres.defee

Ana Claudia de Almeida Christal

Autora do texto: *Casamento*

Casada com o pastor Isaias Noelson Christal, é mãe de Mattheus e Thomas. Graduada em Teologia e mestre em Ministérios com ênfase em Aconselhamento Bíblico, tem servido com a família no ministério por mais de vinte e cinco anos. Atua com o marido no Instituto Missionário Palavra da Vida, em Benevides (PA), como missionária, professora, conselheira e mentora. É membro da Primeira Igreja Batista (PIB) do Pará, onde auxilia no ministério de mulheres e aconselhamento.
@anacchristal

Angela Warkentin Federau

Autora do texto: *Alimentação*

Casada e mãe de duas filhas, congrega na Igreja Evangélica Menonita da Água Verde, em Curitiba, onde lidera o ministério de mulheres. Formada em Nutrição, atua como nutricionista clínica e empresária em sociedade com o marido. Também é palestrante, escritora de colunas e blogs de saúde, revisora de textos sobre nutrição para portais de saúde e tem participado de programas de TV, rádio e mídias digitais.
@angelafederau.nutri

Bruna Cristina Cunha Poletto

Autora do texto: *Esposa de pastor.*

Casada com o pastor Cristiano Poletto, é mãe de Vitória (7), Beatriz (4) e Sofia (1). Graduada em Teologia, serve há doze anos com seu marido na Igreja Batista Nacional Betesda, em Concórdia (SC). Auxiliou a Juliana Negri no início do movimento Mulheres de Fé e atualmente coordena o Engatinhar Juntos, um grupo para mães, avós e cuidadoras de crianças pequenas que acontece semanalmente na igreja. Produz materiais voltados à educação de filhos e discipulado infantil, além de coordenar a primeira célula de mulheres da igreja que visa o discipulado.
@ensinando_pelocaminho

Camila Aparecida Macedo Gin

Autora do texto: *O cuidado dos filhos.*

Casada com o pastor Josimar Gin, é mãe de Sarah (14) e Alice (4). Graduada em

Pedagogia, pós-graduada em Neuropsicopedagogia e especialista em Desenvolvimento Infantil. Desde abril de 2008 serve com seu esposo em ministério integral na Assembleia de Deus de Santa Catarina (CIADESCP). Coordena o ministério infantil desde 2015, auxilia no ministério de mulheres e é secretária da União de Esposas de Obreiros da Assembleia de Deus de SC na região do litoral sul (ENCEO, 1ª Região). Atualmente produz material didático e palestras para professores e líderes do ministério infantil e ministra cursos para mães e mulheres na área de desenvolvimento pessoal e espiritual desde 2020.
@camilaginoficial

Carollina Bittencourt Nascimento Breder

Autora do texto: *A mulher em liderança*
Casada com o pastor Yuri Breder, é mãe de Clara e Ana. Formada em Pedagogia e em Louvor e Adoração, serviu na liderança dos ministérios de artes e de pequenos grupos na PIB de Campo Grande. Atualmente é líder de mulheres na PIB de Maringá e colaboradora dos ministérios Escola do Discípulo e Mulheres de Fé.
@carollinabreder @escoladodiscipulo

Carolina Feres Busato

Autora do texto: *Saúde integral*
Casada com Juliano Busato há dezenove anos, é mãe de Davi (16) e Lucas (14). Médica formada pela Universidade de Passo Fundo, é pós-graduada em Dermatologia pela ABD (Associação Brasileira de Dermatologia) e em

Nutrologia pela ABRAN (Associação Brasileira de Nutrologia). É sócia do Instituto William Feres, onde há quase uma década cuida de mulheres e promove saúde, beleza e bem-estar. Entrevista profissionais da área de saúde no programa *Boa Tarde, Doutor*, da Rede Super. Também atua com seu esposo no ministério de noivos e casais na PIB de Curitiba. Participa ativamente do movimento Conexão Preciosas, cujo objetivo é conectar mulheres com Deus e entre si. Sua grande paixão é discipular mulheres e motivá-las a buscar profundidade no relacionamento com Deus.
@carol_busato @dra.carol.busato

Clarice Ebert

Autora do texto: *Reflexões Teológicas sobre o papel da mulher*

Formada em Psicologia, especialista em Terapia familiar e de casais, mestre em Teologia, palestrante, professora em pós-graduações nas áreas de aconselhamento e terapia familiar, é supervisora de casos clínicos. É autora do livro *Saúde pastoral: reflexão e prevenção* e *Eduque seu filho, nisso há esperança*, além de coautora em outras diversas obras. Casada com o pastor Claudio Ernani Ebert, com quem coordena o Vida Melhor, um ministério de cursos e palestras. É mãe de três filhos e avó de sete netos.
@clariceebert @saudepastoraloficial

Clarice Fogaça

Autora do texto: *Beleza*

Especialista em Ciência da Felicidade e pós-graduada em Psicologia, é formada em *Coaching* Integrativo Sistêmico Internacional, Programação Neurolinguística (PNL), Teologia e

Comunicação Social. Atua como diretora e apresentadora de rádio e televisão nos ministérios Pão Diário e Rede Super, em Curitiba. É mentora de mulheres e palestrante, além de idealizadora do movimento Bendita Beleza Mulher. Membro da PIB, onde atuou como voluntária por cerca de vinte anos na ação social, coordenando programas para pessoas em situação de rua, é autora do projeto Fala Coração: resgate integral de pessoas em vulnerabilidade social.
@fogacaclarice

Cristina Girardi

Autora do texto: *Divórcio*
Bacharel em Teologia, é membro da Igreja Batista Alameda, em Curitiba, e atua como missionária há mais de vinte anos. Liderou projetos de implantação de igrejas em Curitiba e outros campos, inclusive no Oriente Médio. Pós-graduada em Gastronomia Brasileira e Internacional, é sócia-proprietária e *chef* na cozinha Girasol Bistrô e Café, seu principal ministério atualmente. Escritora e autora dos livros *180 Graus: Cozinhar é fácil, demonstrar amor também* e *Medida transbordante*, livros de receitas e devocionais.
@cozinhagirasol

Daniele Gotardo Veloso

Autora do texto: *Família atípica*
Casada com Bruno Henrique de Souza Gotardo, é bacharel em Fonoaudiologia, bacharel e mestre em Teologia, especialista em Educação Especial, em Educação Bilíngue para Surdos e em Letras--Libras/Língua Portuguesa, além de discente em Pedagogia. É docente na Faculdade Batista do Paraná (FABAPAR) e atua no

ministério Ame Neurodiversidades na PIB de Curitiba. Ela tem se dedicado à área da inclusão no contexto eclesiástico.
@danigotardoveloso @ame.neurodiversidades

Debora Canestraro

Coautora do texto: *Lendo em comunidade: o "fenômeno" clube de leitura*

Casada há vinte e nove anos com Daniel, é mãe de Bianca (28), Beatriz (25) e Isabela (18), e avó de Manuela (4) e Nathan (2). Mora em Curitiba e serve na Igreja Evangélica Irmãos Menonitas de São José dos Pinhais. Colabora na ONG Atuação Global como gestora de formação dos educadores que se dedicam à Abordagem Educacional por Princípios (AEP) para crianças em vulnerabilidade social e é coordenadora dos educadores da missão ASVEC (Associação de Valores em Construção), que dão aula de valores para escolas municipais e estaduais de Palmeira e região. Também lidera, junto com a Lunnay Santos, o clube de leitura Mulheres de Fé Leitoras.
@de.canestraro @mulheres.defee

Débora R. Lizardo

Autora do texto: *Engajamento social.*
Membro na PIB de Curitiba, é formada em Psicologia, pós-graduada em Serviço Social e Gestão do Sistema Único de Assistência Social (SUAS) e especialista em Formação Missionária pelo Centro Integrado de Educação e Missões. Atua como psicóloga social e clínica e é mentora no ministério de vocacionados da igreja.
@debora.lizardo

Érika Cecconi Borges Massa Checan

Autora do Texto: *Capelania hospitalar*
Casada com Jacob há vinte e oito anos, é mãe de Silvia (25) e Davi (22). Integrante da equipe pastoral da PIB Curitiba desde 2007 e da equipe nacional de pastoras batistas da Convenção Batista Brasileira (CBB). Musicoterapeuta e bacharel em Música Sacra por formação, com especialização em Cuidados Espirituais na Saúde e Capelania nos Cuidados Paliativos, atua como capelã titular do Hospital do Rocio, sendo também idealizadora de movimentos de mulheres e redes de capelanias.
@erika.checan @elocapelania

Evelyne Christine Mello Alves Teixeira

Autora do artigo: *Emoções e pensamentos*
Casada com Diogo Alves Teixeira e mãe de Miguel, é graduada em Enfermagem e Psicologia, pós-graduada em Psicologia Perinatal e da Parentalidade. Tem servido com seu marido no ministério de jovens casais da PIB de Curitiba e se dedicado aos atendimentos clínicos de mulheres que desejam trabalhar sua autoestima, que estão vivenciando a espera por uma gestação, ou que são gestantes e puérperas.
@psico.eve.mello

Fabiana Silvestrini

Autora do texto: *Finanças*
Bacharel em Teologia, especialista em Contabilidade e Finanças, Novas Tecnologias, Transformação Digital e Agilidade, é supervisora financeira na Convenção Batista Pioneira do

Sul do Brasil desde 2012, em Curitiba. Empreendedora na área de empregabilidade, com foco no social, é membro da PIB de Curitiba. Intercessora, escritora de artigos e devocionais para mulheres, trabalha a serviço do reino de Deus.
@fabianasilvestrini

Geisa Bomfim Oliveira

Autora do texto: *Missões transculturais*
É membro da Igreja Batista Betânia em Ibirataia, na Bahia, teóloga, licenciada em Letras Vernáculas, pós-graduada em Neurolinguística e analista de perfil comportamental. Desde 2017 serve ao Senhor, em tempo integral, em missões transculturais, atualmente no Oriente Médio. É também professora do curso de facilitadores de aquisição de língua e cultura pelo Conexion Training.
@geisa_bomfim12

Íria Seifert Braun

Autora do texto: *Aposentadoria*
Brasileira, casada com o pastor Jonas Braun há quarenta e sete anos, é mãe de três filhos casados (dois deles servem em tempo integral como missionários) e avó de nove netos. Formada em Teologia e Psicologia, atuou com seu esposo por mais de vinte anos na rádio HCJB, no programa *A Voz dos Andes*, em Quito, Equador. Atualmente reside em Goiânia, onde serviu como terapeuta cristã por muitos anos, junto a igrejas e instituições de terapia intensiva, bem como no treinamento de líderes no ministério.

Jade Simões Moreno

Autora do texto: *Gestão do tempo*
Natural do Ceará, é missionária, escritora e professora. Tem se dedicado ao ensino e discipulado de moças e mulheres e também atua como doula e educadora perinatal. É casada com Paulo Diego, mãe de Benjamin e Abigail. A família está há nove anos na África Ocidental, onde lidera uma base missionária da MVF Cabo Verde e apoia implantações de igrejas locais.
@mulherdemissoes @mvfcaboverde

Jéssica Lopes Martelli Sabadine

Autora do texto: *Profissão e ministério*
Casada com o pastor Filipe Sabadine há quinze anos e mãe de Arthur (4), é advogada, pós-graduada em Direito Civil e Empresarial. Atualmente é gerente de relacionamento com cliente em uma *insurtech*, na qual lidera um time de catorze pessoas. Serviu na PIB de Curitiba com o esposo e está ao lado dele na gestão do Instituto Novas Histórias, um projeto que oferece atividades socioeducacionais, culturais e evangelismo para crianças e adolescentes e tem como missão a transformação de vidas.
@jessicamartellisabadine

Karine Enns Töws

Autora do texto: *Capelania escolar*
Atua como coordenadora de capelania e gestora do programa Herança & Presença na Fundação Educacional Menonita (FEM). Idealizadora do modelo integrado de capelania

escolar e comunitária, é autora do material didático para ensino bíblico no Colégio Erasto Gaertner e do livro *Fundamentos e Metodologias para o Ensino Religioso*. É graduada em Musicoterapia e em Pedagogia, com capacitação em aconselhamento pastoral, especialista em Capelanias e mestre em Teologia. Congrega na Primeira Igreja Irmãos Menonitas de Curitiba, onde serviu por vinte anos no ministério de louvor. É casada há vinte e dois anos com Martin, com quem tem dois filhos: Isabel (18) e Levi (11).
@karine_tows

Kelly Piragine Sonda

Autora do Texto: *Igreja local*

Casada com o pastor Leandro Sonda, é mãe de Nicolas e Henrique. Bacharel em Teologia, licenciada em Letras-Português/Inglês e mestre em Teoria Literária, é professora há vinte anos. Em 2021, decidiu unir sua paixão pelos livros e pelo ensino, fundando o clube de leitura @olivromoraemmim. Acredita que bons livros cristãos são instrumentos de Deus para transformação e crescimento espiritual.

Larissa Brisola

Autora do texto: *Redes sociais como ferramenta missional*

Casada com Erick Brisola, é membro da Igreja de Confissão Luterana no Brasil. Bacharel em Teologia, Larissa também tem se dedicado à pesquisa sobre a submissão bíblica. Atualmente é missionária em tempo integral no Acampamento Moriah. Sua atuação envolve a capelania escolar, evangelização, pregação, retiros e discipulado.
@larissacbrisola

Letícia Liberato de Souza Perdonsin

Autora do texto: *Renovando a mente*

Casada com Israel Perdonsin, é mãe de Davi, Sara e Rafael. Membro da PIB de Curitiba, atua no ministério pastoral no @thewaypib, voltado para estudantes e falantes da língua inglesa. É formada em Teologia e em Pedagogia. Autora dos livros *Apaixonada por ele* e *Casada com ele*.
@leticiaperdonsin www.leticiaperdonsin.com.br

Lorena Rodrigues

Autora do texto: *Insatisfação feminina e contentamento*

Natural de Goiânia, casada com Junio Rodrigues e mãe de Davi e Lucca, é estudante de Teologia e missionária pela JOCUM (Jovens Com Uma Missão) desde 2003. Serve atualmente no treinamento e discipulado de jovens missionários na África do Sul na área de estudos bíblicos.
@lorenajdl

Luciana de Silos Angelis

Autora do texto: *Disciplinas espirituais*

Casada há vinte e quatro anos com Juliano de Angelis e mãe de Marco, é licenciada em Pedagogia, bacharel e mestre em Teologia na linha de estudo e ensino da Bíblia e especialista em Ciência da Religião. Escritora e pesquisadora na área de contemporaneidade e modernidade líquida, atua em educação há vinte anos, é docente em Teologia e produtora de material didático. Congrega na Igreja Batista Atos de São José dos Pinhais (PR), serve com o esposo no ministério de louvor, se dedica ao ensino de adultos e também lidera o ministério infantil.

Luciane Pacheco Stahlhoefer

Autora do texto: *Puerpério e primeiros meses de maternidade*
Casada com Alexander Stahlhoefer há quinze anos, é mãe de Ana Luisa (11), Isaac (8) e Samuel (4). Bacharel em Teologia, atua como missionária na Missão Evangélica União Cristã. Atualmente é coordenadora do Departamento da Mulher Nacional da MEUC. Outro ministério que está em seu coração é servir como doula, acompanhando mulheres na jornada da maternidade durante a gestação, parto e pós-parto.
@lucispacheco

Lunnay Santos Nogueira

Coautora do texto: *Lendo em comunidade: o "fenômeno" clube de leitura*
Casada com Isaque, mãe de Alice, Ágda e Raquel, é membro da Igreja Assembleia de Deus Belém, em Jacutinga (MG). Estudante de Teologia e professora de Escola Bíblica Dominical, é apaixonada em equipar discípulas de Jesus por intermédio do discipulado e estudo bíblico. Lidera com Débora Canestraro o clube do livro Mulheres de Fé Leitoras.
@lunnaysantos @mulheres.defee

Marcia B. Gomes Carrilho

Autora do texto: *Atividade física*
Casada há trinta e dois anos com William Carrilho, é mãe de Rafael e Carolina e avó de Samuel, Sara e Isaac. Membro da PIB de Campo Grande, é formada em Educação Física e especialista em Nutrição Esportiva. Estudou missiologia e serviu como missionária no Chile e na Malásia por meio de projetos esportivos. Atualmente serve no norte da Índia com seu esposo. Também atua como mentora e escritora na área do cuidado físico pelo Confissões de uma Mulher Multicultural (CMM).
@marcarrilho @confissoes.mulhermulticultural

Mirtes Mansur Diotalevi

Autora do texto: *Ministério na rádio*
Casada com Sanderson Diotalevi, é mãe de duas filhas, também casadas. Diaconisa e coordenadora de núcleo do ministério de mulheres da PIB de Curitiba, é licenciada em Letras, atua como apresentadora dos programas de TV *Uma Mulher de Fé* e de rádio *Mulher, Virtude e Fé*, assim como do podcast de mesmo nome. Autora de revistas e de um livro do ministério Mulher Virtuosa.
@mirtesmansur @mulhervirtudefe

Nívea Bacarini Laskosky

Autora do Texto: *A relação com as redes sociais*
Casada com Douglas Laskosky Mota, é membro da PIB em Jardim São João, em Guarulhos (SP). Formada em Marketing e pós-graduanda em

Teologia Bíblica pela Faculdade Batista Pioneira. Ouviu o chamado do Senhor e, desde 2019, tem atuado como missionária em tempo integral, servindo como coordenadora de mobilização missionária na agência missionária A Tarefa e coordenadora de comunicação na agência missionária Interserve.

@niveabacarini

Paola Alexandra Muehlbauer Teixeira

Autora do texto: *Ministério de Mulheres*

Casada há seis anos com Israel, frequenta a Missão Evangélica União Cristã (MEUC), em São Bento do Sul (SC). Bacharel em Teologia, é idealizadora do ministério Papo de Pijama, por meio do qual produz materiais didáticos para o discipulado de mulheres, devocionais e estudos bíblicos. Apaixonada pelo ensino da Palavra, também tem ministrado aulas, cursos, palestras e retiros.

@paolamilbauer e @papodepijama

Renate Kruklis

Autora do texto: *Luto*

Formada em História e mestre em Teologia com ênfase em aconselhamento e capelania, atuou por muitos anos como capelã e acompanhou seu falecido marido, pastor Reginaldo, com quem foi casada por trinta e oito anos e com quem teve dois filhos: Rebeca e Thomas. Juntos, ensinaram e encorajaram lideranças ao redor do mundo. Atualmente, Renate reside em Washington, EUA, e serve como mentora, palestrante e pregadora.

reneekruklis@gmail.com

Rosane Beatriz Zalewski de Souza

Autora do texto: *Filha de pastores*
Reside em Porto Alegre, é casada com o pastor Loremar Guimarães e mãe de quatro filhos. Licenciada em Letras-Português/Literatura e especialista em atendimento pastoral, atua como pastora no Liberta-me, ministério interdenominacional que presta serviço ao reino de Deus e a lideranças feridas.
@rosebiazalewski @libertameoficial

Rute Salviano Almeida

Autora do texto: *Mulheres e seu impacto na história da Igreja.*
Teóloga, pós-graduada em História do Cristianismo, pesquisadora e escritora sobre a participação das mulheres na Igreja Cristã, é membro da Igreja Batista do Cambuí, casada e mãe de três filhos. Foi professora da Faculdade Teológica Batista de Campinas por vinte anos e é professora do curso online História das Mulheres no Cristianismo (EAD Convergência). Autora da série de livros *Vozes femininas: da igreja primitiva aos avivamentos* e de *Reformadoras*, *Mártires cristãs* e *Teólogas da Igreja Medieval*, além dos devocionais *Heroínas da Fé* e *Heroínas da graça*. É ganhadora do Prêmio Areté 2015 com o livro *Vozes Femininas no início do protestantismo brasileiro* e é titular da cadeira 31 da Academia Evangélica de Letras do Brasil.
@rutesalvianoalmeida

Samanta Rodrigues dos Santos

Autora do texto: *Depressão*
Casada com Saulo Santos há quinze anos, é mãe de Benjamin (11), Amy (9), Ruby (6), Judah (5) e Bebê 5 (no forninho). Licenciada em Ciências Sociais, serve com o esposo no ministério desde 2011. Atualmente é membro da Mandarin Presbyterian Church, na Florida, EUA.
@samantasantosoficial

Viktorya Zalewski Baracy

Autora do texto: *Intelecto*
É professora licenciada em Letras - Português/Alemão e mestre em Letras (UFPR). Casada com Nicksson, cursa com ele o bacharelado em Teologia em São Bento do Sul (SC). São membros da Comunidade Luterana do Redentor (IECLB). Viktorya tem se dedicado ao estudo das mulheres na Bíblia.
@vikzalewski

Referências bibliográficas

ABREU, Leandro. **23 estatísticas do Youtube que comprovam por que a plataforma é uma das maiores redes sociais.** RockContent, 2019. Disponível em: https://rockcontent.com/br/blog/estatisticas-do-youtube/. Acesso em: 30 de nov. de 2021.

AGOSTINHO, Aurélio (Santo Agostinho). **Confissões.** São Paulo: Penguin-Companhia, 2017. Tradução: Lorenzo Mammì. Versão Kindle.

ALTER, Robert. **Genesis: translation and commentary.** Nova York: Norton & Company, 2007.

B3 EDUCAÇÃO. **Finanças Pessoais.** Hub de Educação Financeira. Disponível em: https://edu.b3.com.br/hub/play/44939815/progresso

BANCO CENTRAL DO BRASIL. Gestão de finanças pessoais e **Formação de Multiplicadores da Série: eu e o meu dinheiro.** Disponível em: https://www.bcb.gov.br/cidadaniafinanceira/cursos

BARTH, K. **A proclamação do Evangelho.** São Paulo: Centro Acadêmico "Eduardo Carlos Ferreira", 1963.

BEZERRA, Larissa Ferraro. **Mulheres e sexo:** Mentiras que escravizam e verdades bíblicas que libertam. Eusébio: Peregrino, 2019.

BOORSE, Dorothy. **A maravilha da Criação.** In: ASSOCIAÇÃO AMERICANA DE EVANGÉLICOS. *Quando Deus e a ciência se encontram.* Associação Brasileira de Cristãos na Ciência. 2015.

BOYD, Kenneth. **O antídoto para as** *fake news* **é nutrir nosso bem-estar epistêmico.** Associação Brasileira Cristãos na Ciência. Disponível em: https://www.cristaosnaciencia.org.br/o-bem-estar-epistemico/. Acesso em: 29 nov. 2021.

BRASIL, IBGE. **Pessoas com deficiência e as desigualdades no Brasil.** Rio de Janeiro, 2022.

Brasileiros são os que passam mais tempo por dia no celular, diz levantamento. Disponível em: https://g1.globo.com/tecnologia/noticia/2022/01/12/brasileiros-sao-os-que-passam-mais-tempo-por-dia-no-celular-diz-levantamento.ghtml. Acesso em 26 jan. 2022.

BROWN, Brené. **Eu achava que isso só acontecia comigo.** Tradução de Livia Almeida. 1. ed. Rio de Janeiro: Sextante, 2019.

CARRIKER, Timóteo. **Proclamando boas novas.** Brasília: Editora Palavra, 2008.

CARVALHO, Jb. **Metanoia.** Brasília: Editora Chara, 2018.

CÉSAR, Marília de Camargo. **O grito de Eva:** a violência doméstica em lares cristãos. Rio de Janeiro: Thomas Nelson Brasil, 2021.

CHAPMAN, Gary; CAMPBELL, Ross. **As 5 linguagens do amor das crianças:** como expressar um compromisso de amor a seu filho. São Paulo: Mundo Cristão, 2. ed., 2017.

CHESTER, Tim. **Com toda pureza: livres da pornografia e da masturbação.** São José dos Campos: Fiel, 2020. Edição do Kindle.

CLOUD, Henry; TOWNSEND, Jonh. **Limites para ensinar aos filhos:** Quando dizer sim, quando dizer não. São Paulo: Editora Vida, 2001.

CORDEIRO, J.M. **A hermenêutica da continuidade do Ministério ordenado. Roma:** Didaskalia, 2010. Disponível em https://journals.ucp.pt/index.php/didaskalia/article/view/2284/2203 Acesso em 08 jul. 2023.

CUNNINGHAM, C.; SULLIVAN, R. O.; CASEROTTI, P., & TULLY, M. A. **Consequences of physical inactivity in older adults**: A systematic review of reviews and meta-analyses. Scand. J. Med. Sci. Sports., v. 30, n. 5, 2020.

DIETBOX, Aplicativo. **Tabela de Conservação de Alimentos.** Técnicas de Branqueamento, 2020. Disponível em: https://dietbox.me.

DREHER, M.N. **A Igreja no Império Romano.** São Leopoldo: Editora Sinodal, 3. ed., 2001.

DUSILEK, Nancy Gonçalves. **A mulher sem nome.** Editora Vida, 1996.

EDWARDS, Gene. **Perfil de três reis:** Cura e esperança para corações quebrados. São Paulo: Vida, 2. ed., 2005.

EDWARDS, J. **Afeições Religiosas.** São Paulo: Vida Nova, 2018.

ELDREGE, John e Stasi. **Em busca da alma feminina:** Resgatando a essência e o encanto de ser mulher. Rio de Janeiro: Thomas Nelson, 2007.

ELLIOT, Elisabeth. **Deixe-me ser mulher:** lições à minha filha sobre o significado de feminilidade. São José dos Campos: Fiel, 2021.

ENCONTRO ECUMÊNICO VIOLÊNCIA E DISCAPACIDADE. Córdoba: 2006.

RASCH, Norberto E. **Exclusão e integração de pessoas portadoras de discapacidade na comunidade de fé.**

EQUIPE editorial de Conceito. **Conceito de biopsicossocial.** 19 jun. 2019. Disponível em https://conceito.de/biopsicossocial Acesso em 18 jul. 2023.

FARREL, Pam. **Mulher de influência:** Dez características de quem quer fazer diferença. São Paulo: Editora Vida, 2008.

FEE, G.D. e STUART, D. **Entendes o que lês?** São Paulo: Vida Nova, 2022. Versão Kindle.

FENNING, D. **Missions History of the Early Church.** History of Global Missions. 2009. Disponível em https://digitalcommons.liberty.edu/cgi/viewcontent.cgi?article=1001&context=cgm_hist (tradução da autora).

FERREIRA, Franklin; MYATT, Alan. **Teologia Sistemática:** uma análise histórica, bíblica e apologética para o contexto atual. São Paulo: Vida Nova, 2007.

FITZPATRICK, Elyse; THOMPSON, Jessica. **Pais fracos, Deus forte**: Criando filhos na graça de Deus. São José dos Campos: Fiel, 2. ed., 2015.

GAESSER, G. A.; ANGADI, S. S. **Obesity treatment:** Weight loss versus increasing fitness and physical activity for reducing health risks. iScience, v. 24, n. 10, 2021.

GANÂNCIA. **Educação financeira à luz da bíblia.** Disponível em: https://ganancia.com.br/

GEORGE, Elizabeth. **Uma mulher segundo o coração de Deus.** São Paulo, Hagnos, 2004.

GOLEMAN, Daniel. **Inteligência emocional:** a teoria revolucionária que define o que é ser inteligente. Rio de Janeiro: Objetiva, 2012.

GRADY, J. Lee. **As 10 mentiras que as igrejas contam às mulheres.** São Paulo: Abba Press, 2010.

Referências bibliográficas

GRENZ, Stanley. **Mulheres na Igreja:** teologia bíblica para mulheres no ministério. São Paulo: Candeia, 1998.

GUSSO, Antonio Renato. **Como entender a Bíblia:** orientações práticas para a interpretação correta das Escrituras Sagradas. Curitiba: A. D. Santos, 1998.

HARRIS, R. Laird, ARCHER, Gleason L. Jr., WALTKE, E Bruce K. **Dicionário internacional de teologia do Antigo Testamento.** São Paulo: Vida Nova, 1998. p. 765

HENRY, Matthew. **Comentário bíblico Novo Testamento:** Rio de Janeiro: CPAD, v.1, 2008.

HENRY, Matthew. **Comentário bíblico Antigo Testamento:** Rio de Janeiro: CPAD, v.3, 2008.

HOHENBERGER, G. **A natureza do Sacerdócio Ministerial Segundo Joseph Ratzinger.** Rio de Janeiro: v. 20 n. 40, jul/dez. 2021. Disponível em https://revistacoletanea.com.br/index.php/coletanea/article/view/308/215). Acesso em 10 jul. 2022.

KANE. J.H. **Life and Work on the Mission Field.** Grand Rapids: Baker Book House, 1992.

KELLER, T.J. **Center church: Doing balanced gospel-centered ministry in your city.** Grand Rapids: Zodervan, 2012.

LAGO, Davi. **Retratos da leitura no Brasil.** Disponível em: https://g1.globo.com/politica/blog/matheus-leitao/post/2019/01/06/retratos-da-leitura-no-brasil.ghtml. Acesso em 20 nov. 2021.

LEAF, Caroline. **Ative Seu Cérebro.** Brasília: Editora Chara, 2018.

LEAF, Caroline. **Pense e Coma de Forma Inteligente.** Brasília: Editora Chara, 2018.

LEAHY, Robert L. **Não acredite em tudo que você sente:** identifique seus esquemas emocionais e liberte-se da ansiedade e da depressão. Trad. Sandra Maria Mallmann da Rosa. Revisão técnica de Irismar Reis de Oliveira. Porto Alegre: Artmed, 2021.

LEAHY, Robert L.; TIRCH, Dennis; NAPOLITANO, Lisa A. **Regulação emocional em psicoterapia**: um guia para o terapeuta cognitivo-comportamental. Trad. Ivo Haun de Oliveira. Revisão técnica Irismar Reis de Oliveira. Porto Alegre: Artmed, 2013.

LEPRE, R. M. **Desenvolvimento humano e educação:** diversidade e inclusão. Bauru: MEC/FC/SEE, 2008.

LEVITIN, Daniel J. **A mente organizada:** Como pensar com clareza na era de sobrecarga da informação. Rio de Janeiro: Objetiva, 2014.

LEWIS, C.S. **Os quatro amores.** Rio de Janeiro: Thomas Nelson Brasil, 2017.

LLOYD-JONES, D.M. **Pregação e pregadores.** São José dos Campos: Editora Fiel, 2. ed., 2008. Versão Kindle.

MARINO JÚNIOR, Raul. **A religião do cérebro:** as novas descobertas da neurociência a respeito da fé humana. São Paulo: Editora Gente, 2005.

MCGRATH A. **Conversando com CS Lewis.** São Paulo: Planeta, 2014.

MERKH, Dr. David J. **Deus e sua família:** Comentário expositivo sobre textos bíblicos familiares. São Paulo: Hagnos, 2016.

MEYER, F.B. **Comentário Bíblico F.B. Meyer Antigo e Novo Testamentos.** Belo Horizonte: Editora Betânia. 2002.

MEYERES, Carol. **As mulheres do Israel Antigo eram subservientes?** *A Bíblia e a arqueologia.* The Biblical Mind, 2021. Disponível em: https://hebraicthought.org/as-antigas-mulheres--israelitas-eram-subservientes-a-biblia-e-a-arqueologia/. Acesso em: 29 nov. 2021.

MICROSOFT. **Excell. Modelos de Orçamento:** pessoal ou familiar. O modelo de Extrato de fluxo de caixa me pareceu o mais simples. Arquivo / novo / orçamentos.

MNUCHIN, Salvador. **Famílias:** funcionamento e tratamento. Porto Alegre: Artes Médicas, 1982.

MORAES, J. **Homilética da pesquisa ao púlpito.** São Paulo: Vida, 2007.

NETO, Costa. **Amar e Servir:** A cultura do voluntariado. São Paulo: Vida, 2018.

NEGRI, Juliana Armstrong Machado (org.). **Uma Jornada de encorajamento:** Devocionais diários para mulheres no ministério. São Paulo: RTM, 2022.

NICODEMUS A. **Sacerdócio Real:** Exposição de 1 Pedro 2.9. Fiel Pastores: 2017. Disponível em https://www.youtube.com/watch?v=aIyJ7016P2A Acesso em 14 jul. 2022.

NIELSON, Kathleen. **O que Deus diz sobre as mulheres:** Feminilidade x feminismo. Fiel. Edição do Kindle.

OLIVO, Rodolfo L. de F. **Educação Financeira:** o que é e 14 dicas para colocar em prática. Disponível em: https://fia.com.br/blog/educacao-financeira/

OSBORN, G.R. **A Espiral Hermenêutica:** uma nova abordagem à interpretação bíblica. São Paulo: Vida Nova, 2009.

PIPER, John, 2019. **Como você define a alegria?** 1 fev. 2019. Disponível em: https://voltemosaoevangelho.com/blog/2019/02/como-voce-define-a-alegria/ . Acesso em 18 jul. 2023.

PIPER, Nöel. **Mulheres fiéis e seu Deus maravilhoso.** São José dos Campos: Fiel. Edição do Kindle.

PORTER, Eleanor H. **Pollyanna.** Barueri: Companhia Editora Nacional. Col. Biblioteca das Moças, vol. 89. Trad.: Monteiro Lobato.

PRODUÇÃO E VENDAS DO SETOR EDITORIAL BRASILEIRO: ANO-BASE 2020. Sindicato Nacional dos Editores de Livros, 2021. Disponível em:<https://snel.org.br/wp/wp-content/uploads/2021/05/APRESENTACAO_Pesquisa_Producao_e_Vendas_-_ano-base_2020.pdf. Acesso em 30 nov. 2021.

SANTANA, Miriam Ilza. **A história da mulher na filosofia.** Disponível em: https://www.infoescola.com/sociedade/a-historia--da-mulher-na-filosofia/. Acesso em: 31 out. 2021.

SAYÃO, L. **Revista Cristianismo Hoje.** *Abril/Maio 2014.* Disponível em https://colunas.gospelmais.com.br/resolvido-nem--pastores-e-nem-pastoras_9520.html. Acesso em 15 jul. 2022.

SCHAFF, E. P. **History Of The Christian Church.** Edição Kindle.

SEVERA, Zacarias de Aguiar. **Manual de Teologia Sistemática.** Curitiba: AD Santos Editora, 5. ed., 2012.

SIEGEL, Daniel J; BRYSON, Tina Payne. **O cérebro da criança: 12** estratégias revolucionárias para nutrir a mente em desenvolvimento do seu filho e ajudar sua família a prosperar. São Paulo: nVersos, 2015.

SILVA, T.M. **Organismo e instituição:** Um breve ensaio sobre as implicações missionais da eclesiologia de Abraham Kuyper. In: **Revista Teológica.** Campinas: v. 71,1, 2018.

SILVESTRINI, Fabiana. **A questão do superendividamento das famílias no Brasil.** Curitiba: UFRP, 2017. Disponível em: https://acervodigital.ufpr.br/bitstream/handle/1884/57290/R%20 - % 2 0 E % 2 0 - % 2 0 F A B I A N A % 2 0 S I L V E S T R I N I . pdf?sequence=1&isAllowed=y

SPANGLER, A.; SYSWERDA, Jean E. **Elas.** Trad. Neyd Siqueira. São Paulo: Mundo Cristão, 2003.

SPURGEON, C.H. **Conselhos aos obreiros.** São Paulo: Vida Nova, 2015. Versão Kindle.

STOTT, John. **Os cristãos e os desafios contemporâneos.** Viçosa: Ultimato, 2014.

STRONG, James. **Léxico Hebraico, Aramaico e Grego de Strong.** Barueri: Sociedade Bíblica do Brasil, 2002. Disponível em https:// biblehub.com/greek/. Acesso em 7 jul. 2022.

THOMAS, Gary. **Influência Sagrada:** *c*omo Deus usa as esposas para moldar as almas de seus maridos. Curitiba: Esperança, 2014.

TOURNIER, Paul. **A missão da mulher.** Viçosa: Ultimato, 2005.

TRIPP, Tedd; TRIPP, Margy. **Instruindo o coração da criança.** São josé dos Campos: Fiel, 2015.

VOLKMANN, M. In: HARPPRECH-ZWETSCH. **Teologia practica en el contexto de America Latina.** São Leopoldo: Sinodal, 2011.

VOS, C.F. **Histórias Bíblicas para Crianças.** Contada por uma mãe aos seus filhos. Belo Horizonte: Shema, 2021.

VOS, G. **Teologia Bíblica do Antigo e Novo Testamentos.** São Paulo: Cultura Cristã, 2010. Versão Kindle.

VOS, H.F. **Métodos de Estudo Bíblico.** São Paulo: Cultura Cristã, 2006.

VIGOTSKY, Lev Semenovich. **A construção do pensamento e da linguagem.** São Paulo: Martins Fontes, 2000.

WALSH, Sheilla. **A vida é dura, mas Deus é fiel.** Rio de Janeiro: Thomas Nelson, Edição do Kindle.

WARBURTON, D. E. R.; BREDIN, S. S. D. **Health benefits of physical activity: a systematic review of current systematic reviews.** v.32, n. 5, 2017.

WARREN, R. **Guia-me.** disponível em: https://guiame.com.br/gospel/mundo-cristao/sua-dor-mais-profunda-pode-dar-origem-ao-seu-maior-ministerio-diz-rick-warren.html Acesso em 15 jul. 2023.

WARREN, Tish H. **Liturgia do ordinário:** práticas sagradas na vida cotidiana. Rio de Janeiro: Thomas Nelson, 2021.

WATSON, D.L. and WATSON, P.D. **Contagious Disciple-Making.** Nashville:Thomas Nelson, 2014. Versão Kindle.

WILKIN, Jen. **Mulheres da Palavra:** Como estudar a Bíblia com nossa mente e coração. São José dos Campos: Fiel, 2014.

Este livro foi impresso pela Lisgráfica
para a Thomas Nelson Brasil em 2023.